ISBN 978-1-5279-7119-6
PIBN 10928828

Forgotten Books is a registered trademark of FB &c Ltd.
Copyright © 2017 FB &c Ltd.
FB &c Ltd, Dalton House, 60 Windsor Avenue, London, SW19 2RR.
Company number 08720141. Registered in England and Wales.

For support please visit www.forgottenbooks.com

1 MONTH OF
FREE
READING

at
www.ForgottenBooks.com

By purchasing this book you are eligible for one month membership to ForgottenBooks.com, giving you unlimited access to our entire collection of over 700,000 titles via our web site and mobile apps.

To claim your free month visit:
www.forgottenbooks.com/free928828

English
Français
Deutsche
Italiano
Español
Português

www.forgottenbooks.com

Mythology Photography **Fiction**
Fishing Christianity **Art** Cooking
Essays Buddhism Freemasonry
Medicine **Biology** Music **Ancient**
Egypt Evolution Carpentry Physics
Dance Geology **Mathematics** Fitness
Shakespeare **Folklore** Yoga Marketing
Confidence Immortality Biographies
Poetry **Psychology** Witchcraft
Electronics Chemistry History **Law**
Accounting **Philosophy** Anthropology
Alchemy Drama Quantum Mechanics
Atheism Sexual Health **Ancient History**
Entrepreneurship Languages Sport
Paleontology Needlework Islam
Metaphysics Investment Archaeology
Parenting Statistics Criminology
Motivational

DE LA

RÉFORME PARLEMENTAIRE

ET DE LA

RÉFORME ÉLECTORALE.

PARIS. IMPRIMÉ PAR PLON FRÈRES,

RUE DE VAUGIRARD, 36.

DE LA

ÉFORME PARLEMENTAIR

ET DE LA

RÉFORME ÉLECTORALE;

PAR

M. P. DUVERGIER DE HAURANNE,

DÉPUTÉ DU CHER.

PARIS,

PAULIN, LIBRAIRE-ÉDITEUR,

60, RUE RICHELIEU.

1847.

PRÉFACE.

La politique étrangère de la France vient d'entrer dans une phase toute nouvelle. Une alliance que l'on avait renouée précipitamment, dans des circonstances fâcheuses pour l'amour-propre national, et à .laquelle, depuis six ans, on ne se lassait pas de faire les plus humiliants sacrifices, vient d'être rompue tout à coup, sans motifs graves, au moment où elle pouvait devenir honorable et utile. En même temps, une autre alliance, dont on recherchait, dont on briguait secrètement les bonnes grâces, n'a répondu aux humbles avances dont elle était l'objet, que par un défi audacieux. C'en est donc fait de la grande politique, de l'entente cordiale, de la paix

a

des esprits et des cœurs, et de toutes les brillantes chimères que l'on faisait passer devant les yeux de la Chambre pour endormir sa vigilance. C'en est fait aussi de l'espérance qu'on avait nourrie de substiter une alliance à l'autre et de retrouver dans des embrassements nouveaux, les joies perdues d'Eu et de Windsor. On était venu, il y a six ans, pour réconcilier la France avec l'Europe, pour refaire l'alliance anglaise, pour assurer la paix du monde. Après six ans de succès parlementaire et au lendemain d'une grande victoire électorale, on est forcé d'avouer que jamais l'Europe n'a été plus hostile, l'Angleterre plus irritée, la France plus isolée, la paix du monde plus compromise.

En présence de si graves événements, on peut se diviser sur la question de savoir quelle est exactement l'opportunité ou la portée politique de tel ou tel acte spécial; on ne peut empêcher que les résultats généraux n'apparaissent à tous les yeux, et que ces résultats ne soient, pour la politique des dernières années, l'échec le plus complet, le démenti le plus éclatant; on ne peut empêcher que partout on ne se demande si la sagesse, si l'habileté qui a porté de tels fruits, a jamais été autre chose qu'un mélange malheureux d'étourderie et de faiblesse; on ne peut empêcher surtout que les hommes sensés de tous les partis ne s'affligent et ne s'inquiètent de voir les destinées de la France, confiées, peut-être pour long-temps encore, aux mains qui les ont si mal conduites. On aura beau, dans les débats qui se préparent, faire appel aux passions, aux sentiments qu'on déclarait naguère absurdes et insensés; on aura beau exalter tout ce qu'on abaissait, abaisser tout ce qu'on exaltait; on aura beau enfin emprunter à l'opposition, dans une cause moins nationale, tous les arguments que l'on accablait d'un si magnifique dédain, tout le monde comprendra qu'on est à bout de voie, et qu'au fond de l'âme on se repent profondément, amèrement de ce que l'on a fait. Tout le monde comprendra aussi que la situation où l'on a mis le pays, n'est pas de celles dont quelques beaux discours fassent évanouir les difficultés, et que longtemps encore ces difficultés pèseront sur les ministres actuels ou sur leurs successeurs.

Quand tel est l'état des choses, il est fort simple, fort naturel que l'attention se porte surtout sur les affaires extérieures. Est-ce une raison pour que les affaires intérieures soient négligées? Est-ce une raison pour qu'on laisse périr à petit bruit les grands prin-

cipes de nos deux révolutions et s'éteindre obscurément, dans la corruption, les institutions représentatives? Est-ce une raison notamment pour qu'on ne
s'inquiète plus de la composition de la Chambre
élective et de son organisation? Tout au contraire,
ce me semble. Chaque forme de gouvernement a
ses conditions, ses lois, ses nécessités propres,
dont, pour accomplir sa mission, pour atteindre son
but, elle ne saurait s'écarter impunément. Or, la
condition essentielle, la loi fondamentale, la nécessité suprême du gouvernement représentatif, c'est
une Chambre élue librement, honnêtement, et qui
représente, qui exprime les sentiments et les vœux
de la nation ; une Chambre qui, au lieu de recevoir
d'en haut ses opinions et sa politique, les apporte
et les impose; une Chambre, en un mot, qui ne re-
lève que du pays et qui s'appartienne à elle-même.
Quand cette Chambre existe, le gouvernement est
en mesure, au dehors ou au dedans, de parler avec
fermeté, d'agir avec énergie, et de montrer, à ses
amis comme à ses ennemis, la France tout entière
derrière lui. Quand elle n'existe pas, c'est en vain
qu'on demanderait à la politique extérieure ou intérieure quelque dignité, quelque vigueur, quelque
persévérance. Nous sommes dans un temps où l'on

ne trompe plus personne, et les secrets d'État sont
aujourd'hui fort rares. Les cabinets étrangers savent
donc tout aussi bien que nous à quoi s'en tenir sur
les rapports du pays avec la Chambre, de la Chambre
avec le ministère, du ministère avec la couronne.
Ils savent à quoi s'en tenir sur la valeur de certaines
adhésions, de certaines acclamations, de certains
votes, et ils se conduisent en conséquence. On a
ainsi, au lieu du gouvernement représentatif, la monarchie absolue, moins l'esprit de suite, moins le
secret, moins la hardiesse et la rapidité; on a la
monarchie absolue dépouillée de ses avantages naturels.

Maintenant, est-il possible de dire que le gouvernement représentatif existe réellement en France,
et que la Chambre actuelle, la Chambre élue au
mois d'août dernier, représente vraiment le pays
et s'appartienne à elle-même? Pour qu'on en juge,
il suffit de regarder ce qui se passe et d'écouter
ce qui se dit. Le ministère, chacun le sait, est
fort ébranlé par les derniers événements, et il est
difficile de croire qu'il puisse survivre au système
qu'il a défendu pendant six ans et qui vient de s'é-
crouler. Beaucoup de personnes, parmi les mieux
informées, croient donc à sa chute prochaine. Néan-

moins, est-il venu à l'esprit d'une seule de ces personnes que le ministère pût, dans aucun cas, tomber
par un vote de la Chambre? Si le ministère périt,
tout le monde le sait et le dit, ce ne sera pas parce
que la majorité lui fera défaut; ce sera parce que la
couronne le trouvera usé, compromis, embarrassant,
et qu'il lui plaira de s'en défaire. La couronne alors
choisira à droite, à gauche, au centre, un autre cabinet qui, pourvu qu'il ait son appui, trouvera
dans la Chambre exactement la même faveur et
obtiendra la même majorité. La couronne est donc
maîtresse absolue d'adopter la politique qui lui convient, de prendre les ministres qui lui sont agréables, d'engager la France dans les voies qui lui
plaisent. Elle est maîtresse de résister ou de céder à
son gré, et de faire voter par la Chambre la guerre
ou la paix, l'alliance anglaise, l'alliance russe ou l'isolement. Elle est même maîtresse, comme en 1840,
de s'avancer d'abord, pour reculer ensuite, bien
certaine que, soit dans le mouvement en avant, soit
dans le mouvement en arrière, la Chambre la suivra
avec un égal enthousiasme.

Je n'examine pas en ce moment si une telle prépondérance, une telle suprématie n'est pas pour la
couronne elle-même un inconvénient et un danger.

Je me borne à cette seule question : est-ce là le gouvernement représentatif tel que nous l'avons voulu en 1830, et croit-on que la Chambre, une Chambre ainsi constituée, ainsi disposée, puisse peser du poids le plus léger sur les résolutions des cabinets étrangers? croit-on que, dans ses paroles ou dans ses votes, l'Europe soit un seul instant tentée de voir l'expression réelle, l'expression sincère de la pensée et de la volonté nationale? Au lieu d'un pays, elle n'aperçoit en face d'elle qu'un prince et un ministère. C'est quelque chose, sans doute; ce n'est point assez pour lui imposer et pour la contenir.

Il est d'ailleurs une autre considération qui me frappe : la France, les derniers événements viennent de le prouver, est fort isolée en Europe, au moins du côté des gouvernements. Ce qui fait encore sa force, c'est que les peuples voient en elle la tête de la civilisation moderne, la gardienne et la protectrice des idées et des institutions libérales. Otez-lui cette force, et, en présence des deux colosses qui se disputent l'empire du monde, elle tombe au rang des États de second ordre. Or, comment la conservera-t-elle, si, au dedans comme au dehors, elle s'endort dans une honteuse apathie? si elle vend, pour quelques avantages matériels, les principes, les institutions, les libertés dont elle était naguère la personnification glorieuse? Comment la conservera-t-elle, si on la voit, pour la seconde fois depuis quarante ans et sans avoir la même excuse, déposer entre les mains d'un seul homme les droits qu'elle a conquis au prix de tant de dangers et de fatigues? Nul doute qu'alors les peuples comme les gouvernements ne se retirent d'elle, et qu'elle ne se trouve, au milieu du monde entier, sans alliés et sans appui.

De tout cela je conclus qu'il est puéril, absurde, de vouloir séparer la politique étrangère de la politique intérieure; j'en conclus que, nier la relation intime qui existe entre une conduite digne et ferme, au dehors, et une chambre indépendante et nationale, c'est nier le rapport de l'œuvre à l'instrument, de l'effet à la cause. Plus les circonstances deviennent graves, plus on a besoin de rendre au gouvernement représentatif toute son activité, toute sa vitalité, toute son énergie; plus on a besoin de revendiquer, de défendre, de fortifier la prérogative parlementaire, cette prérogative sans laquelle la Chambre élective serait dans notre constitution un rouage à peu près inutile; plus on a besoin aussi d'empêcher que la corruption ne s'infiltre dans les veines du corps politique, et qu'elle ne livre la

France amollie, épuisée, énervée, aux coups de l'étranger ou aux tentatives de la contre-révolution.

Pour ma part, en plaidant aujourd'hui la cause, un peu abandonnée, du gouvernement représentatif, je crois servir les intérêts de mon pays au dehors ; je crois aussi être fidèle à l'idée qui, depuis que je suis entré dans la vie politique, m'a constamment dirigé. Si, vers la fin de la Restauration, j'ai pris une part obscure, mais vive, à la lutte engagée entre la dernière dynastie et la France, ce n'était ni par ambition personnelle ni par haine contre la branche aînée, mais parce que je voyais la couronne déterminée à nous refuser les droits qui nous appartenaient. Si j'ai applaudi franchement à la révolution de juillet, et si, cette révolution faite, j'ai défendu avec quelque fermeté le gouvernement qu'elle a créé, c'est que, dans ce gouvernement, je voyais la réalisation des principes pour lesquels l'opposition nationale a si longtemps combattu. Le gouvernement représentatif vrai, voilà l'étoile sur laquelle j'ai toujours eu les yeux fixés, voilà le but vers lequel, par des moyens variables, j'ai tendu invariablement. Quand ce but cessera d'être le mien, je reconnaîtrai que j'ai changé ; jusque-là, dans quelque camp que je me trouve, je croirai être très-conséquent, très-logique, plus conséquent et plus logique surtout que ceux avec qui j'ai quitté la majorité ministérielle, en 1838, pour défendre le gouvernement parlementaire, et qui, dès que cette majorité leur a offert le pouvoir, se sont empressés de le prendre pour le tourner contre la cause même dont ils s'étaient faits les champions.

Il est d'ailleurs, je suis prêt à le reconnaître, une partie notable du parti conservateur que leur conduite n'expose point au même reproche. Dans le parti conservateur, il est beaucoup d'hommes qui n'ont jamais aimé le gouvernement représentatif ni les institutions libérales ; il en est qui, une fois la dynastie changée, se sont tenus pour satisfaits et n'ont plus songé qu'à reconstruire à leur profit tout ce qu'une révolution populaire venait d'abattre : en votant comme ils votent, ceux-ci ne sont point inconséquents ; mais ils sont, qu'ils me permettent de les en en avertir, bien aveugles et bien imprudents. L'an dernier, je m'entretenais des premières années de la révolution avec un des chefs du parti radical, avec un homme qui, en 1832 et 1834, combattait dans d'autres rangs que les nôtres, et je lui disais, ce que nous disons d'ordinaire, que, si depuis 1830 la cause libérale est en déclin ; on doit s'en prendre surtout à certaines tentatives violentes, à certaines tentatives qui, pendant cinq ans, ont imposé aux amis du gouvernement établi le devoir d'une énergique résistance. « Cela peut être vrai, me répondit-il, pour vous et pour quelques-uns de vos amis ; cela est faux pour la masse des hommes avec qui vous étiez alors associé : comparez ce qu'ils faisaient et ce qu'ils font, ce qu'ils disaient et ce qu'ils disent, et vous resterez convaincu que notre action, notre influence a été toute contraire à celle que vous supposez. Si quelques lois libérales, si quelques mesures nationales ont été obtenues pendant les premières années de la révolution, c'est à nous que vous les devez. Si, depuis six ans, au contraire, la contre-révolution va si vite, c'est que nous ne faisons plus peur. »

Il serait déplorable, honteux, funeste qu'il y eût quelque chose de fondé dans ce raisonnement !

Je n'ajoute qu'un mot. Quand, il y a un mois, je cherchais à faire sentir la nécessité d'un accord plus étroit, d'une union plus intime entre les diverses fractions de l'opposition, je ne pensais guère qu'un nouveau déchirement la menaçait et que le tiers-parti était à la veille de renaître. On dit que l'opposition n'y perdra pas une voix, qu'elle en gagnera même par l'accession de quelques membres de la

majorité. Je crains fort que ce ne soit une illusion,
et, dans tous les cas, quelques voix de plus ne com-
penseraient pas, à mon sens, le fâcheux effet d'une
scission, cette scission fût-elle plus apparente que
réelle. Vers la fin du dernier siècle, les whigs firent
aussi la faute de se diviser en quatre ou cinq fractions,
ou *connexions*, comme on disait alors : il y avait la
connexion Rockingham, la *connexion* Bedford, la con-
nexion Grenville, la *connexion* Shelburne, qui se réunissaient, qui délibéraient à part et qui, lorsqu'elles
ne se querellaient pas entre elles, perdaient leur temps
à négocier les unes avec les autres. Sait-on quel
fut le résultat de toutes ces divisions? Ce fut d'assurer, pour bon nombre d'années, le pouvoir entre
les mains de la couronne ; ce fut de retarder le triomphe du parti libéral et la défaite du gouvernement
personnel. Le raisonnement et l'expérience s'unissent
pour prouver qu'en France, comme en Angleterre,
il n'en saurait être autrement. Est-ce là ce que l'on
veut? Je suis loin de le croire, et c'est pourquoi j'es-
père, s'il en est temps encore, que les projets dont
on parle n'auront aucune suite. Pour ma part, ce que
j'ai vu depuis dix jours m'affermit dans mon opinion, et je ne veux ni ajouter ni retrancher un seul
mot à ce que j'écrivais au mois de décembre dernier.

L'opposition a déjà l'avantage de se partager en quatre fractions distinctes, dont chacune a sa réunion séparée. C'est assez, ce me semble, pour assurer pleinement l'indépendance des opinions et pour permettre à chacun de s'associer, de se grouper selon ses affinités naturelles. Aux quatre réunions existantes, en ajouter une cinquième, ce serait pousser loin l'amour du fractionnement et marcher à grands pas vers la dissolution de toute association politique.

Quoi qu'il en soit, je le dis sans hésiter, le temps des tiers-partis est passé, et une opposition qui voudrait ménager toutes les influences, cumuler toutes les chances, tendre la main à tous les partis à la fois ne serait pas une opposition véritable. Au dehors, au dedans, la France est arrivée à une de ces situations où il faut savoir se résoudre, et, la résolution prise, y persister fortement, constamment, sans se détourner à droite ou à gauche. Je suis plein de respect pour l'indépendance de chacun de mes collègues, et je ne demande point qu'ils arrivent aux mêmes solutions que moi. Ce que je demande, c'est qu'ils ne restent pas dans l'indécision, dans l'obscurité, dans le silence, et qu'ils disent nettement si l'état actuel leur paraît bon, et, dans le cas con-

traire, comment ils veulent l'améliorer. Ce que je
demande, c'est qu'ils ne transportent pas le débat
des grandes questions aux petites et de l'ensemble
au détail. Je sais qu'on affecte pour les questions
purement politiques un grand mépris et qu'on a peu
de chance d'être écouté quand, au lieu de parler
des chemins de fer ou de la loi des douanes, on
parle du gouvernement représentatif. N'ai-je pas
lu, ce matin même, dans la correspondance ministérielle d'un journal de Bordeaux, que je venais
d'improviser une brochure sur la corruption, afin
de faire, tant bien que mal, diversion aux mariages
espagnols et à la gloire de M. Guizot! Je dois avouer
humblement que je ne suis pas si habile, et que
j'avais commencé cet écrit avant que les mariages
fissent grand bruit, avant que l'alliance anglaise fût
décidément rompue, avant que l'Autriche eût mis la
main sur Cracovie, avant que la gloire de M. Guizot
fût à son comble. J'aurais pu attendre, pour publier
mon travail, des circonstances plus opportunes; je
ne l'ai point voulu, parce que c'eût été, selon moi,
sacrifier à mon amour-propre d'auteur mon devoir
d'homme politique. Encore une fois plus les événements extérieurs sont graves, plus la réforme du
parlement me paraît nécessaire, indispensable, ur-

gente : quand même aucune des solutions que j'indique ne semblerait bonne, je me tiendrais pour satisfait si j'avais pu ramener quelques-uns de mes collègues à cette opinion.

Paris, ce 12 janvier 1847.

DE LA

RÉFORME PARLEMENTAIRE

ET DE LA

RÉFORME ÉLECTORALE.

CHAPITRE PREMIER.

SITUATION.

Le gouvernement représentatif est en péril. Ce n'est point, comme en 1830, la violence qui le menace, c'est la corruption qui le mine. Si le danger est moins apparent, il n'est pas moins redoutable; il le serait plus si, par une fausse pudeur ou par une lâche complaisance, on le cachait au pays. La violence se manifeste à de tels signes que nul ne peut la méconnaître ou la nier. Le propre de la corruption est d'attaquer sourdement, obscurément, les parties vitales de l'organisation, de sorte que souvent on n'a plus la force de résister à la maladie quand on en sent les atteintes. A tous ceux qui

1

aiment le gouvernement représentatif de nouveaux
devoirs, de nouvelles luttes sont donc imposés. En
vain, pour échapper à ces devoirs, pour se dispenser de ces luttes, voudrait-on espérer que le mal est
passager, superficiel, et qu'il s'usera avec le temps;
tout prouve au contraire que le mal est profond,
durable, et que le temps l'aggrave au lieu de le
diminuer. Il faut y porter un prompt remède, si
l'on ne veut voir périr honteusement l'œuvre des
soixante dernières années; le fruit de deux glo-
rieuses révolutions. Au point où les choses en sont
venues, il serait d'ailleurs insensé de rien attendre
soit de la majorité parlementaire, soit de ceux qui
la dirigent. C'est au pays qu'il convient de parler,
au pays dont, à travers bien des erreurs, bien des
défaillances, le fond est resté bon. Et, si l'on nous
reprochait de faire ainsi appel à l'opinion du dehors
contre l'opinion du dedans, au public contre la
Chambre, nous répondrions, avec M. Guizot en 1821,
que c'est le droit et le devoir de l'opposition.

« Prétendre, disait alors M. Guizot[1], que l'op-
» position renferme dans l'enceinte des Chambres
» ses intentions et son langage, qu'elle n'agisse et
» ne parle que pour reconquérir la majorité et in-
» fluer sur les délibérations, cela est injuste et im-
» possible. L'opposition, à tort ou à raison, n'im-
» porte comment, est là en minorité; elle est en

---

[1] *Des moyens de gouvernement et d'opposition*, p. 332.

» minorité non dans une occasion et pour un jour,
» mais d'une manière plus ou moins permanente.
» Communément ses discours sont là sans vertu et
» ses efforts sans succès. Il est donc dans sa nature
» de prendre au dehors son point d'appui ; c'est là
» qu'il existe, c'est de là qu'elle attend la force et
» peut la recevoir. Elle a droit d'en chercher là. »

Ce qui était vrai en 1821, sous la royauté légitime
et sous la Charte octroyée, l'est, à plus forte raison,
sous une constitution dont la souveraineté nationale
est le principe et sous une royauté que l'élection a
créée.

Pour comprendre et juger sainement la situation
actuelle, il faut d'abord se rendre compte de l'état
général des esprits depuis quelques années. Peut-
être certaines faiblesses, certaines défections y trou-
veront-elles non pas une excuse, mais une explication.

Depuis soixante ans la France n'a cessé d'être
agitée par des passions diverses et successivement
dominantes. Sous nos premières assemblées, c'était
le désir énergique de faire passer dans les institutions, dans le gouvernement les grandes idées de
justice, de liberté, d'égalité dont la société était
imbue ; du temps de l'Empire, c'était l'amour de la
gloire et de la grandeur nationale ; sous la Restauration, c'était la haine de l'ancien régime et un dévouement réfléchi à la cause libérale, à la cause des
institutions représentatives ; aujourd'hui c'est la soif

ardente de la richesse et du bien-être. Renfermée dans une juste limite, la passion du bien-être est utile et légitime; il n'en est point de plus condamnable, de plus honteuse, de plus funeste quand la juste limite est dépassée. Sous l'empire de cette passion s'éteignent au cœur de l'homme les nobles sentiments, les aspirations généreuses qui l'élèvent au-dessus des autres êtres; sous l'empire de cette passion s'effacent ou s'obscurcissent dans son esprit les notions du bien et du mal, du juste et de l'injuste, et toutes les grandes idées qui, à toutes les époques, ont remué le monde : les idées de religion, de patrie, de liberté; sous l'empire de cette passion au contraire se développent sans mesure et sans frein les instincts brutaux de la nature humaine, ceux qui, dans la vie publique comme dans la vie privée, ne connaissent d'autre loi que celle de l'intérêt, d'autre attrait que celui des jouissances matérielles. D'une société ainsi abaissée, dégradée, corrompue, vous n'avez peut-être point à craindre les crimes ou les fautes héroïques de la Révolution et de l'Empire; mais gardez-vous d'en attendre rien de grand, rien de bon, rien d'honnête. Elle pourra trouver quelquefois que la fermeté au dehors rapporte plus que la faiblesse, et que la liberté au dedans est plus profitable que le despotisme. Mais si la fermeté fait courir quelque danger, si la défense des institutions libres entraîne quelque sacrifice, soyez certain qu'aussitôt la fermeté sera flétrie du nom d'imprudencè, la liberté du nom d'anarchie; soyez certain que, pour conserver ou pour accroître son bien-être, elle courbera joyeusement la tête sous les humiliations et sous la tyrannie. Dans une société où l'intérêt serait le seul mobile, c'est d'ailleurs en vain qu'on chercherait une de ces idées communes qui font la grandeur et la force des nations : les opinions réunissent en même temps qu'elles élèvent; les intérêts divisent en même temps qu'ils abaissent. Au lieu d'un peuple vivant tout entier de la même vie, on n'a donc plus que de petites aggrégations égoïstes, qui se coalisent quelquefois entre elles pour avoir raison de l'intérêt public, mais qui sont toujours prêtes à se retourner les unes contre les autres, dès que l'intérêt public est vaincu : spectacle étrange et triste, dont personne ne s'étonne plus, parce que tout le monde y joue son rôle.

La société française en est-elle venue là? Je suis loin de le croire. Néanmoins, quelque douleur qu'on en éprouve, il faut reconnaître qu'elle est sur la pente. A la tribune et dans la presse on s'impose encore certains ménagements, et l'on garde quelque réserve; mais ailleurs toute hypocrisie cesse, tout voile tombe, et c'est le front levé, au grand jour, que l'intérêt personnel marche, escorté de ses apôtres et de ses prédicateurs. Il faut voir alors avec quel sublime dédain il traite ceux qui sont assez niais pour conserver le souvenir de la Révolution, de l'Empire, de la Restauration même, et pour croire que les opinions sont encore quelque chose! il faut voir avec quelle foi ardente il proclame que l'homme sensé, l'homme sage doit faire ses affaires plutôt que celles de l'État, et qu'on est père de famille avant d'être citoyen! il faut voir avec quel saint enthousiasme il déclare que le temps de la gloire militaire est passé comme celui des idées libérales, et que notre siècle a pour mission unique de s'enrichir et de se repaître! Et ce ne sont point là de ces vaines forfanteries que la conduite dément; jamais, au contraire, la conduite n'a été plus d'accord avec le langage, la pratique avec la théorie. Il est des époques où la forme vaut mieux que le fond, d'autres où le fond vaut mieux que la forme; ici la forme et le fond sont identiques. Ce qu'on fait on le dit, ce qu'on dit on le fait; et le culte de l'intérêt personnel s'exerce sur la place publique, sans mystère et sans affectation.

On l'a remarqué quelquefois, la corruption des esprits est pire que celle des cœurs, parce que la guérison en est plus difficile. Quand on voit le bien sans le suivre, ou quand on sait que d'autres le voient, il y a chance qu'on y revienne un jour, soit pour obéir à la voix de sa conscience, soit pour désarmer la juste sévérité de l'opinion publique. Mais quand, par la corruption des esprits, la conscience est muette et l'opinion publique indifférente, par quel motif, par quel chemin sortirait-on de la mauvaise voie pour rentrer dans la bonne? On finit

alors par croire que le mal est le bien, et par
prétendre non plus à l'indulgence, mais à l'admiration.

Quand l'intérêt privé gouverne à ce point les opinions et la conduite, il reste naturellement peu de
place pour l'intérêt général et pour les questions qui
s'y rattachent. Aussi ces questions tombent-elles
chaque jour davantage dans l'indifférence et dans le
discrédit. A ceux qui s'en plaignent et qui s'en affligent, on répond qu'à vrai dire toutes les questions
d'intérêt général, toutes les questions politiques ont
été résolues il y a seize ans, et que le pays, en y
attachant peu d'importance, fait preuve de bon
sens et de bon esprit. C'est précisément le langage
que tenait, en 1824, le parti vainqueur à ceux qui
défendaient le gouvernement représentatif, qui combattaient la corruption, qui voulaient affranchir la
presse, qui réclamaient la pureté du jury, qui lut-
taient contre l'arbitraire. Il n'est pas aujourd'hui
plus vrai, plus sincère qu'il ne l'était alors. Qui
oserait dire, en effet, que le gouvernement représentatif est réellement établi parmi nous, que la
corruption n'existe pas, que la presse est libre de
toute entrave, que le jury n'a rien perdu de sa pureté, que l'arbitraire est impossible? Qui oserait
dire que dans toutes les parties de notre législation
politique il n'y a pas d'utiles réformes à faire, des
réformes dont tout le monde, il y a seize ans, reconnaissait la nécessité? Ce ne sont point les ques-

tions qui manquent aux hommes, ce sont les hommes qui manquent aux questions.

Il faut pourtant le reconnaître; il en est quelques-unes qui conservent le privilége d'enflammer
les esprits, de remuer les âmes, de faire battre les
cœurs : ce sont celles qui, par quelque côté, touchent aux intérêts et qui atteignent les fortunes.
Ainsi le gouvernement peut, sans danger, presque
sans résistance, fausser les institutions, violer les
lois, annuler les libertés publiques; mais qu'il se
garde, s'il tient à vivre, de porter une main audacieuse sur un tarif protecteur ou sur une ligne de
fer. Pour prévenir de telles calamités, pour punir
de tels attentats, il n'est point de résolutions assez
promptes, de mesures assez énergiques; et c'est
alors qu'aux yeux des plus ardents conservateurs
l'insurrection est bien près de redevenir le plus saint
des devoirs. Qui ne se souvient des injonctions me-
naçantes dont le trône se vit assailli quand la France
courut le danger d'une union plus intime avec la
Belgique, son ancienne province? Qui ne se rappelle les tempêtes que le sésame déchaîna sur les
bancs les plus pacifiques de la Chambre, et l'aspect
agité, tumultueux, presque révolutionnaire de la
salle des Pas-Perdus, le jour où se livrait la grande
bataille du sucre de betteraves et du sucre des co-
lonies? Qui peut avoir oublié enfin l'enthousiasme
patriotique que l'embranchement de Fampoux fit
éclater dans les tribunes? Ce sont là les triomphes

et les défaites, les joies et les douleurs du temps
actuel; ce sont les grandes causes qui ont remplacé
celles pour lesquelles nos pères versaient naguère
leur sang sur l'échafaud ou sur les champs de bataille !

Maintenant, placez le gouvernement représentatif
dans un tel milieu, et jugez s'il y peut vivre. Je ne
veux pas dire du gouvernement représentatif ce que
Montesquieu disait jadis de la république, que la
vertu en est le principe nécessaire; ce serait trop demander. Mais au moins ne niera-t-on pas que les
deux bases fondamentales de ce gouvernement ne
soient un corps électoral pur, une Chambre des députés indépendante. Or, comment le corps électoral
resterait-il pur et la Chambre des députés indépendante, là où domine le culte de l'intérêt privé? Dans
tous les pays libres, il s'est toujours trouvé des électeurs pour trafiquer de leur vote; mais c'était une
mauvaise action, réprouvée de tous, que l'on com-
mettait dans l'ombre et la rougeur sur le front. Aujourd'hui ce n'est plus, selon certains docteurs, qu'un
calcul fort simple, fort naturel, et dont on aurait tort
de se cacher. « Les questions politiques sont mortes,
répète-t-on chaque jour aux électeurs; et peu vous
importe que le pouvoir appartienne à tel ou tel homme,
à tel ou tel parti. Ce qui vous importe, c'est que le
chemin qui passe à votre porte soit réparé, c'est que
votre église ne tombe point en ruines, c'est qu'on
vous accorde l'alignement ou le défrichement dont

vous avez besoin ; c'est surtout que vos enfants soient
bien placés. Puisqu'en vous donnant le droit électoral la loi vous donne le moyen d'obtenir tout cela,
sachez vous en servir, et prouvez ainsi que vous
êtes au nombre des gens sensés et des bons pères
de famille. » En faut-il davantage pour rassurer
les consciences, pour dissiper les scrupules, pour
chasser la honte? En faut-il davantage pour faire
oublier au corps électoral que les fonctions dont il
est investi ne sont point une propriété privée, mais
un dépôt public, un dépôt dont il doit compte au
pays tout entier? En faut-il davantage pour substituer, entre l'électeur et l'élu, l'échange des services
à l'échange des idées, et pour faire des institutions
représentatives un moyen, non plus de faire prévaloir la volonté nationale, mais de constituer quelques
dominations individuelles? Un député de l'opposition, M. Ternaux Compans, le disait avec toute raison, au début de la dernière session : le plus grand
danger pour le gouvernement représentatif, ce n'est
pas que la corruption se pratique, c'est qu'elle s'a-
voue, c'est qu'elle se justifie, c'est qu'elle se professe.

Le mal d'ailleurs ne s'arrête pas au corps électoral,
et la corruption des esprits met ses tristes sophismes
au service des élus non moins que des électeurs. Il
y a vingt ans, il y a dix ans encore, on désirait être
député pour prendre part au gouvernement de son
pays, pour aider au triomphe de tel ou tel parti, pour
concourir au succès de telle ou telle opinion politi-

que. Aujourd'hui on veut être député pour obtenir plus aisément, plus sûrement le bien-être dont on est avide. Seulement, selon les situations, selon les goûts, ce bien-être prend telle ou telle forme. Pour celui-ci, fonctionnaire public ou qui prétend l'être, c'est une place lucrative. Pour celui-là, industriel ou banquier, c'est une position qui augmente son crédit et qui fasse prospérer ses affaires. Pour beaucoup, c'est une carrière avantageuse pour leurs enfants, pour leurs familles, pour leurs clients. Pour les plus désintéressés enfin, c'est le plaisir d'ajouter un titre honorable à leur nom, et d'être, grâce à ce titre, bien placés dans le monde. Il suit de là qu'on se soucie peu d'arriver sous le drapeau du ministère ou sous le drapeau de l'opposition, pourvu qu'on arrive, et qu'on est toujours prêt à subordonner son opinion à ses chances. Quand on trouve la place prise d'un côté, on se retourne de l'autre sans scrupule, sans embarras, et l'on signe aujourd'hui le programme conservateur, demain le programme libéral; quelquefois même on les signe tous les deux à la fois, sauf à déchirer celui qui gêne. Qu'on se range d'ailleurs dans la majorité ou dans la minorité, qu'on épouse le ministère ou l'opposition, le comble de l'habileté est de laisser toujours entrevoir qu'on n'a pas des opinions inébranlables et que le mariage n'est point indissoluble. On reste ainsi en mesure de tout obtenir de tout le monde, surtout s'il vient des jours difficiles, des jours où les nombres se balancent, où

le succès est incertain, où chaque vote est hors de
prix. Il serait injuste de dire qu'on n'aime pas le
gouvernement représentatif. On l'aime comme on
aime son champ, comme on aime sa maison, pour
la récolte qu'on y fait, pour le produit qu'on en tire.
On l'aime, parce que, s'il venait à succomber, on ne
trouverait pas facilement une mine aussi riche et
d'une exploitation aussi commode. Dans ce naufrage
de toutes les idées élevées, l'ambition, la grande
ambition elle-même a péri. A un ministère qui passe
on préfère une bonne place qui reste, et le profit a
plus de charme que le pouvoir.

Jusqu'à ce jour pourtant, ce n'était point sans con-
testation, sans lutte, sans partage que la passion
égoïste du bien-être s'était établie au pouvoir, et l'on
sait que, pendant les trois premières sessions de la
dernière Chambre, il lui fallut compter avec de plus
nobles idées, avec de plus généreux sentiments. Sans
prétendre exclure d'heureux retours, on peut craindre que, depuis cinq mois, tous les obstacles n'aient
disparu, et que la politique dont il s'agit ne soit aujourd'hui maîtresse du parlement comme du ministère. D'ordinaire, toute Chambre nouvelle est, pour
quelques mois au moins, réservée, susceptible, pleine
d'une pudeur craintive et délicate. C'est de cette disposition habituelle que M. le ministre de l'intérieur
se préoccupait quand il disait, quinze jours avant les
élections : « Nous aurons cent conservateurs nou-
» veaux. Il nous faudra trois mois pour les former. »

Pour cette fois, M. le ministre s'est trompé. Les conservateurs qu'il attendait sont venus, mais ils sont venus tout formés. Ainsi, la Chambre de 1842, sans être puritaine, avait eu, à son début, la faiblesse de croire que la corruption électorale est un mal, et qu'il peut être utile d'y porter remède. Jalouse de sa prérogative constitutionnelle, cette Chambre, en outre, avait refusé de se dessaisir du droit qui appartient à toute assemblée libre, celui de vérifier ses propres pouvoirs, et de faire elle-même justice. Sans précédents et contre l'avis des ministres, elle avait en conséquence ordonné une enquête qui, conduite avec vigueur, avec persévérance, avec succès, semblait promettre au pays que d'indignes scandales ne se renouvelleraient plus, ou que, s'ils se renouvelaient, le châtiment ne se ferait pas attendre. Il n'a pas fallu trois mois à la Chambre de 1846 pour prouver qu'elle est fort au-dessus de toutes ces misères. Dès son entrée dans la vie politique, on l'a donc vue donner une leçon sévère à ses devanciers, en couvrant, non de son indulgence, mais de sa protection avouée les actes dont ceux-ci s'étaient émus. Dès son entrée dans la vie politique, on l'a vue, pleine d'indignation contre ceux qui défendaient sa prérogative, pleine d'amour pour ceux qui l'attaquaient, s'en dessaisir par acclamation, au profit de la police correctionnelle. Ne fallait-il pas qu'elle réservât toutes ses colères, toutes ses rigueurs pour les députés coupables qui, au lieu de transiger avec les intérêts, avaient osé transiger avec les opinions? Là était le véritable mal, le véritable danger, la véritable corruption électorale, celle contre laquelle les amis du trône ne pouvaient trop s'élever et sévir.

Il faut que le pays le sache : il y a en ce moment, en France, un pouvoir royal et un pouvoir judiciaire; il n'y a point de pouvoir parlementaire. Le dernier sentiment que perde. un pouvoir politique est celui de son autorité propre et de sa prérogative personnelle. Il arrive même souvent que cette autorité il l'exagère, que cette prérogative il l'étend outre mesure. Il arrive que, pour maintenir l'une et l'autre, il se porte à des extrémités répréhensibles. Quand, au contraire, on voit un pouvoir politique démolir son autorité de ses propres mains, et livrer avec complaisance, avec joie sa juste prérogative; quand on le voit chercher partout, excepté en lui-même, le droit qui commande l'obéissance et la force qui l'impose, alors on peut dire avec certitude qu'il n'existe plus comme pouvoir, et qu'il reste tout au plus en lui l'étoffe d'un conseil. Il est vrai qu'une telle conséquence n'a rien qui déplaise à certains conservateurs, et qu'un conseil vaut un pouvoir, pour l'usage qu'ils veulent en faire. Reste à savoir s'il convient à la France de se prosterner, en 1847, devant le principe qu'elle a vaincu en 1830, et d'assister paisiblement au triomphe du gouvernement consultatif.

Quand ceux qui représentent l'élément démocratique de notre constitution, les électeurs, les députés, comprennent ainsi leur mission et font si bon marché de leurs droits, comment espérer, comment attendre qu'on en fasse ailleurs plus de cas? Assurément, il est triste de voir reparaître sous le manteau du gouvernement représentatif toutes les idées, toutes les habitudes des gouvernements despotiques. Il est triste d'assister deux ou trois fois par an à ces représentations solennelles, où l'on tient à constater publiquement que la révolution n'a point déplacé le siége du pouvoir, et qu'une seule volonté règne et gouverne aujourd'hui comme jadis. Il est triste de lire ces discours qui font éclater entre les grands corps de l'État une émulation si déplorable de doctrines serviles et de basses adulations. Il est triste enfin de retrouver ainsi dans la monarchie constitutionnelle les sentiments et le langage des monarchies absolues, des sentiments qu'eût répudiés la vieille fierté de la magistrature française, un langage que Louis XIV au faîte de la puissance, Napoléon au comble de la gloire ont à peine entendu. Mais c'est le résultat naturel, inévitable de l'esprit du temps et de l'abandon par le corps électoral, par le parlement, de toute initiative, de toute pensée politique. Qu'on ne dise pas d'ailleurs que ce sont là des politesses sans portée et sans valeur. Quand on ouvre la porte à l'esprit de servilité, il pénètre partout, sous l'uniforme du soldat comme sous l'habit du courtisan, sur le siége du magistrat comme à la tribune législative. N'a-t-on pas vu des hommes dont la gloire appartient à la France la sacrifier, sans hésiter, au désir de plaire, et se faire les instruments dociles d'une politique contre laquelle protestait leur vie entière? N'a-t-on pas entendu, dans une circonstance solennelle, des personnages éminents regretter l'abolition du crime de lèse-majesté, et déclarer que toutes les institutions peuvent périr, pourvu que la royauté subsiste, la royauté, institution suprême et prépondérante! C'est ainsi précisément que l'on agissait, que l'on parlait, en Angleterre, sous les Stuarts, en France, aux plus mauvais jours de la Restauration. Entre les ultra-royalistes de ces deux époques et ceux de l'époque actuelle, il y a pourtant une grave différence : les premiers croyaient à quelque chose, et poursuivaient un but élevé, bien que mauvais; les derniers ne croient à rien, et prennent leur intérêt pour but unique. Ce sont, à vrai dire, des spéculateurs qui remplacent des fanatiques.

Un corps électoral d'où la vie politique tend chaque jour à se retirer, une Chambre des députés qui semble tenir au gouvernement représentatif, non pour le pouvoir qu'il donne, mais pour les avantages qu'il procure, une royauté dont l'influence prépondérante n'est plus contestée, voilà où nous en sommes, seize ans après la révolution de juillet, après cette révolution qui paraissait faite pour limiter l'autorité royale, pour constituer le pouvoir parlementaire, pour donner le dernier mot au corps électoral. C'est un étrange résultat, un résultat que personne ne prévoyait en 1830. C'est une œuvre qui, pour employer une belle expression de M. Royer-Collard, eût été « au-dessus de l'habileté comme de la perversité humaine », si l'état général des esprits et des mœurs ne l'avait pas favorisée. Il s'agit maintenant de savoir si la maladie dont la Chambre des députés, le corps électoral, le pays paraissent atteints est une de ces maladies contre lesquelles tous les secours de l'art sont inutiles, et dont on est condamné à regarder tristement les progrès. Il s'agit de savoir, en supposant la guérison possible, à quelles conditions, par quels moyens elle peut être opérée. A mon sens, de ces deux questions, la seconde seule est douteuse. Il n'est jamais pour un peuple de guérison impossible, et, quelque étendu, quelque profond que soit le mal, il reste certaines couches où il ne pénètre pas et d'où sort, un jour, le remède. Malheureusement l'expérience apprend que presque toujours ce remède est violent et terrible. La sagesse conseille de ne pas l'attendre.

Il faut ici, sans ménagements et sans réticences, dire la vérité tout entière.

Entre ceux qui possèdent beaucoup et ceux qui ne possèdent rien, on a toujours distingué une position intermédiaire qui, dans la langue politique, a reçu le nom de classe moyenne. Aujourd'hui, par une pruderie singulière, on essaie de répudier le nom, bien que la chose existe, à peu près comme on se révolte contre le mot de sujet, tout en maintenant, tout en fortifiant le rapport dont ce mot est l'expression.. Il n'en reste pas moins indubitable que la révolution de 1830 s'est faite surtout au profit des classes moyennes, et que, depuis seize ans, le pouvoir politique leur appartient. Il n'en reste pas moins indubitable que sur elles, par conséquent, plus que sur les autres classes de la société, pèse la responsabilité de la situation actuelle et des événements qui peuvent s'ensuivre. Or, il est évident que, depuis quinze ans, depuis dix ans surtout, les classes moyennes sont entrées dans une phase nouvelle, dans une phase critique de leur existence. Quand, de 1815 à 1830, elles combattaient avec énergie, avec persévérance pour la révolution contre l'ancien régime, et, de 1830 à 1835, pour la monarchie représentative contre la république, les classes moyennes, j'en suis convaincu, tout en défendant leur propre cause, défendaient la cause nationale et méritaient les éloges qui de toutes parts leur étaient prodigués. Mais la victoire a couronné leurs efforts, la puissance est venue, et avec la victoire l'enivrement qui l'accompagne, avec la puissance l'orgueil qui la suit, l'égoïsme qu'elle engendre, les tentations qui l'assiégent. C'est pour les classes moyennes une épreuve plus difficile que les précédentes, et je crains qu'elles n'y succombent. Peu importerait qu'elles fussent en butte aux injures, aux sarcasmes de l'aristocratie et de la démocratie, si ces injures et ces sarcasmes étaient immérités et si toujours elles usaient dignement, noblement, dans l'intérêt général, du pouvoir qu'elles ont obtenu. Mais si dans ce pouvoir elles ne cherchaient qu'un moyen de faire leur propre bien et de fortifier leur propre puissance; si le goût des jouissances matérielles les absorbait tout entières et les rendait indifférentes, insensibles à la grandeur nationale, aux progrès de la liberté, aux besoins des classes qui n'ont pas de droits politiques; si, en un mot, on pouvait dire d'elles, avec quelque apparence de raison, qu'elles imitent ceux qu'elles ont renversés, et qu'il existe en France, d'un côté, deux ou trois cent mille familles qui commandent et qui jouissent, d'un autre côté, huit millions de familles qui obéissent et qui souffrent, croit-on qu'un tel état de choses fût solide et qu'il pût longtemps être maintenu? On l'a dit souvent : ce que les peuples pardonnent le moins à ceux qui les gouvernent, c'est de les exploiter comme on exploite une propriété, c'est de se servir d'eux comme on se sert d'un instrument. En Angleterre l'aristocratie est encore debout, parce que, sans s'oublier elle-même, elle a su identifier sa puissance et ses intérêts avec la puissance et les intérêts du pays; parce que, en outre, elle n'a jamais hésité à supprimer, à retrancher de ses propres mains les parties les plus compromises de ses priviléges. En France l'aristocratie est tombée parce qu'elle a suivi une marche toute contraire, et qu'un jour est arrivé où, entre le pays légal et le pays véritable, il ne restait rien de commun. C'est entre ces deux exemples qu'aujourd'hui les classes moyennes sont appelées à choisir.

Que les classes moyennes le sachent bien : il n'y a pas de temps à perdre, et le moment est venu pour elles d'assurer pour longtemps leur influence ou de la compromettre. N'est-on pas frappé déjà de certains symptômes qui, entre ceux qui nomment les députés et ceux qui ne les nomment pas, font craindre une séparation, une rupture prochaine et complète? Il y a un an, M. Guizot se vantait à la tribune d'avoir la majorité non-seulement à la Chambre, mais dans tous les corps créés par l'élection; s'en vanterait-il encore? Depuis six mois les élections ont eu lieu, à plusieurs degrés de l'échelle politique. Quel est le résultat de ces élections? n'est-ce pas d'avoir augmenté dans la Chambre la majorité ministérielle et de l'avoir diminuée dans les assemblées inférieures? n'est-ce pas d'avoir ainsi, dans une foule de villes, manifesté deux mouvements en sens inverses, et mis la seconde couche électorale en opposition directe avec la première? C'est là, quoiqu'on en puisse dire, un fait grave, et dont un gouvernement sage ne manquerait pas de se préoccuper.

J'en ai dit assez pour indiquer l'intention qui dicte cet écrit. Je crois le mal très-grand, pas assez grand néanmoins pour qu'on doive désespérer d'en triompher par les voies légales et régulières. Rétablir avec fermeté, avec persévérance, les vrais principes du gouvernement représentatif, ces principes oubliés, méconnus, dédaignés par ceux-là mêmes qui s'en faisaient naguère un moyen d'élévation et de fortune; rechercher dans la législation, dans les mœurs les vices patents ou secrets qui altèrent nos institutions, qui les corrompent, qui les dénaturent; examiner les divers remèdes qui se présentent à l'esprit, et choisir entre ces remèdes ceux qui, efficaces sans être violents, peuvent obtenir en définitive l'assentiment des hommes sages, des hommes honnêtes de tous les partis: voilà le but que je me propose, et ce but, je le crois conservateur dans le vrai sens du mot. C'est certes un fort beau nom, un nom fort honorable que celui de conservateur; mais c'est quelquefois un nom usurpé. Ainsi, quelque précieuses que soient les lois de 1831, il est, ce me semble, quelque chose de plus précieux encore et qui mérite mieux d'être conservé : ce sont les principes qui ont prévalu en 1830; c'est le gouvernement qui repose sur ces principes; c'est le pouvoir parlementaire, sans lequel ce gouvernement est un vain mot. On n'est pas vraiment conservateur quand on foule aux pieds ces principes, quand on laisse périr ce gouvernement, quand on abandonne ce pouvoir.

CHAPITRE II.

———

Quand, en 1814, à la suite des désastres de l'Empire, le gouvernement représentatif fut rendu à la France, les esprits y étaient peu préparés, et les principes en étaient à peine compris. Qui les eût compris en effet? Ce n'était pas le parti de l'ancien régime, ce parti qui, dans la restauration de l'ancienne race royale, avait vu sa propre restauration, et pour qui le nom de Charte était un nom odieux, un nom détestable et révolutionnaire. Ce n'était pas non plus le parti de l'Empire, que dix années d'une glorieuse servitude avaient habitué à voir dans les assemblées délibérantes quelque chose de malfaisant ou de ridicule. Quant à ceux qui, à travers les excès de la Révolution, la corruption du Directoire, la servilité de l'Empire, avaient su conserver l'amour et le respect des institutions représentatives, ils se rattachaient pour la plupart aux idées de l'Assemblée constituante, à ces idées qui, plaçant le pouvoir législatif d'un côté, le pouvoir exécutif de l'autre, dé-

truisaient toute harmonie, toute unité dans le gouvernement, et créaient entre les grands pouvoirs un
état permanent d'antagonisme. La Chambre des députés de 1814 avait d'ailleurs été léguée par l'Empire à la Restauration, et, de cette Chambre, un
peu surprise d'avoir recouvré la parole, on ne pouvait attendre une connaissance bien nette de ses
droits, un sentiment bien vif de son importance.
Aussi la Chambre de 1814, malgré quelques efforts
honorables, se montra-t-elle constamment faible, ti-
mide, peu jalouse de ses prérogatives. Dans la fameuse discussion où il s'agissait de décider si la cen-
sure était dans la Charte et si le mot *réprimer* était
synonyme de *prévenir*, M. l'abbé de Montesquiou put,
sans que personne le trouvât mauvais, prononcer
les singulières paroles que voici :

« Si la Chambre des députés et la Chambre des
» pairs se trouvent divisées d'opinions, qui est-ce
» qui décidera? j'ai peine à croire que ce ne soit pas
» le roi. » De la part de M. de Montesquiou, donner
au roi le mot décisif dans un seul cas, celui de dis-
sentiment entre les deux Chambres, c'était presque
une hardiesse.

Dès cette époque pourtant, un homme qui, pendant 25 ans, a plus que tout autre contribué à notre
éducation constitutionnelle, M. Benjamin Constant,
essayait d'établir les vrais principes du gouvernement représentatif et de prouver que la question
fondamentale de ce gouvernement est insoluble, si

l'on confond le pouvoir royal et le pouvoir exécutif.
Mais en même temps, pour n'avoir pas l'air de trop
dépouiller la royauté, il lui attribuait le rôle assez
étrange, assez peu intelligible, d'intermédiaire et
d'arbitre entre les trois pouvoirs législatif, exécutif,
judiciaire. M. Benjamin Constant d'ailleurs, et quelques autres avec lui, demandaient qu'au lieu de ministres isolés, il y eût un ministère solidaire, vraiment responsable et dont les membres appartinssent
à l'une ou à l'autre des deux Chambres. C'était demander un pas considérable vers la réalité du gouvernement représentatif, et les défenseurs de l'ancien
régime ne s'y trompaient pas. « Constituer un mi-
» nistère un, solidaire, responsable, disait M. Fiévée
» dans sa correspondance administrative, c'est
» s'acheminer vers cet abominable système qui place
» le gouvernement dans le ministère. — Le gouver-
» nement, ajoutait-il, c'est le roi; les ministres sont
» les délégués du roi, les Chambres sont ses con-
» seils. » Ce que disait M. Fiévée, presque tout le
monde alors le pensait.

Pendant les Cent-Jours, l'idée vraie du gouvernement représentatif se dégagea un peu mieux, et,
vaincu par la nécessité, Napoléon lui-même parut
l'admettre avec toutes ses conséquences. Ce n'est
néanmoins ni dans l'acte additionnel ni dans les discussions de la Chambre des représentants qu'elle
apparut nettement; c'est dans un livre [1] que publia

_____
[1] *Principes de politique.* 1815.

M. Benjamin Constant pour défendre la nouvelle
constitution. « Notre constitution, dit M. Benjamin
» Constant, en établissant la responsabilité des mi--
» nistres, sépare clairement le pouvoir ministériel du
» pouvoir royal. — Le pouvoir royal est un pouvoir
» neutre, celui des ministres est un pouvoir actif.—
» Le roi, dans un pays libre, est un être à part, supé-
» rieur aux diversités des opinions, n'ayant d'autre
» intérêt que le maintien de l'ordre et le maintien de
» la liberté, planant en quelque sorte au-dessus des
» agitations humaines. — C'est le chef-d'œuvre de
» l'organisation politique, que d'avoir ainsi créé, dans
» le sein même des dissentiments sans lesquels nulle
» liberté n'existe, une sphère inviolable de sécurité,
» de majesté, d'impartialité, qui permet à ces dissen-
» timents de se développer sans péril, tant qu'ils
» n'excèdent pas certaines limites. » N'est-ce pas, à
peu de chose près, ce que disent aujourd'hui les partisans du principe parlementaire?

Tandis qu'à Paris le gouvernement représentatif
faisait ainsi son chemin, à Gand même, grâce à de
sages conseils, il gagnait aussi du terrain. Ainsi,
dans son mémoire au roi, M. de Chateaubriand reconnaissait que les institutions royales avaient besoin
d'être complétées; il reconnaissait notamment que
le ministère devait acquérir plus d'unité et qu'il convenait que les ministres fussent membres des deux
Chambres. Dans un autre mémoire qui fit bien plus
de bruit, celui que le duc d'Otrante, ministre de

Louis XVIII, adressa à celui-ci, en août 1815, peu de jours après la seconde Restauration, on lit enfin les paroles suivantes :

« Il y a deux régimes constitutionnels, bien diffé-
» rents l'un de l'autre. Dans l'un, le roi accorde le
» moins qu'il peut. Alors tout devient obstacle, parce
» que tout devient de part et d'autre un sujet de
» dispute..... Dans le second état du régime consti-
» tutionnel, il y a un ministère homogène et respon-
» sable. Le monarque, qui est dépositaire de toute
» la puissance et de toute la majesté nationale, est
» comme placé, au moyen du ministère, dans une
» enceinte impénétrable, à l'abri de toutes les agita-
» tions politiques. »

Pour que, dans les conseils du roi comme dans ceux de l'empereur, les principes du gouvernement représentatif fussent aussi sainement établis, il fallait certes qu'ils eussent fait depuis une année de grands progrès dans le pays.

Cependant, au milieu de la réaction violente qui suivit les Cent-Jours, il est difficile de savoir ce qu'ils fussent devenus si, par une anomalie heureuse, cette réaction même n'eût pas dû leur demander force et s'en faire un appui. Les élections de 1815 avaient donné au parti de l'ancien régime une majorité in-contestable, et ce parti, maître de la Chambre élec-tive, n'y rencontrait plus aucun obstacle à ses des-seins. Le roi, la Chambre des pairs, les ministres inclinaient, au contraire, vers le parti constitutionnel, et voulaient arrêter la réaction. Il suivit de là ce qui s'est vu quelquefois en Angleterre: c'est que, dominés par les circonstances, les partis changèrent de rôle et de doctrine. Ainsi, pendant une longue session, ce fut le parti de l'ancien régime qui défendit avec ardeur, avec hardiesse, avec constance les vrais principes du gouvernement représentatif, et qui, par tous les moyens en son pouvoir, s'efforça d'agrandir la prérogative parlementaire. Ce fut le parti constitutionnel qui devint le champion dévoué de la prérogative royale, et qui fit aux vrais principes du gouvernement représentatif une guerre systématique et persévérante. Chaque jour le parti de l'ancien régime combattait, mutilait, rejetait les projets présentés au nom du roi, èt, soit en vertu du droit d'initiative, soit au moyen du droit d'amendement, essayait de substituer à ces projets d'autres projets tout contraires. Chaque jour en outre, au nom de la Charte, il signifiait durement aux ministres qu'ils eussent à se retirer devant les chefs de la majorité. Pour résister à de si vives attaques, pour échapper à un si pressant danger, le parti constitutionnel au contraire se trouvait entraîné à se retrancher derrière la sagesse royale, à nier le droit d'initiative et d'amendement, à soutenir qu'en France il n'appartenait pas à la majorité de faire et défaire les ministères. Il faisait beau voir alors avec quelle fougueuse indignation les orateurs du côté droit, M. de La Bourdonnaie, M. de Castelbajac, M. Clausel de Coussergue flétrissaient

des doctrines aussi serviles, revendiquaient les droits
de la Chambre, reléguaient la royauté dans l'asile
impénétrable de son inviolabilité. Il faisait beau voir
avec quelle énergie indomptable ils déclaraient que
le gouvernement représentatif serait un vain mot,
si les ministres prétendaient gouverner sans l'appui
permanent, sans le concours actif de la majorité!
Un jour, dans un débat sur la loi électorale, un
ministre fort peu constitutionnel à la vérité, M. de
Vaublanc, eut le malheur de dire « que le pouvoir
» électoral, pour n'être pas dangereux, devait être
» dépendant et subordonné. » A ces mots, le côté
droit tout entier se souleva, et trois fois dans le cours
de la session M. de Vaublanc dut s'en excuser. « Il
» faut, disait M. de La Bourdonnaie, organiser la ·
» Chambre élective de manière à ce qu'elle soit l'ex-
» pression vraie de l'opinion générale. » — «Ce dont
» la France a besoin, disait M. de Bouville, c'est
» d'une Chambre forte, organe de l'opinion natio-
» nale, qui se retrempe dans le pays, et qui devienne
» ainsi l'interprète énergique et éclairée du vœu
» public. »

Quand, au milieu de cette confusion, on veut se
rendre compte de l'état de la science politique, l'attention se porte naturellement sur deux hommes il-
lustres, aussi puissants par la pensée que par la
parole, et dont l'un, fidèle à la cause libérale, a eu
la gloire, quinze ans après, d'attacher son nom au
triomphe éclatant, si ce n'est définitif, du principe

parlementaire. Je veux parler de MM. de Serre et Royer-Collard. Tous deux étaient royalistes dévoués, mais en même temps amis sincères des institutions libres. Soit que leurs sentiments eussent encore trop d'influence sur leurs opinions, soit que, dans l'entraînement de la lutte, ils cédassent outre mesure à l'empire des circonstances, tous deux émirent des idées, établirent des doctrines dont l'application rigoureuse eût, en 1830, mis le droit contre la Chambre et pour M. de Polignac.

« Le seul moyen, disait M. de Serre, à propos de » la loi électorale, le seul moyen de concilier l'exis- » tence de la liberté publique avec la force du gou- » vernement consiste dans l'influence avouée, ré- » gulière, que le pouvoir monarchique exerce sur les » Chambres qu'il a créées. — En Angleterre, ajou- » tait-il, l'harmonie ne s'établit dans l'État qu'au » moyen de l'influence immense de la couronne et » de l'aristocratie... En France, il n'y a point d'aris- » tocratie. C'est ce qui rend plus nécessaire l'in- » fluence de la couronne, par conséquent des mi- » nistres de la couronne; car on ne peut concevoir » un roi sans ministres, organes de sa volonté. »

M. de Serre concluait de là qu'on avait tort de vouloir créer une chambre forte, indépendante, populaire, une chambre qui fût l'image et l'organe de l'esprit public. Selon lui, « la France, monarchique » par ses habitudes, par ses affections, par toute sa » constitution physique et morale, attendait un con-

» cours filial de ses députés aux desseins paternels
» de son roi, et non pas une indépendance qui pût
» le contrarier. La Chambre élective, en un mot,
» était le conseil nécessaire de la couronne, dans des
» cas déterminés, conjointement avec la Chambre
» des pairs. Son objet était d'éclairer, de régulariser
» la marche du gouvernement, sans prétendre diri-
» ger la royauté. »

Dans une autre occasion, combattant avec énergie
la proposition d'une commission qui au projet du
gouvernement avait substitué un projet tout nouveau, M. de Serre disait : « Nous soutenons que là
» où est la proposition de la loi, là est le gouverne-
» ment, là est la royauté. Nous soutenons que le roi,
» dépouillé de la proposition de la loi (et la partager,
» c'est la perdre), le roi ne conserve pas même la
» liberté de la sanction. Proposer la loi, c'est régner,
» c'est gouverner. »

« Je sais, disait-il encore, qu'on cite l'Angleterre,
» où sans inconvénient les Communes proposent la
» loi... Je réponds que l'Angleterre n'est point une
» monarchie, que notre royauté, notre Charte ne
» sont ni la royauté ni la constitution anglaises. En
» Angleterre existent des partis tout formés. En
» France il ne nous faut point de partis. S'il en exis-
» tait, le roi devrait planer sur tous, les dominer
» tous également. En France la royauté ne doit point
» être inerte, immobile, mais agissante. Elle ne doit
» point se cacher sous les voiles ou, comme l'a dit

» un député, dans les nues. Elle doit paraître inces-
» samment; elle doit briller, et briller seule aux yeux
» de tous. »

Donnant à sa pensée cette largeur et cette préci-
sion dont le mérite appartient à lui seul, M. Royer-
Collard suivait la même voie, et pénétrait plus avant
encore dans la question.

« En Angleterre, disait-il, l'initiative, qui est le
» principe de l'action, la haute administration et une
» grande partie du gouvernement résident dans la
» Chambre des communes. Chez nous le gouverne-
» ment tout entier est dans les mains du roi. Il n'a
» besoin du concours des Chambres que s'il recon-
» naît la nécessité d'une loi nouvelle et pour le
» budget. »

« J'irai plus loin, ajoutait-il; je dirai : le jour où
» le gouvernement n'existera que par la majorité de
» la Chambre; le jour où il sera établi qu'en fait la
» Chambre peut repousser les ministres du roi et lui
» en imposer d'autres, qui seront ses propres minis-
» tres et non les ministres du roi; ce jour-là, c'en est
» fait non-seulement de la Charte, mais de toute
» royauté, de cette royauté indépendante qui a pro-
» tégé nos pères; ce jour-là, nous sommes en répu-
» blique : la France veut que son roi le soit vérita-
» blement, et qu'il ait le pouvoir nécessaire pour
» gouverner. »

Plus tard, conséquent avec lui-même, M. Royer-
Collard établissait que la Chambre n'était pas réel-

lement représentative, et que cette dénomination, importée d'un autre pays, était en France fausse et trompeuse. « La Chambre, disait-il, est un pouvoir, » non une représentation. Or, entre plusieurs pou- » voirs qui concourent, la force des choses et le be- » soin de l'unité font prédominer plus ou moins l'un » ou l'autre de ces pouvoirs, qui acquiert sur les » autres une influence ouverte ou cachée ; nul doute » que dans notre gouvernement le pouvoir royal ne » soit celui auquel doit appartenir cette influence de » direction. »

Il est certes étrange de trouver de telles idées, de tels principes dans la bouche du président de la Chambre de 1830 ; il l'est plus encore de les entendre relever avec une fine ironie par M. de Bonald, contester avec une véhémence passionnée par M. de La Bourdonnaie ; mais, encore une fois, tous les rôles étaient alors intervertis, toutes les situations déplacées.

Quoi qu'il en soit, tout en détestant l'œuvre à laquelle le parti de l'ancien régime voulait employer le pouvoir de la Chambre élective, il faut reconnaître que ce parti contribua beaucoup à fonder ce pouvoir, et qu'il fit faire à la théorie comme à la pratique du gouvernement représentatif des progrès considérables. Tout en gardant une profonde reconnaissance aux hommes courageux qui luttèrent pour la France nouvelle contre la contre-révolution, on ne peut nier qu'involontairement ou à dessein, ils ne méconnussent souvent la nature, le caractère, les conséquences nécessaires de nos institutions. En définitive, c'est à la bonne cause, à la cause de la France nouvelle et des institutions libérales que profitèrent les efforts des uns et des autres. A la fin de 1816, le principe fondamental du gouvernement représentatif et les droits qui en découlent, le droit d'initiative, le droit d'amendement, le droit d'enquête étaient conquis, et l'ordonnance du 5 septembre venait arracher le pays aux étreintes de la contre-révolution. De ces deux résultats également heureux, également salutaires, le premier était dû au parti de l'ancien régime, le second au parti constitutionnel; mais c'est au parti constitutionnel seul qu'ils devaient profiter l'un et l'autre.

A dater de ce moment, il était clair que ni le parti de l'ancien régime ni le parti constitutionnel ne se piquerait d'être conséquent, et que bientôt chacun rentrerait dans ses voies naturelles. Ce double retour ne s'opéra pourtant pas tout de suite, et, pendant quelque temps, l'impulsion donnée par la tribune se communiqua à la presse. Ainsi, oubliant ce qu'il avait dit en 1814, M. Fiévée[1] reconnaissait pleinement « que le ministère ne peut ni ne doit se maintenir sans le concours de la majorité. Pour défendre » la royauté contre l'influence démocratique, la » constitution avait donné au roi le droit de dis-

---

[1] *Correspondance politique et administrative.*

» soudre la Chambre des députés. Si les députés
» n'étaient pas réélus, tout était fini. Dans le cas
» contraire, toute résistance de la part des agents
» de l'autorité royale devenait impossible, et ne pou-
» vait être tentée qu'en renversant les lois fonda-
» mentales de l'État. » Assurément *le National* et *le
Globe* n'eussent pas mieux dit en 1830.

M. Fiévée allait plus loin, et, abordant une question non encore résolue, il maintenait « que dans le
» gouvernement représentatif l'initiative royale est
» une absurdité, et que les lois ne doivent jamais
» être proposées au nom de la couronne. »

On ne pouvait comprendre, selon lui, « que le droit
» de proposer la loi et le droit de la sanctionner rési-
» dassent dans la même personne. Quand les minis-
» tres proposaient une loi, il convenait que ce fût
» en leur nom propre, comme en Angleterre. Quant
» au roi, *organe de la volonté de la société,* c'était seu-
» lement après tous les débats parlementaires qu'il
» devait parler. » Déjà M. Benjamin Constant avait
soutenu cette thèse fort sensée et fort juste; mais il
était curieux qu'un écrivain royaliste s'en fît le défenseur.

A côté des passages que je viens de citer, il en
était de fort différents, et M. Fiévée, en prenant la
défense du principe parlementaire, paraissait un
peu gêné. Mais il y avait alors dans le parti royaliste un homme de génie, un homme que les passions de son temps et de son parti ont pu égarer

quelquefois, mais qui, au milieu de ses erreurs
mêmes, a toujours compris la grandeur et la nécessité
des institutions libérales. Dans un livre célèbre et
dont la première partie doit obtenir grâce pour la
seconde, cet homme, M. de Chateaubriand, posa,
maintint, développa avec une rare vigueur les vrais
principes, les principes fondamentaux du gouvernement représentatif. *La Monarchie selon la Charte*
est trop connue pour qu'il soit utile d'en donner ici
l'analyse. J'en veux seulement citer deux passages,
qui touchent directement à la question, telle qu'elle
se débattait en 1830, telle qu'elle se débat encore
aujourd'hui entre les deux prérogatives.

« Sous la monarchie constitutionnelle, dit M. de
» Chateaubriand, c'est l'opinion publique qui est la
» source et le principe du ministère, *principium et*
» *fons*, et, par une conséquence qui dérive de celle-
» ci, le ministère doit sortir de la majorité de la
» Chambre des députés, puisque les députés sont les
» principaux organes de l'opinion publique. »

« Le roi, dit-il ailleurs, étant environné de mi-
» nistres responsables, tandis qu'il s'élève au-dessus
» de toute responsabilité, il est évident qu'il doit les
» laisser agir d'après eux-mêmes, puisqu'on s'en
» prendra à eux seuls de l'événement. S'ils n'étaient
» que les exécuteurs de la volonté royale, il y aurait
» injustice à les poursuivre pour des desseins qui ne
» seraient pas les leurs. »

M. de Chateaubriand d'ailleurs n'hésitait pas à

prendre corps à corps « l'école prétendue libérale,
» qui professait hautement la doctrine que les Cham-
» bres ne sont qu'un conseil, et qu'il n'y a pas de
» représentation nationale. » Il n'hésitait pas davantage à soutenir, avec MM. Benjamin Constant et
Fiévée, « que l'initiative est une attribution parle-
» mentaire, et que la loi ne doit être proposée au
» nom du roi que dans des cas extraordinaires. »

On le voit, à la fin de 1816, les royalistes, sur la
question du gouvernement représentatif, parlaient,
écrivaient comme ont parlé, comme ont écrit, depuis, les libéraux de 1830. En revanche, dans la
presse aussi bien qu'à la tribune, le parti constitutionnel venait vaillamment au secours de la prérogative royale menacée. C'était d'abord M. Villemain
qui, répondant à la fois à MM. Fiévée et de Chateaubriand [1], niait « qu'en France le ministère dût néces-
» sairement émaner de la majorité parlementaire, et
» que l'inviolabilité du roi fût incompatible avec son
» pouvoir effectif. » C'était ensuite M. Guizot qui,
dans sa ferveur monarchique, s'indignait que l'on
osât subordonner le ministère à la Chambre et condamner ainsi le roi à une pompeuse impuissance.

« La doctrine du parti, disait M. Guizot [2] dans un
» écrit où se trouvent d'ailleurs beaucoup d'idées
» fort justes, et alors fort neuves sur la nature du

[1] *Le Roi, la Charte et la Monarchie.*
[2] *Du gouvernement représentatif,* — novembre 1816.

» gouvernement représentatif et sur l'accord des
» pouvoirs, la doctrine du parti se réduit à ces
» deux propositions : 1° C'est le ministère qui gou-
» verne au nom du roi; 2° c'est la majorité des
» Chambres qui gouverne au nom des ministres. Or,
» c'est là une théorie républicaine et qui ne peut être
» acceptée que par ceux qui croient que le peuple
» peut et doit se gouverner lui-même. Les institu-
» tions représentatives assignent à l'autorité souve-
» raine des conditions et des limites, mais elles la
» placent entre les mains du roi, et du roi seul, dans
» toute sa liberté comme dans toute sa plénitude....
» C'est le roi qui veut et qui agit, qui seul a le droit
» de vouloir et le pouvoir d'agir. *Les ministres sont*
» *chargés d'exécuter sa volonté.* »

Examinant ensuite la question de savoir si c'est
au gouvernement que doit appartenir la majorité, ou
à la majorité que doit appartenir le gouvernement,
M. Guizot niait que la majorité fût et dût être une
quantité invariable. C'était, selon lui, « une quantité
incertaine et mobile, que l'on gagne, que l'on perd,
que l'on retrouve. » Considérée en elle-même, la
majorité « n'était rien, ou plutôt elle n'était pas. »
M. Guizot en concluait qu'il était impossible que la
majorité gouvernât. Puis, venant au droit de dissolution : « Le droit de dissolution, disait-il, et l'in-
» fluence que le gouvernement exerce sur les élec-
» tions ont précisément pour objet de prévenir ce mal
» qu'on a voulu ériger en principe, savoir que le gou-

». vernement doit appartenir à la majorité. On aura
» beau brouiller les idées, dénaturer les situations,
» abuser des théories, il sera éternellement vrai que
» le gouvernement appartient de droit, appartient de
» fait au pouvoir qui gouverne en effet partout et à
» tout moment, c'est-à-dire au pouvoir exécutif, par-
» ticipant à la puissance législative. »

N'est-il pas fort curieux qu'après un voyage de
trente années, M. Guizot soit exactement revenu à
son point de départ?

Je pourrais prolonger ces citations. Elles suffisent
pour montrer que, dès la première année de la Restauration, la question du gouvernement représentatif
et du gouvernement consultatif s'est nettement posée
et a été librement et profondément débattue. Seulement, je le répète, par un concours singulier de
circonstances, c'était le parti de l'ancien régime qui
défendait le gouvernement représentatif, c'était le
parti constitutionnel qui plaidait pour le gouvernement consultatif.

Dans les deux sessions qui suivirent, le côté droit
n'avait plus la majorité, et le côté gauche arrivait.
Les circonstances n'étaient donc plus les mêmes, et
chacun pouvait revenir à ses tendances naturelles.
Mais la force des situations prises fait qu'elles se pro-
longent souvent au delà des causes qui les ont produites. Pendant quelque temps la prérogative royale
et la prérogative parlementaire conservèrent donc à
peu près les mêmes défenseurs et les mêmes adver-

saires. Il y eut même parmi les constitutionnels, ou soi-disant tels, de nouveaux venus qui voulurent renchérir sur leurs prédécesseurs.

« Jamais, disait M. Ravez, la France, cherchant la » vie dans ce qu'elle aime, ne s'accoutumerait à l'idée » d'un gouvernement où son roi, simple abstraction » devant les ministres, ne paraîtrait puissant qu'au » jour des cérémonies, des grâces et des vengeances. » C'est parce qu'elle est fière de lui obéir qu'elle a » besoin de savoir que le roi seul commande. C'est » parce qu'il est roi qu'elle veut trouver en lui une » volonté devant laquelle toutes les autres volontés » fléchissent. Que les ministres obéissent comme elle. »

« Réduire le roi, en France, au *veto* des rois an- » glais; disait M. Courvoisier, c'est en faire une » vaine idole et le réduire à user de séduction, de » force, d'adresse pour reconquérir les justes préro- » gatives dont on le dépouille. »

Il est à remarquer que, le jour où il parlait ainsi, M. Courvoisier combattait M. Royer-Collard qui, proposant d'attribuer au jury le jugement des délits de la presse, venait de prononcer les belles paroles que voici :

« Une nation qui obéit à des lois qu'elle n'a point » consenties peut être sagement gouvernée. Elle peut » avoir de bons rois, de grands rois. Elle peut fleu- » rir au dedans et acquérir de la gloire au dehors; » mais elle n'est pas libre, elle ne s'appartient pas à » elle-même....

« Il n'y a de nations libres que celles qui partici-
» pent sans relâche et au pouvoir législatif et au
» pouvoir judiciaire. »

Ainsi, en 1817, deux ans après la perturbation
de 1815, chacun commençait à revenir à son drapeau et à reprendre sa place.

A partir de 1817, on le sait, la lutte s'engagea
vivement, ardemment entre la France nouvelle et
l'ancien régime, entre la révolution et la contre-révolution. Au milieu de cette lutte et de ses alterna-
tives, il y avait peu de place pour des discussions
théoriques sur le gouvernement représentatif. Dans
plusieurs écrits, M. Benjamin-Constant revint pourtant à la charge et démontra victorieusement « qu'il
» fallait, pour être inviolable, que le pouvoir royal
» ne pût pas faire de mal, et que, pour qu'il ne pût
» pas faire de mal, il fallait qu'il n'agît jamais dans
» la sphère où le mal peut avoir lieu. » Ce qu'il y a
de singulier, c'est que, pendant cette période si agitée,
le gouvernement représentatif dut encore au parti de
l'ancien régime un bon précédent et une excellente
loi. Le bon précédent, c'est l'adresse contre le second
ministère Richelieu, présentée, en 1821, par le côté
droit et appuyée par le côté gauche. Alors comme
plus tard, les ministériels et les courtisans préten-
dirent qu'il est peu respectueux et peu constitutionnel de blâmer, dans une adresse à la couronne,
le ministère que la couronne a choisi dans toute
la liberté, dans toute la plénitude de sa prérogative.

Mais la Chambre passa outre, et, après avoir refusé d'entendre la lecture de l'adresse, le roi dut en subir les conséquences. L'excellente loi, c'est la loi qui substitua le renouvellement intégral au renouvellement partiel. Cette loi, qui avait le grave inconvénient de maintenir pour plusieurs années au pouvoir le parti contre-révolutionnaire, fut, à ce titre, combattue par la gauche, et M. Royer-Collard essaya d'ébranler la droite en lui démontrant « que, toutes » choses égales d'ailleurs, le renouvellement inté- » gral appartient davantage au principe républicain, » le renouvellement partiel au principe monarchi- » que. » Mais, pour la droite comme pour la gauche, l'intérêt du moment l'emportait sur tout autre inté- rêt. La loi passa donc, au grand chagrin de ceux qu'elle devait sauver, à la grande joie de ceux qu'elle devait perdre.

Je suis entré dans ces détails pour faire comprendre comment, de 1814 à 1827, le gouvernement représentatif en France s'est formé, a grandi, s'est développé. Pendant ce temps bien des erreurs avaient eu cours, bien des hérésies avaient été professées ; mais il y avait eu constamment en présence une majorité et une minorité ardentes, actives et se disputant le pouvoir par la parole comme par la tactique. Chaque parti d'ailleurs, dans son intérêt propre, avait dû successivement invoquer les vrais principes. Néanmoins la question fondamentale, la question suprême restait encore à vider. Il est aisé,

il est commode dans les livres de faire avec art,
avec symétrie la part de chacun des pouvoirs constitutionnels, et de les proclamer ensuite indépendants et égaux. Il est aisé, par exemple, de donner
au pouvoir royal le choix des ministres, au pouvoir
électif le vote de l'impôt, et d'établir entre ces deux
grandes prérogatives un équilibre idéal. Mais un
jour vient nécessairement où les deux prérogatives
se rencontrent et se heurtent. Il faut alors savoir laquelle doit l'emporter sur l'autre, et fixer ainsi, non
plus en droit, mais en fait, le vrai caractère du gouvernement.

Cette crise inévitable et décisive eut lieu, personne ne l'ignore, de 1827 à 1830. En 1827, la
couronne, sage et bien conseillée, avait cédé au vœu
du pays manifesté par les élections générales. En
1829, elle entreprit de lutter contre ce vœu, et dès
lors s'engagea entre la prérogative royale et la prérogative parlementaire, entre le gouvernement consultatif et le gouvernement représentatif, le combat
glorieux où périt la plus vieille des dynasties euro-
péennes. Pour cette fois la question était entre les
deux prérogatives, entre les deux gouvernements
trop nettement posée pour qu'aucune équivoque fût
possible. Auquel des trois pouvoirs appartient l'influence prépondérante, le mot décisif dans le choix
des ministres, et par conséquent dans la direction
générale des affaires, tant au dedans qu'au dehors ?
Voilà la question qu'il s'agissait de résoudre, et de-

vant cette question s'évanouissaient, comme des fan-
tômes, toutes les distinctions puériles, toutes les
délimitations artificielles qu'on avait imaginées pour
mettre d'accord les deux principes. Devant cette
question aussi tombait la théorie surannée de l'équilibre des pouvoirs.

« Comme il est inévitable, avait dit M. Royer-
» Collard en 1824, que la volonté première qui est
» le principe de l'action réside quelque part, celui
» des pouvoirs qui possède légitimement ce principe
» imprime au gouvernement tout entier son propre
» caractère : monarchique, si c'est le pouvoir royal ;
» républicain, sous la dénomination de monarchie,
» si ce sont les Chambres, et particulièrement la Cham-
» bre élective. »

En 1824, M. Royer-Collard semblait encore penser que le pouvoir moteur, régulateur, dominant
est celui de la couronne. En 1830, heureusement
pour la liberté, il pensa le contraire, et la majorité de
la Chambre le pensa avec lui. Peut-être pourtant
M. Royer-Collard et la Chambre se fussent-ils volontiers arrêtés en route. Mais il y avait derrière eux
une opinion plus jeune, plus vive, plus hardie, qui
les pressait, qui les poussait, qui les empêchait de
s'attarder ou de regarder en arrière. C'est alors que,
renonçant aux ménagements habituels, la presse libérale tout entière sut assigner à la royauté son
véritable rôle, et décrivit dans tous ses rouages
l'ingénieux mécanisme à l'aide duquel le pays, sans

désordre et sans violence, est appelé à se gouverner lui-même. C'est alors aussi que, dans *le National*, qu'il venait de fonder avec MM. Mignet et Carrel, M. Thiers résuma la pensée publique dans une formule simple et claire, à laquelle M. Guizot et ses amis adhérèrent pleinement dans *le Globe* : « Le roi règne et ne gouverne pas [1]; » telle est cette formule, devenue célèbre et qui reste notre mot d'ordre, au grand scandale des ultra-royalistes d'aujourd'hui comme des ultra-royalistes d'alors.

Voilà dix-sept ans que ces événements ont eu lieu, et bien d'autres les ont suivis. Néanmoins, quand j'entends ce qui se dit, quand je lis ce qui s'écrit, quand je vois ce qui se passe, je ne puis sans une vive, sans une pénible émotion, me rappeler nos sentiments, nos opinions de 1830. Que nous n'ayons pas été tous d'accord sur certaines conséquences de la Révolution ni sur la conduite que le gouvernement né de cette Révolution devait tenir au dedans et au dehors, rien de plus naturel; mais au moins devait-il y avoir quelque chose de sacré pour nous tous : c'est le principe que nous avions défendu tous ensemble, c'est le drapeau sous lequel nous avions combattu en commun. Si ce principe est mauvais, que signifie la révolution que nous avons faite? Si ce drapeau doit être déchiré, où irons-nous chercher celui qui le remplacera?

[1] Appendice A.

Quand les royalistes de 1830 protestaient contre la maxime : « le roi règne et ne gouverne pas, » ils n'étaient du moins coupables ni d'inconséquence ni d'ingratitude. Peut-on en dire autant des royalistes de 1846, et pensent-ils qu'on ait déjà oublié tout ce qu'ils doivent à cette maxime? Ce n'est pas la première fois, on le sait, qu'on a vu les partis au pouvoir renverser l'échelle qui les y a portés et renier, le lendemain de la victoire, les idées qui les ont fait vaincre. C'est la première fois peut-être que cela s'est fait avec si peu d'embarras et d'une façon si dégagée. C'est la première fois aussi qu'une telle action a trouvé tant d'approbateurs et de complices.

Quoi qu'il en soit, en 1830, grâce à l'héroïsme populaire, le principe suprême du gouvernement représentatif l'emporta sur le principe contraire, et à une dynastie venue de l'hérédité succéda une dynastie créée par l'élection. Quand, au lieu d'octroyer une Charte en vertu de son droit propre, le chef de cette dynastie vint, au sein de la Chambre élective, accepter et jurer la Charte que la Chambre avait faite au nom de la souveraineté nationale ; quand, en outre, par un vote unanime, la souveraineté nationale elle-même fut inscrite en tête de la Constitution, comme souvenir et comme avertissement, on put croire, on dut croire que la lutte entre les deux prérogatives, entre les deux gouvernements était finie, et que désormais, en France comme en Angleterre, le roi règnerait sans gouverner. Malgré

quelqués velléités fâcheuses et quelques secrètes tentatives, il en fut à peu près ainsi tant que M. Périer
vécut et tant qu'après M. Périer les principaux ministres du 11 octobre surent résister aux efforts per-
sévérants qui tendaient à les désunir. Mais, en 1834,
il fut aisé d'apercevoir que la prérogative parlementaire aurait bientôt de nouveaux combats à livrer.
En 1834, en effet, deux faits graves se passèrent
presque dans le même moment : à Londres, l'ambas-
sadeur de France s'unit secrètement aux puissances
absolutistes pour renverser un ministère libéral et
suspect d'aimer trop les révolutions ; à Paris, un
ministère courageux, éprouvé, mais indépendant et
parlementaire, se vit remplacé par un ministère plus
complaisant, plus docile, et qui bien évidemment ne
relevait pas de la Chambre élective. C'était trop se
hâter, et l'entreprise échoua à Londres comme à
Paris. A Londres, le ministère libéral et révolutionnaire remonta au pouvoir, le cœur plein des ressentiments qui depuis ont si tristement éclaté. A Paris,
le ministère royal vécut trois jours, et bientôt après,
malgré de vives répugnances, un président considérable, un président réel vint donner au ministère
du 11 octobre l'unité apparente qui lui manquait.
On peut blâmer la politique de M. Périer et de ses
successeurs ; on ne peut nier que ce ne fussent là les
beaux temps du gouvernement représentatif [1].

---

[1] Appendice B.

Ainsi, en 1834, la maxime : « le roi règne et ne gouverne pas » avait triomphé. Elle échoua en 1837, à l'avénement du ministère contre lequel, un an plus tard, la coalition se forma. En 1841[1] j'ai dit ce que je pensais de la coalition. Je ne puis aujourd'hui que persister dans mon opinion. En elles-mêmes, les coalitions sont un acte indifférent. Ce qui les caractérise, c'est le but qu'elles se proposent, c'est la pensée qui les forme et les dirige. Si l'on juge la coalition de 1838 par ses résultats et par la conduite actuelle de certains hommes qui y prirent une part active, c'est un événement déplorable et honteux. Si on la juge par les causes qui la déterminèrent, par les principes qui en furent le lien, par les dangers qu'elle voulut prévenir, c'est un événement honorable et salutaire. Pour ma part, je le disais en 1841, et je le répète avec une conviction plus profonde : en signalant alors au pays les progrès de la prérogative royale, le déclin de la prérogative parlementaire, nous avions cent fois plus raison que nous ne le pensions nous-mêmes. J'ajoute que le principal membre du cabinet ne se rend pas justice quand, pour obtenir grâce en haut lieu, il dit ou laisse dire que le principe de la coalition n'avait pas son assentiment complet, et qu'il gardait dans cette lutte des deux prérogatives une position intermédiaire. J'étais avec M. Guizot membre de la

---

[1] *De la politique extérieure et intérieure de la France.*

commission de l'adresse, et j'ai eu souvent l'honneur de le voir avant, pendant, après la crise électorale. J'atteste que personne ne revendiquait avec plus de fermeté les droits de la prérogative parlementaire, ne s'élevait avec plus de résolution contre les empiétements d'une autre prérogative. J'atteste que personne ne paraissait plus décidé à remettre sérieusement en pratique la maxime qu'il combat aujourd'hui, et, comme il le répétait sans cesse, *à aller jusqu'au bout.* Si l'opposition n'avait pas eu un tort grave, celui d'estimer M. Guizot au-dessous de sa valeur et de lui refuser le prix légitime de ses services, M. Guizot serait aujourd'hui parmi les défenseurs les plus énergiques de la prérogative parlementaire, et je n'aurais pas le regret d'être séparé de lui depuis six ans.

Il serait superflu de revenir ici sur les arguments de la coalition et sur ceux de ses adversaires. Il s'agissait encore une fois de décider quel est le pouvoir prépondérant, celui auquel doit appartenir, en fait comme en droit, la direction des affaires. Il s'agissait de décider en outre si des ministres, par cela seul que le roi les a choisis et que la majorité les tolère, sont des ministres vraiment parlementaires, vraiment constitutionnels. Il s'agissait de décider, en d'autres termes, si la majorité doit procéder du ministère, ou le ministère de la majorité. Là-dessus de longs et vifs débats eurent lieu, des débats où l'on vit, avec quelque surprise, exhumer au profit de la dynastie nouvelle les doctrines qui ont perdu l'ancienne dynastie. Elles n'eurent pas, en 1839, plus de crédit, plus de succès qu'en 1830, et, pour cette fois, on le sait, le vœu du pays fut promptement obéi. Rien de plus facile alors que d'achever l'œuvre et de donner aux vrais principes du gouvernement représentatif leur sanction définitive. L'opposition, qui avait su vaincre, ne sut pas profiter de la victoire; et ses tristes querelles, habilement exploitées par le parti vaincu, rendirent à celui-ci le terrain qu'il avait perdu. Il faut être aveugle pour ne pas voir que, depuis ce jour, la prérogative royale, qui avait plié un moment, s'est redressée plus ferme, plus haute, plus inflexible que jamais. Il faut être aveugle pour ne pas voir que la prérogative parlementaire, au contraire, s'est de plus en plus rapetissée, assouplie, abaissée. Qu'un tel retour paraisse doux à ceux qui, soit en 1830, soit en 1839, ont combattu le principe parlementaire, je le comprends; qu'ils permettent seulement que leur satisfaction ne soit pas partagée par tout le monde, et que d'autres aient un peu de leur persévérance.

Quand donc, dans la dernière session, l'opposition, après un silence de quelques années, a repris la question de 1830 et de 1839, ce n'est point, comme on l'a dit, par caprice ou pour tirer de quelques mécomptes récents une vengeance mesquine. C'est parce que cette question naissait d'elle-même et se mêlait à toutes les autres. Pour cer-

4

tains docteurs politiques, je le sais, la question est
oiseuse, misérable, ridicule, digne à peine des
Grecs du Bas-Empire. Et pourtant, chaque fois qu'on
y touche, il y a des frémissements et des colères qui
prouvent qu'on en sent comme nous la portée et l'à-
propos. Il serait puéril d'aller, de gaieté de cœur,
braver ces colères, provoquer ces frémissements;
mais il serait lâche de s'en laisser effrayer ou troubler.
Dès que la question se présente naturellement, on
doit donc la traiter avec mesure, mais en toute liberté. Je vais encore une fois essayer de le faire,
en la dégageant de tout ce que l'ardeur de la polémique a pu y joindre d'irritant et de personnel. Et
ce n'est point là une concession; c'est un acte de
justice aussi bien que de convenance. A mon sens,
entre deux pouvoirs, dont l'un travaille à étendre sa
prérogative, dont l'autre laisse envahir et diminuer
la sienne, le vrai coupable est le second. Guillaume III,
M. Thiers l'a justement remarqué, voulait aussi gouverner, et l'histoire ne lui en fait pas un grand reproche; mais Guillaume III avait en face de lui des
hommes aussi jaloux de leurs prérogatives qu'il
l'était de la sienne, des hommes qui n'oubliaient pas
que, peu d'années auparavant, ils lui avaient mis
la couronne sur la tête; des hommes qui, au lieu de
ramper bassement à ses pieds, se tenaient debout
devant lui. Si ces hommes n'avaient pas su lui résister, l'histoire, qui épargne Guillaume, les flétri-
rait avec justice.

Je veux prendre la question au point où elle est parvenue et la discuter dans les termes mêmes où on l'a posée. Ainsi on ne nie plus, cela est usé et dangereux, qu'en cas de conflit entre les pouvoirs, le dernier mot n'appartienne au pays; mais on soutient qu'en prenant ses ministres au sein de la majorité, la couronne, quels que soient ultérieurement ses rapports avec eux, accomplit tous ses devoirs constitutionnels. On soutient qu'une seule condition lui est imposée, celle de céder, le jour où la majorité l'exige, et qu'elle est d'ailleurs maîtresse de diriger elle-même, à son gré, les affaires du dehors comme celles du dedans, et d'avoir ouvertement, ostensiblement son parti et sa politique. Puis on gémit, on pleure sur le sort d'un prince sage, capable, éminent, que le sophisme constitutionnel réduirait à la nullité pompeuse de certains monarques de l'Asie. « Non-seulement, dit-on, cela est absurde, mais cela est impossible; et, pour avoir des rois tels qu'on les veut, il faudrait les abrutir dès l'enfance ou les enfermer dans une étroite prison. Encore n'est-il pas certain que de sa prison même un roi habile ne gouvernât pas [1]. »

Ainsi, d'après cette manière d'entendre le gouvernement représentatif, il est bon, juste, convenable que le roi manifeste ses préférences pour certains hommes, pour certaines idées, et qu'il applique

---

[1] *Journal des Débats*, avril et mai 1846.

à les faire triompher toute son influence; il est bon,
juste, convenable qu'il soit, selon ses penchants, selon
ses sentiments, selon ses opinions, avec les conservateurs contre les libéraux, ou avec les libéraux contre
les conservateurs. Seulement, le jour où la majorité
se retire, il doit céder et appeler au pouvoir le parti
qu'il a combattu au grand jour, la politique que
publiquement il a déclarée mauvaise. En d'autres
termes, il y a deux hommes dans le roi : le chef permanent de l'État, investi à ce titre, quoi qu'il arrive,
de certaines attributions constitutionnelles; le chef
de parti, soumis, comme tel, à toutes les vicissitudes,
à tous les mécomptes de la vie politique; tantôt
vainqueur, tantôt vaincu; aujourd'hui appelé au
pouvoir par un vote, demain renversé du pouvoir
par un autre vote; également inviolable d'ailleurs,
également respecté dans les deux situations.

Je ne sais si je m'abuse, mais il me semble que,
pour réfuter une telle théorie, il suffit de l'exposer.
Les royautés élues ne sont sans doute point des idoles
devant lesquelles les peuples se prosternent comme
ils se prosternaient jadis devant les royautés légitimes; les royautés élues ont aussi pourtant leur dignité
à faire respecter, leur inviolabilité à maintenir, leur
haute position à garder. Que devient cette dignité,
si on les fait descendre dans la mêlée des partis, et si
les Chambres ont à contrôler, à critiquer, à juger la
politique du roi, non celle du ministère? Que devient cette inviolabilité, si toutes les attaques, toutes

les injures dont cette politique peut être l'objet passent, comme on le disait en 1839, par-dessus la tête des ministres pour atteindre une tête auguste? Que devient cette haute position, s'il est bien avéré, bien constaté, le jour où la majorité change, que le roi lui-même est vaincu et qu'il rend son épée? Ce n'est point là, quoi qu'on en dise, élever et fortifier la couronne; c'est l'abaisser et l'affaiblir. On prétend que, selon nous, « la Charte ne serait exécu- » tée que s'il y avait hostilité entre les Chambres et » le prince, et que les ministres tinssent *constam-* » *ment* le pied sur la tête du roi [1]. » C'est précisément le contraire. Dans le système parlementaire, dans le système où le roi reste neutre et impartial entre les partis constitutionnels, les ministres ne tiennent *jamais* le pied sur sa tête; ils l'y tiennent *quelquefois*, dans le système où le roi se fait chef de parti. Lequel des deux systèmes est le plus fait pour assurer à la couronne le respect qui lui est dû?

Ce n'est pas tout, et le système que je combats, si dangereux qu'il soit pour la couronne, l'est encore plus pour l'État. Nous ne sommes plus au temps où l'on voyait, où l'on voulait voir dans les rois des êtres à part, étrangers ou supérieurs aux faiblesses humaines. Qu'on soit roi ou ministre, on a les mêmes sentiments au fond de l'âme, et l'on n'aime point à perdre le pouvoir quand une fois on

---

[1] *Journal des Débats*, 29 avril.

l'a possédé. Le jour où on le perd, on songe donc aux moyens de le recouvrer, et on fait bien, puisqu'à la possession du pouvoir est attaché le triomphe des idées que l'on croit bonnes et justes. En conséquence, le ministre tombé devient membre de l'opposition, et continue, dans l'opposition, à défendre la politique qu'il défendait dans le ministère. Mais le roi, dont la politique a péri, dont le parti est vaincu, que fait-il? passe-t-il, comme les ministres tombés, dans l'opposition, et travaille-t-il comme eux à renverser les ministres nouveaux, la politique nouvelle? Voilà dès lors l'opposition, et quelle opposition! placée, installée au cœur même du gouvernement, au sein même du pouvoir, et délibérant avec ceux dont elle déteste les projets, dont elle médite la ruine! voilà l'opposition maîtresse non-seulement de contrôler, mais de contrarier, d'entraver, d'arrêter à chaque pas la politique de la majorité! voilà l'opposition en mesure de faire échouer par l'exécution, par le détail, les projets qu'elle désapprouve dans leur pensée, qu'elle condamne dans leur ensemble! n'est-ce pas un désordre, une anarchie sans exemple? Personne assurément ne comprendrait lord Stanley ou lord George Bentinck gouvernant avec lord John Russell, M. Thiers ou M. Odilon Barrot siégeant avec M. Guizot autour de la table du conseil; c'est pourtant à quelque chose de pire qu'on arrive, quand on trouve bon que le roi gouverne et qu'il se fasse chef de parti.

Il est d'ailleurs évident qu'entre le roi, chef de parti, et le parti dont il est le chef, il se nouera certaines intelligences, certaines relations plus ou moins secrètes, et qui auront pour but le triomphe de l'opinion commune; il est évident qu'ainsi, entre la couronne et ses conseillers légitimes, toute confiance, toute bienveillance réciproques auront bientôt disparu; il est évident qu'ils se regarderont mutuellement comme des ennemis, comme des rivaux, et qu'ils se conduiront en conséquence. L'opposition introduite dans le gouvernement, toute harmonie détruite entre les pouvoirs, telles sont les conséquences de la théorie, conséquences déplorables, absurdes, et qui ne peuvent manquer de paralyser toutes les forces de l'État.

Qu'on ne vienne pas avec une candeur hypocrite prétendre que ce sont là de vaines hypothèses, des hypothèses auxquelles un prince honnête donnera toujours un éclatant démenti. Quand on tient ce langage, on force à répondre d'abord que tous les princes ne sont pas honnêtes, ensuite que les plus honnêtes ont leurs passions, leurs préjugés, leurs affections. On s'est quelquefois appuyé, dans toute cette polémique, de l'exemple de certains rois anglais qui, dans le siècle dernier, ont eu un parti, une politique, et qui ont voulu faire prédominer leur influence personnelle. A-t-on jamais vu que les rois dont il s'agit se résignassent, quand leur parti succombait, quand leur politique était vaincue, à

déposer le pouvoir purement et simplement, et à le
remettre de bonne grâce, sans arrière-pensée, entre les mains d'un autre parti, d'une autre politique?
A-t-on jamais vu qu'ils n'employassent pas au profit
de la politique qu'ils préféraient tout le pouvoir dont
ils pouvaient disposer? A-t-on jamais vu, d'un autre
côté, que le parti contre lequel ils agissaient respec-
tât en eux la fiction légale et pliât le genou devant
leur inviolabilité? S'il est un exemple qui puisse être
cité, c'est celui de George III, de ce triste monarque dont la santé fut cent fois plus funeste que la
maladie, et qui, pour le plaisir de gouverner, con-
damna pendant vingt ans son pays à tous les désordres, à tous les désastres, à toutes les humiliations.
Or, qui ne sait qu'aussitôt après la démission du ministre favori, lord Bute, il se forma sous les auspices,
par les soins de la couronne, un parti qui s'intitulait
« le parti des amis du roi, » et dont la mission unique était de soutenir, non les ministres contre l'opposition, mais le roi contre les ministres? Qui ne sait
que, tenus en échec par ce déplorable parti, et privés, au dehors comme au dedans, de toute considération, de tout crédit, de toute force, quatre à cinq
cabinets se succédèrent jusqu'au jour où un nouveau
favori, lord North, vint satisfaire les penchants
royaux en perdant l'Amérique? Qui ne sait qu'après
avoir été un moment toléré, ce régime honteux souleva contre la cour et contre le roi lui-même toutes
les susceptibilités, toutes les jalousies, toutes les

haines nationales? Assurément, de 1770 à 1780, on
ne peut trouver en Angleterre quatre noms plus considérables que ceux de lord Chatham, du marquis de
Rockingham, du duc de Grafton, de lord Shelburne:
les trois premiers qui venaient d'être premiers ministres, le dernier qui devait l'être bientôt. Veut-on
savoir ce qu'ils pensaient, ce qu'ils disaient du gouvernement personnel?

En 1770, en 1771, lord Chatham se levait dans
la Chambre des pairs, affaibli par la souffrance,
courbé par la maladie, et déclarait « que depuis
» l'avénement du roi George III le pouvoir n'avait
» point appartenu aux ministres responsables, mais
» à une influence irresponsable, invisible, à une
» influence aussi basse que perverse. — Je dois
» avouer avec douleur, ajoutait-il, que j'ai été dupe
» moi-même, et que j'ai acquis, à mes propres dé-
» pens, la triste conviction qu'aucune administration
» indépendante ne peut exister. — Si j'avais voulu
» me soumettre à l'influence dont il s'agit et accepter
» la responsabilité sans le pouvoir, je serais encore
» ministre. »

.En 1777, en 1779, en 1780, le marquis de Rockingham, comparant la gloire de l'Angleterre sous
George II aux désastres, à la décadence des dernières années, n'hésitait pas à en trouver la cause
« dans le système pernicieux d'influences inconsti-
» tutionnelles qui déplace le pouvoir et ne laisse sub-
» sister que les formes de la liberté. On a d'ailleurs

» tort, ajoutait le marquis de Rockingham, de s'en
» prendre uniquement à lord Bute; en honnête
» homme, je dois dire que le même système eût
» existé, quand lord Bute n'eût jamais joui de la
» confiance du roi et quand il ne serait point né:
» Mais ç'a été, dès les premiers jours du règne, un
» axiome de cour, que le pouvoir et l'influence de la
» couronne doivent suffire pour maintenir tout minis-
» tère que Sa Majesté juge à propos de choisir. De là
» un système de corruption, de vénalité, de despo-
» tisme, dont il n'existe aucun exemple dans les gou-
» vernements limités. Pendant le peu de temps que
» j'ai passé dans le ministère, je me suis efforcé de ré-
» duire, de limiter le pouvoir inconstitutionnel de la
» couronne. Je regrette de n'y avoir pas mieux réussi. »

A la même époque le duc de Grafton et lord Shelburne tenaient un langage analogue, et déclaraient
« que, depuis le jour où George III était monté sur
» le trône, un gouvernement occulte et inconstitu-
» tionnel s'était emparé de l'Angleterre, et que les
» ministres, quoi qu'ils pussent dire, n'avaient ni
» pouvoir ni responsabilité véritable; — s'il leur ar-
» rivait malheur, disait lord Shelburne, on en se-
» rait quitte pour en prendre d'autres, qui continue-
» raient avec un zèle, avec un succès égal la sale
» besogne de leurs prédécesseurs. Le pays n'a rien
» à espérer, tant qu'il en sera ainsi, et tant que le
» parlement, au lieu d'obéir à sa conscience, obéira
» à des ordres supérieurs. »

Ainsi parlaient dans la Chambre des lords les quatre hommes d'État les plus considérables de l'époque. De son côté, dans la Chambre des communes, Fox déchirait tous les voiles et ne laissait rien à deviner.

« Ce n'est point, disait Fox en 1779, un vain
» bruit des rues que le roi est son propre ministre ;
» c'est une fatale vérité, une vérité connue de tous.
» Je sais que le premier ministre l'a niée, mais ses
» subordonnés, ses familiers la proclament avec com-
» plaisance. Or, il n'est point de doctrine plus dan-
» gereuse, plus inconstitutionnelle, puisqu'elle tend
» à décharger les ministres de leur responsabilité
» pour la faire peser sur une personne inviolable.
» Elle a pourtant un avantage, celui de rappeler aux
» rois que si, conformément aux principes de notre
» gouvernement, les malheurs d'un règne doivent
» être imputés aux mauvais conseils des ministres,
» il peut arriver, il arrive, quand ces malheurs dé-
» passent une certaine mesure, que les ministres
» sont oubliés et que le prince seul est puni. Les
» Stuarts aussi avaient de détestables ministres ; ce
» qui ne les a pas empêchés d'être punis, l'un par
» la perte de la vie, l'autre par la perte de la cou-
» ronne. »

Peu de jours après, lord Shelburne répétait l'accusation de Fox, et déplorait que la couronne, au lieu de laisser gouverner ses ministres, voulût gouverner elle-même. « La couronne, disait-il, doit toujours

» être dirigée par ses ministres responsables. C'est
» là-dessus qu'est fondée la maxime que le roi ne
» peut mal faire. Cette maxime deviendrait scanda-,
» leuse et blasphématoire si le roi se dirigeait par
» son propre jugement. Malheur au monarque qui
» l'oublierait et qui exercerait personnellement les
» pouvoirs actifs que la constitution confie à ses mi-
» nistres ! »

Quand, au sein même du parlement, les influences
secrètes étaient dénoncées, attaquées avec cette audace, on peut juger si la presse restait muette. Demander au roi qui a un parti de l'abandonner le jour
où il tombe, demander au parti qui a le roi pour
ennemi de respecter en lui l'inviolabilité royale, c'est,
il faut le dire, demander à la nature humaine plus
qu'elle ne peut donner. Qu'on ne s'abuse donc pas :
quand une fois il sera bien établi que le roi a un parti
et une politique, rien n'empêchera que le parti et la
politique contraires ne s'en prennent à lui de leurs
revers, de leurs désappointements, même de leurs
fautes ; rien n'empêchera que dans les actes les
plus simples, quelquefois les plus légitimes, ils ne
soupçonnent, ils ne dénoncent une odieuse trahison. Quand la couronne gouverne, quand elle agit,
elle répond inévitablement de l'adversité comme
de la prospérité, des revers comme des succès, de la
honte comme de la gloire, du mauvais gouvernement
comme du bon. C'est ce qui est arrivé, constamment
arrivé en Angleterre, quand il a plu à la couronne de

se mêler personnellement aux querelles des partis. Ceux qui paraissent en douter ne savent pas un mot de l'histoire d'Angleterre, ou ne disent pas ce qu'ils savent [1].

Il ne faut d'ailleurs pas s'y méprendre : les choses ne sont plus ce qu'elles étaient en 1770, et un roi anglais qui voudrait aujourd'hui imiter George III en trouverait difficilement le moyen. En Angleterre la saine intelligence et la longue pratique du gouvernement représentatif ont établi, dans les rapports de la couronne avec les ministres, des règles sages, des règles salutaires et qui prêtent force aux principes. Le jour où un cabinet tombe, la couronne discerne au sein du parlement et appelle auprès d'elle l'homme qui lui est désigné par l'opinion publique, et qui lui paraît le plus propre à rallier la majorité nouvelle. C'est cet homme qui, investi de fonctions quasi royales, choisit ses collègues, arrête avec eux son programme et distribue comme il lui plaît les emplois inférieurs. C'est cet homme qui, premier ministre de fait comme de droit, gouverne ensuite d'accord avec les autres ministres, sans que personne en dehors du parlement le gêne ou le contrarie. Une fois constitué, le conseil d'ailleurs se réunit, discute, délibère hors de la présence de la couronne, qui peut approuver ou rejeter ses délibérations, non les modifier. La couronne ainsi conserve son *veto* sur les

---

[1] Appendice C.

grandes résolutions, non sur les résolutions secondaires ; sur les questions d'État, non sur les mesures
qui touchent à l'exécution. Il n'arrive donc jamais,
il ne peut point arriver, soit à l'intérieur, soit à l'ex-
térieur, que la pensée royale et la pensée ministérielle soient en contradiction ostensible et se neutralisent. Il ne peut point arriver qu'au dehors les
conversations et les dépêches officielles se trouvent
démenties ou affaiblies par d'autres dépêches et par
d'autres conversations. Il ne peut point arriver qu'au
dedans l'administration reste ballottée et flottante
entre deux maîtres, l'un immuable, l'autre passager.
En Angleterre, l'initiative même n'appartient pas
au pouvoir royal, et, quand les ministres l'exercent,
c'est en leur propre nom, comme membres du parlement, non comme délégués de la couronne. Tout ce
que peut faire la couronne, c'est donc de laisser percer la malveillance qu'elle porte à ses ministres ; c'est
de permettre que dans le parlement et dans le pays
on exploite cette malveillance.

Dans un tel pays, avec de telles habitudes, il
importerait assez peu que la couronne eût sa politique et son parti. Et pourtant, je le répète, quand
cela arrive, cela est considéré par tout le monde
comme une infraction déplorable aux vrais principes
de la constitution, comme un danger sérieux pour
le gouvernement représentatif.

Que l'on retourne la question comme on le voudra, il faut toujours en revenir au point de départ.

Dans l'hypothèse du roi qui gouverne, il est inévitable que la politique royale, le ministère royal, le parti royal succombe quelquefois dans la Chambre et dans le pays. Alors si la terrible ressource des coups d'État est écartée, on aboutit au dilemme que voici : ou bien le roi dont la politique a succombé, dont le parti a été vaincu, dont le ministère est en minorité, se résignera franchement à devenir l'instrument d'une politique qui n'est pas la sienne, le soutien d'un parti qu'il blâme, le président d'un ministère qu'il regarde comme ennemi; ou bien, conséquent avec lui-même, fidèle à ses opinions et à son parti, il transportera l'opposition au sein même du pouvoir, et détruira dans le gouvernement toute unité, toute énergie, toute vitalité. Dans le premier cas, c'est faire à la royauté une position qu'aucun ministre, aucun député ne voudraient accepter ou subir. Dans le second, c'est condamner l'État, toutes les fois que l'avis du roi n'est pas celui de la Chambre élective, à la plus faible, à la plus irrésolue, à la plus contradictoire des politiques. C'est, dans un cas comme dans l'autre, compromettre gravement l'irresponsabilité royale, et exposer la personne même du roi à tous les ressentiments, à toutes les haines de l'esprit de parti.

Est-il vrai maintenant que le système parlementaire soit à son tour plein de contradictions, plein d'impossibilités? S'il en était ainsi, il faudrait reconnaître que les partis extrêmes ont raison et que la monarchie constitutionnelle est impossible. Mais il n'en est point ainsi, et l'exemple de l'Angleterre depuis plus d'un demi-siècle est là pour le prouver. Ce n'est point sérieusement en effet qu'on nous parle d'un roi qui aurait des yeux pour ne rien voir, des oreilles pour ne rien entendre, et qui passerait à travers les grandes affaires de l'État sans se faire un avis. Quand le magistrat quitte son siége, il ne lui est point interdit de juger la loi qu'il vient d'appliquer. Quand le général d'armée est sous sa tente, il est libre d'approuver ou de blâmer la guerre qu'il est chargé de soutenir. Tout ce qu'on peut demander à la couronne au milieu de sa cour, comme au magistrat dans le prétoire, comme au général d'armée sur le champ de bataille, c'est de ne pas souffrir que ses opinions personnelles interviennent dans l'exercice des hautes fonctions que la constitution lui confère. Sans doute la distinction est délicate, la limite est étroite, et il faut, pour ne pas la dépasser, plus de sagesse que pour la franchir. Il arrivera donc qu'elle sera franchie quelquefois. Mais, depuis la monarchie absolue jusqu'à la démocratie pure, il n'est pas une forme de gouvernement qui n'ait ses imperfections et ses difficultés. Pour que celles dont il s'agit n'aient point de graves conséquences, il suffit d'une opinion publique qui veille d'un œil jaloux sur tous les empiétements et qui veuille y résister.

Je ne sais d'ailleurs si je rêve ou si je veille quand, cinquante-sept ans après la révolution de 1789, seize ans après la révolution de 1830, j'entends

dire que condamner la royauté à régner seulement,
c'est lui assigner un rôle mesquin, insignifiant, in-
digne d'elle. Que la grandeur d'un tel rôle ne pût
pas être comprise par un Louis XIV, par un Napoléon, par un Charles X même et par ceux qui les
servaient, cela est naturel; mais nos bourgeois-gen-
tilshommes de la presse, de la Chambre, de la cour
ont une expérience qui devrait les rendre plus clairvoyants et plus modestes. C'est donc peu de chose à
leurs yeux que d'être, en France ou en Angleterre, le
chef honoré, respecté, inviolable d'un grand peuple?
C'est peu de chose que de planer, dans une impartialité calme et sereine, au-dessus des orages politiques, au-dessus des agitations parlementaires? C'est
peu de chose que de voir les partis se débattre et
d'intervenir entre eux, quand le moment est venu,
non pour donner la préférence à l'un ou à l'autre,
mais pour provoquer l'expression libre et sincère de
la volonté du pays? C'est peu de chose enfin, à travers les éternelles oscillations des hommes et des
choses, que de représenter, que de personnifier
constamment les idées, les.intérêts communs à tous
et qui constituent la grande unité nationale? Que les
ultra-royalistes de 1846 y prennent garde pourtant,
et que, dans l'intérêt même de la cause qu'ils croient
servir, ils modèrent un peu l'effervescence de leur
zèle. Le gouvernement établi en 1830, il faut toujours s'en souvenir, est une transaction entre la monarchie et la république. La république n'en a pas

été satisfaite, et, pendant quatre années; a travaillé à la détruire. Il y aurait quelque danger à faire croire que la monarchie a aujourd'hui, bien que dans un sens contraire, le même dessein que la ré-publique.

Faut-il maintenant réfuter les tristes sophismes dont un des chefs de la coalition s'est fait l'éditeur responsable dans la dernière session? Selon M. Guizot, en 1846, c'est faire preuve d'un orgueil frivole que de s'interposer entre la couronne et le pays, que de revendiquer hautement l'indépendance de ses opinions. Un roi qui a sa politique propre, une Chambre qui a la sienne, et, pour les mettre d'accord, des ministres, simples intermédiaires, choisis par l'un, acceptés par l'autre, et qui s'effacent le plus possible, voilà le gouvernement représentatif tel que M. Guizot le comprend en 1846, tel du moins qu'il consent à le définir. Et, quand on lui dit qu'avec de telles idées, avec une telle théorie, il est étrange qu'il ait fait partie de la coalition; quand on lui rappelle les opinions, si parlementaires selon les uns, si factieuses selon les autres, qu'il professait alors, et qui le faisaient mettre au ban de la monarchie, non moins que MM. Thiers et Barrot, sait-on comment il s'en tire? « Il est, répond-il, parfaitement constitutionnel, parfaitement légitime de dire aux ministres qu'ils sont coupables de laisser prendre à la couronne une influence excessive dans le gouvernement. Il n'est ni légitime ni constitutionnel

de dire que la couronne prend une influence excessive. » Et, après cette sublime distinction, M. Guizot
s'écrie : « Entre ces deux manières de parler il y a
» un abîme, et c'est cet abîme qu'il n'est permis à
» personne de franchir [1]. »

Qu'entre le tribun de 1839 et le courtisan de 1846
M. Guizot ait quelque peine à rétablir la bonne harmonie, cela se comprend et s'excuse; mais, jusqu'à
ce jour du moins, il avait habitué ses adversaires
comme ses amis à prendre ses paroles au sérieux.

Dans ces derniers temps, au reste, M. Guizot a
pu voir s'il est aisé de laisser passer le bien sans le
mal, l'éloge sans le blâme, et si un roi qui gouverne
est réellement couvert par un ministre qui s'efface.
Il y a six mois, on trouvait bon, juste, constitutionnel, que dans un pays voisin on fît remonter jusqu'à la personne du roi tout le mérite, tout l'honneur, toute la gloire d'une certaine politique, et qu'à
ce titre la presse entière retentît de ses louanges; on
trouve aujourd'hui mauvais, injuste, inconstitutionnel, que dans le même pays on fasse peser sur la
même personne tous les torts d'une autre politique,
et qu'aucun outrage ne lui soit épargné. Ce n'est pas,
en vérité, faire preuve de beaucoup de bon sens et
de perspicacité. Il en coûte peu d'écrire dans un livre ou dans un journal que le roi gouvernera, mais
que ceux à qui le gouvernement royal pourrait dé-

---

[1] *Moniteur* du 29 mai 1846.

plaire seront censés n'en rien savoir; il en coûte peu
de dire à la tribune que le bien remontera toujours à
la couronne, jamais le mal, de telle sorte que le
même acte, au même moment, sera l'œuvre du roi
pour ceux qui en seront satisfaits, l'œuvre du ministère pour ceux qui en seront mécontents; il en
coûte peu d'introduire ainsi dans la fiction constitutionnelle une seconde fiction, et d'exiger qu'on la
respecte. Ce sont là des subtilités dont se rit, dont se
joue l'opinion publique. Qu'au lieu de s'étonner, de
s'indigner, de se lamenter, on reconnaisse donc
qu'on avait tort il y a six mois, et que l'opposition
avait raison. Qu'on reconnaisse que l'éloge conduit
au blâme, et qu'il est puéril de vouloir échapper à
l'un quand on a recherché l'autre; qu'on reconnaisse, en un mot, que la responsabilité ne se di-
vise pas, et qu'en dépit de toutes les conventions,
de toutes les fictions légales, elle est, pour le mal
comme pour le bien, inséparable de l'action.

Je crois avoir nettement établi qu'un roi constitutionnel ne peut être chef de parti sans que la dignité
de la couronne en souffre, sans que les intérêts de
l'État en soient gravement compromis. Je crois avoir
établi qu'entre les deux positions il y a incompatibilité radicale, et que la théorie du roi qui gouverne,
malgré l'amendement qu'elle a subi, n'est pas plus
soutenable en 1846 qu'elle ne l'était en 1830. Je vais
maintenant plus loin, et je dis qu'elle l'est moins. En
1830, on voulait que le roi gouvernât; mais on vou-

lait en même temps que la Chambre des députés ne
pût pas lui imposer, aux yeux de tous, des ministres
qui lui déplussent, une politique qui ne fût pas la
sienne. Si cela était mauvais, cela du moins était
logique. Ce qui est mauvais et très-peu logique, c'est
de vouloir que le roi gouverne, sans lui laisser le
dernier mot et l'influence principale.

On est ainsi conduit à se demander si, entre les
deux systèmes, celui de 1830 et celui de 1846, il
y a au fond beaucoup de différence, et s'il ne s'agirait pas seulement d'arriver au même but par un
autre chemin. « Réduire le roi, en France, au rôle des
» rois anglais, disait M. Courvoisier, en 1817, c'est
» le réduire à user de *force* ou d'*adresse* pour recou-
» vrer ses justes prérogatives. »

« Il est des gouvernements, disait M. Guizot en
» 1820, qui s'efforcent de suppléer à la force par
» l'astuce et de corrompre les institutions qu'ils sont
» contraints de subir. » L'histoire, en effet, est là
pour prouver que, dans les pays où le gouvernement
représentatif existe, il y a toujours eu deux manières de faire prévaloir la volonté de la couronne sur
la volonté nationale, et que ces deux manières ont
été successivement employées : on peut supprimer
brutalement l'obstacle qui gêne, ou le tourner avec
adresse; on peut briser par la force le corps qui
résiste, ou l'assouplir par la ruse. En 1824, un des
ministres actuels, M. de Salvandy, savait et pensait
cela, quand, dans un pamphlet incisif, il accusait

M. de Villèle de vouloir dépraver la France pour mieux l'asservir.

« On se récrie, disait-il [1], sur le maintien des for-
» mes constitutionnelles. Vous ne les avez pas dé-
» truites ; en effet, vous avez fait quelque chose de
» pis. Vous avez imité ces juifs d'un siècle barbare,
» qui, dans leur haine contre la population chré-
» tienne, imaginaient de la perdre au moyen des
» fontaines publiques. Ne pouvant les tarir et n'osant
» les abattre, ils avaient pris le parti de les empoi-
» sonner. » N'en déplaise à M. de Salvandy, les
fontaines ne sont pas aujourd'hui plus pures qu'en
1824, les juifs ne sont pas meilleurs, et, pendant ces
vingt années, l'art des empoisonnements a fait des
progrès inattendus.

S'il en est ainsi, la théorie de 1846 cesse d'être
inconséquente, et se rapproche beaucoup de la théorie de 1830. Il reste entre elles cette seule différence
que l'une aboutit fatalement à la violence, l'autre
non moins fatalement à la corruption. La corruption
alors n'est plus un simple accident, mais la conséquence nécessaire, logique de toute une théorie.
Cette théorie donnée, le raisonnement peut l'en faire
sortir avec certitude, comme de la théorie royaliste
de 1830 il pouvait faire sortir les coups d'État.

Je touche ici au vif de la question. Si le système
du roi qui gouverne n'avait d'inconvénients et de dan-

---

[1] *Le Ministère et la France*, 1824.

gers que le jour où la politique royale est condamnée
par la Chambre, on pourrait dire que le débat est peu
opportun et qu'il convient de l'ajourner. Si, d'un
autre côté, la corruption tenait uniquement à quelques circonstances passagères, telles que le caractère
ou les penchants de tels ou tels ministres, on pourrait dire que le mal cessera avec ces ministres. Si,
au contraire, entre le système du roi qui gouverne
et la corruption politique il y a un lien étroit et nécessaire ; si, dans ce système, la corruption est le
seul moyen d'échapper soit aux humiliations qui
suivent la défaite, soit aux périls qui environnent
les coups d'État, alors la question s'élargit, s'a-
grandit, et devient aussi pressante que sérieuse.
Encore une fois, quand on veut faire prévaloir l'esprit et la pensée des monarchies absolues, tout en
respectant les formes et les apparences des monarchies constitutionnelles, la corruption devient une
nécessité. C'est là sans doute ce qui la rend, pour
certains publicistes comme pour certains hommes
d'État, si respectable et si sainte. C'est ce qui fait
qu'on la pare des habits les plus splendides, qu'on la
décore des noms les plus honorables. C'est ce qui
fait qu'ainsi déguisée et ennoblie on la présente à
l'admiration du monde, comme la compagne naturelle des institutions libres et comme un contre-poids
obligé.

« Il y a, disait M. Burke en 1770, peu d'hommes
» d'État assez maladroits, assez fous pour aller se

» briser exactement contre l'écueil qui a été fatal à
» leurs devanciers. Chaque temps d'ailleurs a ses
» mœurs, ses habitudes, sa politique, et l'on s'y
» prend autrement pour détruire une constitution
» toute formée et venue à maturité que pour l'é-
» touffer dans son berceau. » Cela est vrai, et
M. Guizot le comprenait en 1839, quand, dans la
commission dont nous faisions partie l'un et l'autre,
il insistait pour qu'une phrase formelle de l'adresse
vînt flétrir les influences illégitimes, corruptrices
sur lesquelles, selon lui, M. Molé appuyait sa politique et sa majorité. Aujourd'hui M. Guizot feint de
ne plus le comprendre, et, du haut de sa chaire politique, il veut bien nous apprendre que ce sont là
des misères auxquelles les petits esprits seuls peuvent attacher quelque importance. Faut-il rappeler
à M. Guizot qu'à la tête de ces petits esprits se trouve
Montesquieu, et après lui une foule d hommes d'É-
tat éminents? Faut-il lui rappeler que dans tous les
temps, dans tous les pays, ces misères ont été si-
gnalées comme la grande plaie, comme le grand
péril des gouvernements où l'élection intervient?

En Angleterre, au reste, les choses ont à peu près
suivi la même marche. Jusqu'au règne de Charles II,
fière et forte de sa prérogative, la couronne ne son-
geait point à corrompre. Elle intimidait, elle com-
mandait, au risque de rencontrer une énergique
résistance. Charles II, dont le tempérament s'accom-
modait mal des luttes violentes, changea tout cela,

et deux de ses ministres, Clifford d'abord, puis
Danby, se chargèrent de conduire la Chambre des
communes par des moyens moins dangereux. Ces
moyens ayant peu réussi, Jacques II les dédaigna et
en revint à ceux qui avaient fait monter son père
sur l'échafaud. S'il n'y perdit pas la vie, on sait
qu'il y perdit la couronne, et que, vaincue avec
lui, la prérogative royale laissa sur le champ de bataille ses attributions principales. Il eût été insensé
de vouloir les lui rendre au lendemain de la Révolution de 1688, d'une révolution qui avait eu précisément pour but de placer la volonté nationale au-
dessus de toutes les volontés personnelles. Mais, le
système de Jacques II écarté, il restait celui de
Charles II, qui, sans exposer aux mêmes dangers,
pouvait conduire au même but. Ce système fut donc
repris, étendu, perfectionné, et, pendant un siècle, presque constamment pratiqué. C'était ce qu'on
appelait gouverner par l'influence au lieu de gouverner par la prérogative. Il ne manquait pas d'ailleurs de ministres ou de ministériels pour soutenir,
pour démontrer que rien n'était plus légitime et
plus nécessaire. « De quoi vous plaignez-vous? ré-
pondaient-ils à l'opposition; est-ce qu'il n'y a pas
une Chambre, élue aux époques et par les électeurs
que la loi détermine? est-ce que dans cette Chambre
nous n'avons pas la majorité, une majorité considérable et qui va toujours augmentant? est-ce que dix
fois, vingt fois nous n'avons pas dit que nous céde-

rions la place à d'autres, le jour où cette majorité
nous échapperait? C'est là le régime constitutionnel
véritable, celui que nos pères ont voulu en 1640,
en 1688. N'est-il pas en outre fort naturel que dans
la distribution des places, des pensions, des faveurs, les ministres préfèrent leurs amis à leurs ennemis? n'est-il pas juste que la couronne trouve
dans cette distribution une compensation telle quelle
des priviléges qu'elle a perdus? Ce n'est point là de
la corruption, c'est de l'influence, une influence
sans laquelle la monarchie ne pourrait pas sub-
sister. »

Je ne fais certes point aux ministres qui tenaient
ce langage, à Walpole notamment, l'injure de les
comparer à ceux qui les imitent aujourd'hui. Walpole n'aimait pas moins qu'eux le pouvoir, et, pour
le conserver, rien non plus ne lui coûtait. Comme
eux il était donc toujours prêt soit à sacrifier les
mesures qui lui paraissaient les meilleures, soit à
adopter celles qui lui paraissaient les plus fâcheuses; comme eux, il prenait le moyen pour le but,
et croyait ou feignait de croire qu'un Parlement as-
souvi constitue le gouvernement parlementaire. Mais
Walpole, a beaucoup d'égards, était un homme
d'État supérieur, et qui comprenait bien les grands
intérêts de son pays. Cela n'empêche pas, malgré
quelques tentatives tardives de réhabilitation, que
le nom de Walpole n'éveille aujourd'hui encore dans
tous les esprits l'idée d'une société pervertie et d'un

gouvernement fondé uniquement sur la corruption politique[1].

Si maintenant, pour mettre l'amour-propre national de son côté, on veut prétendre que tout cela est bon en Angleterre, pays de corruption électorale et parlementaire, mais qu'en France rien de semblable ne saurait avoir lieu, je demande qu'on s'explique. Il est, tout le monde le sait, deux sortes de corruptions: l'une privée, qui s'exerce aux dépens du corrupteur; l'autre publique, dont l'État fait les frais. Or, il est très-vrai qu'en France les candidats ne sont pas assez riches pour que la première de ces corruptions y soit aussi habituelle, aussi efficace qu'en Angleterre. Elle est d'ailleurs de celles que tous les partis flétrissent volontiers, parce que tous la redoutent; de celles que le gouvernement ne protége pas, parce qu'il y voit une concurrence. On est donc plein de rigueur pour ceux qui payent de leur propre bourse les votes qu'ils achètent; mais on est plein d'indulgence pour ceux qui les font payer par l'État, sous forme de places ou de faveurs. Or, des deux corruptions, je maintiens que la seconde est, à tous égards, la plus immorale, la plus étendue, la plus dangereuse. Je maintiens en outre que, pour envahir, pour inonder le pays, elle a en France une foule d'issues qui lui manquent en Angleterre. Il suffit, pour s'en convaincre, d'un coup d'œil jeté sur les institutions des deux peuples et sur les forces des deux gouvernements.

[1] Appendice D.

CHAPITRE III.

DE LA CENTRALISATION.

Quand on examine la constitution politique de la France et celle de l'Angleterre dans leur forme extérieure et dans leur mécanisme visible, on les trouve à peu près semblables, et l'on est tenté de croire que le même souffle les anime. Mais, quand on veut les étudier dans leur organisation intime et dans le jeu secret de leurs ressorts, on est obligé de reconnaître que la ressemblance est plus apparente que réelle. En Angleterre, par un heureux concours de circonstances, le gouvernement représentatif est né, a grandi, s'est développé avec les institutions secondaires et se les est, en quelque sorte, assimilées. Peut-être serait-il encore plus vrai de dire qu'en Angleterre les institutions principales ou secondaires procèdent de la même pensée, qu'elles sont sorties de la même souche, et qu'elles se rattachent les unes aux autres par une étroite parenté. De là vient qu'un lien secret en réunit fortement toutes les parties, et que sous beaucoup de diversité se cache une unité puissante. La discordance est quelquefois à la surface : l'harmonie toujours est au fond. Allez à Londres ou dans le plus humble village, entrez au parlement ou dans une petite cour de comté, et partout vous aurez le même spectacle : celui d'un pays qui se gouverne lui-même, d'un pays qui discute publiquement, librement ses intérêts, grands ou petits. C'est à ce noble but que l'Angleterre, par ses mœurs comme par ses lois, n'a jamais cessé d'aspirer et de tendre. C'est ce noble but qu'elle a fini par atteindre après de longs efforts, après des efforts qui n'ont pas lassé son énergique persévérance.

Ainsi, en Angleterre, loin que les mœurs, les lois, les institutions secondaires entravent ou contrarient le pouvoir parlementaire, ce pouvoir y trouve son appui le plus solide, y puise ses forces les plus vives. En Angleterre, ainsi que M. Fiévée le remarquait justement dès 1814 : « Les droits du parlement sont » le couronnement d'une foule d'autres droits qui les » soutiennent, et la liberté publique se rencontre à » chaque point de la circonférence comme au cen- » tre. » C'est un édifice qui peut avoir ses bizarre- ries, mais dont tous les étages reposent fortement les uns sur les autres. C'est un arbre qui affecte des formes peu régulières, mais dont les racines plon- gent profondément dans le sol, et dont les branches, aussi bien que la tige, sont pleines de vigueur et de séve.

En France, on le sait, l'origine du gouvernement

représentatif est fort différente, et c'est dans un tout
autre milieu qu'il se trouve placé. Après les erreurs,
après les violences de la Révolution, quand l'ordre
politique tout entier était à refaire, un homme de
génie apparut, qui, en peu de mois, et presque d'un
seul jet, créa une machine régulière, puissante, admirable, mais qui certes n'était pas destinée à avoir
la liberté pour moteur. C'est pourtant de cette machine, inventée pour le despotisme, que la liberté,
depuis 1814, est condamnée à se servir. On a bien,
à des époques diverses, et notamment en 1831, essayé de la modifier dans quelques-unes de ses parties
et de l'approprier à sa destination nouvelle. En réalité, elle est restée la même; et, en 1846 comme en
1814, notre gouvernement se compose d'un corps et
d'une tête qui n'ont point été créés l'un pour l'autre,
et dont, chaque jour, à chaque minute, les fonctions
se contrarient. La conséquence, c'est qu'à l'inverse
de l'Angleterre, notre gouvernement cache, sous une
régularité apparente, une irrégularité réelle. Comment comprendre, en effet, que des institutions dont
l'origine est si différente, dont le principe est si contradictoire puissent, par cela seul qu'on les juxta-
pose, perdre leur caractère propre et vivre en bon
accord? Comment comprendre que les pensées si divergentes d'où elles procèdent se transforment au
moment où elles se rencontrent, et se confondent
tout à coup dans une seule pensée? Comment comprendre, en un mot, que d'une union aussi arbi-

traire, aussi artificielle il ne résulte pas quelque chose de bâtard et d'incomplet?

La condition essentielle du gouvernement représentatif, personne ne le nie, c'est que la Chambre élective soit indépendante, c'est que les élections soient libres et pures. La condition essentielle de la monarchie administrative, tout le monde en convient, c'est que les pouvoirs immenses dont l'autorité centrale est investie soient appliqués par elle avec justice, avec discernement; c'est que les faveurs innombrables dont elle dispose se répartissent, se distribuent avec équité et dans le seul intérêt d'une bonne administration. Mais en même temps le gouvernement représentatif subordonne l'existence des ministres au vote des députés, l'existence des députés au vote des électeurs. La monarchie administrative, d'un autre côté, met chaque jour les députés, comme les électeurs, dans l'obligation de frapper à la porte des ministres, pour obtenir d'eux non-seulement faveur, mais justice. N'y a-t-il pas, dans ce double besoin, dans cette double dépendance, une double tentation qui tend à altérer profondément les conditions du gouvernement représentatif comme celles de la monarchie administrative? Ne peut-il pas, ne doit-il pas arriver que, d'une part, les électeurs et les députés pèsent par leur vote sur les ministres, que, de l'autre, les ministres pèsent, par toutes les forces de l'administration, sur les électeurs et sur les députés? N'est-il pas à craindre enfin que cette action, cette pression réciproque ne pervertisse la justice administrative, en même temps qu'elle détruit l'indépendance parlementaire et la pureté électorale?

Qu'on vienne dire maintenant que la corruption, cette lèpre des gouvernements libres, ne saurait se propager et s'étendre en France comme en Angleterre! Est-ce que les ministres anglais ont dans leurs poches quelques milliers de places à donner comme il leur plaît? Est-ce que ce sont eux qui font les routes, qui construisent les ponts, qui relèvent les églises? Est-ce qu'on a besoin de leur permission pour défricher son bois, pour rebâtir sa maison, pour réparer sa fabrique? Est-ce qu'ils distribuent à qui bon leur semble des décorations, des tableaux et des bourses? Est-ce que leur patronage embrasse tous les besoins, tous les intérêts, toutes les carrières, depuis le premier jusqu'au dernier degré de l'échelle? Auprès de tels moyens d'influence les richesses de l'aristocratie anglaise sont peu de chose, et celles du ministère anglais ne sont rien. On a fait grand bruit, dans le dernier siècle, des pensions secrètes dont Walpole, pour se créer une honnête majorité, tirait si bon parti. Qu'on donne à Walpole la centralisation française, et nul doute que sa vertu ne répudie facilement l'inutile ressource des pensions.

Le gouvernement représentatif, c'est le pays qui se gouverne lui-même, non pas directement, mais par des représentants qu'il choisit. La monarchie admi-

nistrative, c'est le pays qui est gouverné despotique-
ment, mais avec équité et selon des formes régulières. Quant au gouvernement mi-parti de l'un et
de l'autre, il se pourrait que chacun des deux lui
eût transmis ses inconvénients sans ses avantages;
il se pourrait qu'il manquât d'équité comme de liberté, de régularité comme de vie; il se pourrait, en
un mot, que la corruption, une corruption savante,
organisée, systématique, le possédât tout entier, et
qu'il devînt ainsi le pire des gouvernements.

On aurait d'ailleurs tort de croire que le vice, le
danger dont il s'agit ait échappé à la pénétration
politique de nos devanciers. Sans parler des écrivains royalistes, qui, au début de la Restauration,
attaquaient la centralisation impériale par haine de
l'Empire, il se trouva, vers 1817, des hommes vraiment libéraux, vraiment patriotes, qui mirent en
doute la possibilité de faire vivre et prospérer ensemble des institutions si opposées. En 1820, dans
son livre sur le gouvernement de la France, M. Guizot, membre alors d'une vive opposition, traita la
question avec sa sagacité ordinaire : « En Angleterre
» et en Amérique, dit-il, l'arbre est sorti de ses ra-
» cines, l'édifice s'est élevé sur d'anciens fonde-
» ments. Pour nous, au contraire, le gouvernement
» représentatif est arrivé d'en haut. Il s'est superposé
» sur un pays qui l'implorait et ne l'avait pas créé.
» Aussi en avons-nous reçu les grands linéaments,
» les formes principales, avant d'en posséder les élé-

» ments les plus primitifs, les plus inaperçus.....
» Faut-il s'étonner que chaque année nous apporte
» la révélation de quelque lacune et la demande de
» quelque effort? Déjà le besoin de certaines amélio-
» rations s'est fait avouer. Le temps nous indiquera
» encore dans nos institutions bien des vides à rem-
» plir, des changements à opérer, des impossibilités
» à faire disparaître. » — « Le pouvoir, disait-il ail-
» leurs [1], a hérité d'une machine dans laquelle au-
» cune issue n'a été réservée à l'opposition, où tout
» émane du gouvernement et revient à lui. Il nomme
» seul tous ses fonctionnaires publics, régit seul
» toutes les affaires publiques, les plus petites comme
» les plus grandes, les plus obscures comme les plus
» apparentes. Si, dans la région où il s'exerce et qui
» embrasse tout, une volonté autre que la sienne se
» manifeste, il la brise comme il lui plaît. Si quelque
» question où il soit engagé se présente, il la décide
» comme il lui convient. Nulle part, si ce n'est à la
» Chambre des députés, l'opposition ne se place sur
» son chemin. Nulle part ailleurs une force indépen-
» dante n'est admise à concourir à son action, à lui
» disputer ce qu'il veut. Est-ce là l'état naturel d'un
» peuple libre, la condition du gouvernement repré-
» sentatif? Je ne le pense pas. »

« De la société en poussière, disait M. Royer-
» Collard, en 1822, est sortie la centralisation. Il ne

---

[1] *Des moyens de gouvernement et d'opposition.*

» faut pas chercher ailleurs son origine. La centrali-
» sation n'est pas arrivée, comme tant d'autres doc-
» trines non moins pernicieuses, le front levé, avec
» l'autorité d'un principe : elle a pénétré modeste-
» ment, comme une conséquence, une nécessité. En
» effet, là où il n'y a que des individus, les affaires
» qui ne sont pas les leurs sont des affaires publiques,
» les affaires de l'État. Là où il n'y a point de ma-
» gistrats indépendants, il n'y a que des délégués
» du pouvoir. C'est ainsi que nous sommes devenus
» un peuple d'administrés, sous la main de fonction-
» naires irresponsables, centralisés eux-mêmes dans
» le pouvoir dont ils sont les ministres... La société,
» si riche autrefois de magistratures populaires, n'en
» a plus une seule. Elle est centralisée. Son admi-
» nistration tout entière a passé dans le gouverne-
» ment. Pas un détail ne lui a échappé. Ce sont les
» délégués de la souveraineté qui nettoient nos rues
» et qui allument nos réverbères. »

En 1824, M. Royer-Collard alla plus loin. Alors,
comme aujourd'hui, on était au lendemain d'une
élection dont la corruption avait faussé les résultats, et qui livrait la France à un ministère, à une
politique que la France repoussait. Cette situation
frappa M. Royer-Collard, et, dans la discussion sur
la septennalité, il prononça un discours que je voudrais reproduire tout entier.

« Pour que le gouvernement représentatif existe,
» dit M. Royer-Collard dans ce discours mémo-

6.

» rable ¹, il ne suffit pas de la présence d'une cham-
» bre, ni de la solennité de ses débats et de la régu-
» larité de ses délibérations, ni de la loyauté, des
» lumières, du patriotisme des hommes qui la com-
» posent ; et la véritable élite de la France, discer-
» née par un choix surnaturel et rassemblée dans
» cette enceinte, ne réaliserait pas encore le gouver-
» nement représentatif, si elle n'était pas envoyée
» par la nation. Or, malgré la volonté déclarée de
» la Charte, nous avons vu, d'année en année, d'é-
» preuve en épreuve, l'élection de la Chambre passer
» légalement, en quelque sorte, de la nation au pou-
» voir. C'est ici surtout que j'accuse les choses plus
» que les hommes ; un si étonnant résultat est au-
» dessus de toute perversité comme de toute habi-
» leté. Il a sa raison dans la société, telle que la révo-
» lution l'a faite, dans le pouvoir, tel que l'Empire,
» héritier de la révolution, l'a constitué. »

Après avoir énuméré, examiné toutes les ressources dont l'administration dispose, soit pour introduire sur les listes de faux électeurs, soit pour en
éliminer les électeurs véritables, M. Royer-Collard
ajoutait :

« Le ministère a formé les colléges. Qui votera
» dans ces colléges ? Tous les électeurs admis, sans
» doute. Non ; ce sera, pour un très-grand nombre,
» le ministère. Ce n'est pas moi qui le dis, c'est lui ,

---

¹ Séance du 3 juin 1824.

» c'est sa prétention publique, officielle, raisonnée.
» Le ministère votè par l'universalité des emplois et
» des salaires que le gouvernement distribue, et qui,
» tous ou presque tous, directement ou indirecte-
» ment, sont le prix de la docilité prouvée ; il vote
» par l'universalité des affaires et des intérêts que la
» centralité lui soumet ; il vote par tous les établisse-
» ments religieux, civils, militaires, scientifiques
» que les localités ont à perdre ou qu'elles sollici-
» tent ; il vote par les ponts, les routes, les canaux,
» les Hôtels-de-Ville, etc. : car les besoins publics
» satisfaits sont des bienfaits de l'administration, et,
» pour les obtenir, les peuples, nouveaux courtisans,
» doivent plaire. En un mot, le ministère vote de
» tout le poids du gouvernement, qu'il fait peser en
» entier sur chaque département, chaque commune,
» chaque profession, chaque particulier....

» Le mal est grand, messieurs, il est si grand que
» notre raison bornée peut à peine le comprendre, et
» qu'elle est hors d'état d'en apercevoir toutes les
» conséquences, qui cependant, par la force invin-
» cible des choses, se font jour, s'amassent, et déjà
» nous accablent. Le gouvernement représentatif n'a
» pas été seulement subverti par le gouvernement
» impérial : il a été perverti, il agit contre sa nature.
» Au lieu de nous élever, il nous abaisse ; au lieu
» d'exciter l'énergie commune, il relègue tristement
» chacun au fond de sa faiblesse individuelle ; au
» lieu de nourrir le sentiment de l'honneur, qui est

» notre esprit public et la dignité de notre nation ,
» il l'étouffe, il le proscrit , il nous punit de ne savoir
» pas renoncer à notre estime et à celle des autres.
» Vos pères, messieurs, n'ont pas connu cette pro-
» fonde humiliation. Ils n'ont pas vu la corruption
» placée dans le droit public et donnée en spectacle
» à la jeunesse étonnée, comme la leçon de l'âge
» mûr. »

Je le demande aux hommes sincères de toutes les
opinions : y a-t-il dans cet admirable morceau une
ligne, une seule ligne qui dût être aujourd'hui re-
tranchée?

Je sais d'ailleurs ce qu'on peut dire. C'est en 1824
que M. Royer-Collard déclarait le gouvernement représentatif abaissé et corrompu. Trois ans après, le
gouvernement représentatif se relevait, se purifiait,
et le corps électoral, le même corps électoral qui,
en 1824, avait envoyé la chambre des trois cents ,
nommait une chambre toute différente, celle qui
fit la glorieuse adresse de 1830. Cela est vrai, et je
reconnais qu'à la fin de la Restauration, comme au
début du gouvernement actuel, on a pu croire que
la maladie s'était arrêtée et que le progrès des
mœurs suffirait, sinon pour la guérir tout à fait, du
moins pour la rendre peu dangereuse. La cause en
est toute simple : à la fin de la Restauration comme
au début du gouvernement actuel, la France était
en état de crise violente. L'ancien régime triomphe-
rait-il de la France nouvelle, ou serait-il vaincu par

elle? La monarchie élue, la monarchie constitutionnelle l'emporterait-elle, d'une part, sur la monarchie
légitime, de l'autre, sur la république? Voilà les questions qui se débattaient dans les Chambres, dans les
colléges électoraux, dans la presse, dans la rue;
questions brûlantes, révolutionnaires, et qui met-
taient en présence toutes les passions et tous les intérêts. Or, dans de tels moments, les petits calculs,
les petits moyens disparaissent devant la grandeur
des événements, et les âmes les plus faibles se re-
trempent. Mais les constitutions ne sont pas faites
pour les temps de révolution et de guerre civile;
elles sont faites pour les temps ordinaires, pour les
temps où les passions s'apaisent, où les intérêts se
rassurent, où les questions se rapetissent. Si alors
elles fonctionnent mal, c'est qu'il est en elles un vice
caché, un vice auquel il importe de porter remède.

De 1827 à 1835, la France était un champ de
bataille où le bruit des armes couvrait la voix de la
corruption, où l'ardeur et l'importance de la lutte
élevaient à des pensées plus hautes, à des sentiments
plus généreux les esprits et les cœurs. De 1835 à
1840, la lutte cessa, le calme se rétablit, et la maladie reprit son cours. Néanmoins, pour que la question se présentât au pays dans toute son étendue,
avec toute sa gravité, une épreuve restait à faire:
celle d'une longue administration qui, au milieu de
l'apaisement des passions politiques, entreprît de
séduire la Chambre élective et le corps électoral, et

consacrât systématiquement à cette œuvre déplorable
tous les pouvoirs, toutes les forces, toutes les ressources que la monarchie administrative lui confie;
d'une administration qui, non pas quelques jours.,
mais plusieurs années de suite, mît au service de sa
conservation personnelle la centralisation impériale
tout entière; d'une administration, en un mot, qui,
sans scrupule et sans mesure, livrât à ses amis,
à ses clients parlementaires ou électoraux les finances, l'administration, l'armée, la justice elle-même.
Aujourd'hui l'épreuve est faite, et, certes, elle est
assez concluante.

Pendant quatre ans, n'a-t-il pas existé dans chaque arrondissement un protecteur officiel, avoué de
tous les intérêts locaux ou privés, un intermédiaire
obligé entre les besoins des populations et la justice
ou la faveur ministérielle? Pendant quatre ans, a-t-
on vu un emploi donné, un secours distribué, une
décoration obtenue, une église réparée, une route
construite ou redressée, un défrichement autorisé,
une bourse accordée, sans l'aveu, sans l'appui ostensible ou secret de cet intermédiaire? Pendant quatre
ans, en un mot, est-il un acte de justice ou d'huma-
nité qui n'ait été misérablement subordonné à l'intérêt politique? Quand une place est vacante, croyez-
vous qu'on s'inquiète de savoir quel est, pour la
remplir, le plus capable et le plus digne? Quand une
affaire est instruite, vous imaginez-vous qu'on re-
cherche de quel côté est le bon droit ou l'intérêt pu-

blic? Par qui sont recommandés les divers candidats? Qui prend intérêt à l'affaire? Voilà la grande
question; puis on suppute combien de votes parlementaires ou électoraux pourra donner telle ou telle
décision. Et ces indignes calculs ne s'arrêtent pas
même au seuil de la justice : ce n'était point assez d'a-
voir fait des grades militaires et du signe de l'honneur une monnaie politique; il fallait qu'on allât plus
loin , et qu'on vît le plus saint des droits, le droit de
grâce, prostitué au désir de capter quelques suffrages!
Il fallait que, sur plusieurs points de la France, on vît
l'exercice de la justice suspendu, afin de tenir certains électeurs en échec!

Je le dis avec une profonde conviction : ainsi entendue, ainsi pratiquée, la centralisation impériale
est l'instrument le plus redoutable, le plus détestable qui jamais ait été mis aux mains d'un gouvernement; et M. Royer-Collard, en 1824, n'en disait
pas assez. Qu'il me soit d'ailleurs permis de traiter
avec tout le dédain qu'elles méritent les pauvres
récriminations qui, sur cette question comme sur
d'autres, forment le fond de l'éloquence ministérielle. Vous commencez par nier ce qu'on vous reproche; puis, cela fait, vous dites qu'après tout,
personne n'est en droit de vous jeter la pierre, et
que tout le monde est ou voudrait être aussi coupable que vous. Admettons que vous disiez vrai et
que la tentation soit, en effet, trop forte pour tout ministère, pour toute majorité; admettons que tous

ceux qui ont été avant vous au pouvoir, que tous
ceux qui y seront après vous aient abusé ou doivent abuser comme vous de la puissance administrative; qu'en voulez-vous conclure? Sans doute que
le tort est aux choses plutôt qu'aux hommes, et que,
pour détruire un mal aussi grand, aussi contagieux,
aussi universel, les hommes honnêtes de tous les partis doivent se réunir? Point. Vous en concluez que,
la maladie ayant atteint tout le monde, personne ne
doit songer à la guérir : conclusion étrange, et qui
suffit pour trahir aux yeux de tous votre véritable
pensée.

Que faut-il penser, après cela, de la peine qu'on a
prise, dans ces derniers temps, pour rechercher toutes
les recommandations, toutes les apostilles données à
certains électeurs par quelques députés de l'opposition? Hélas! cela est trop vrai : il est aujourd'hui si
bien établi qu'aucune demande, même la plus juste,
ne peut réussir sans l'appui d'un député ou d'un
aspirant député, que les députés de l'opposition
comme les autres sont souvent exposés à des obses-
sions pressantes. Que faut-il faire alors? Refuser
l'apostille sans laquelle aucune demande ne réussit,
ou bien renvoyer le demandeur au député surnu-
méraire? C'est, dans le premier cas, un acte de
dureté; dans le second, un acte de vertu, dont
profiterait la politique ennemie. On signe donc
sans beaucoup d'espoir de succès, et on écrit une
lettre à laquelle il est rarement répondu. Voilà, dans

son exacte vérité, le fait, le grand fait dont on veut, faute de mieux, se faire une arme contre la réforme. Qu'est-ce que ce fait prouve en définitive? Que partout, au sein du corps électoral, l'idée du député s'est profondément altérée et dénaturée; qu'au lieu de voir en lui le représentant politique des intérêts généraux, on n'y voit plus que le défenseur, le patron des intérêts locaux ou privés; que le gouvernement représentatif, en un mot, s'écroule par la base comme par le sommet. Et pourquoi en est-il ainsi? Est-ce, comme M. Dejean le prétendait, au mois d'août dernier, parce que l'opposition le dit et qu'on la croit sur parole? N'est-ce pas plutôt parce que le gouvernement y trouve son compte et en fait, au vu et au su de tous, la règle de sa conduite?

Qu'on ne se fasse pas illusion. Tant que ce déplorable système durera, députés de la majorité, députés de l'opposition, tous en subiront l'influence. Les députés de la majorité demandent et obtiennent plus que les députés de l'opposition; le système donné, cela est inévitable, bien qu'on s'amuse parfois à dire le contraire. Mais, sans discuter sur le plus et sur le moins, on ne peut nier qu'à des degrés divers, la Chambre presque entière ne se fasse solliciteuse. Or, c'est là le mal qu'il faut couper dans sa racine. Si l'opposition obtient autant qu'on le dit, son mérite en sera plus grand; si la majorité est moins bien traitée qu'on ne le prétend, sa perte en sera moindre. Malheureusement, tout en se plaignant

quelquefois du fardeau qui pèse sur elle, la majorité ne paraît pas fort pressée de s'en débarrasser.
On sait à quel signe une sagesse antique distingua
jadis la fausse mère de la mère véritable. Il est un
signe non moins certain, auquel on peut distinguer
les vrais et les faux adversaires de la corruption
politique.

Je n'entends point d'ailleurs nier, pour ma part,
que, sur ce point comme sur d'autres, je n'aie
beaucoup appris depuis six ans. On dit, avec
une intention facile à saisir, que la défaite rend
clairvoyant et que les leçons de l'adversité sont
instructives. Cela est vrai, comme il est vrai que la
victoire aveugle et que le succès égare. C'est pourquoi, dans le gouvernement représentatif, il est
bon, il est nécessaire que les partis changent quelquefois de positions et de rôles. L'opposition, devenue
majorité, s'aperçoit que, sur certains points, elle se
trompait, et que le pouvoir a des difficultés dont elle
ne tenait pas assez compte. La majorité, devenue
opposition, découvre que certains actes, certaines
pratiques, qui lui paraissaient naturels et légitimes,
sont blâmables et injustes. Ainsi, par l'enseignement
salutaire de l'expérience se corrigent, se redressent
les exagérations et les erreurs des partis.

Bien que le parti conservateur ait grand besoin
de cet enseignement, on ne peut espérer qu'il aille
le chercher de son plein gré. Mais, si le parti conservateur croit encore un peu au gouvernement repré-

sentatif, il doit se préparer au jour où le pouvoir quittera ses rangs pour passer dans ceux de l'opposition. Toutes les forces de l'administration, ces forces dont le parti conservateur use et abuse aujourd'hui, tomberont alors entre les mains de ses adversaires, qui pourront être tentés de prendre leur revanche. Que deviendrait, dans ce cas, le parti conservateur, au milieu de tant d'appétits surexcités depuis de longues années, et auxquels il ne serait plus maître de donner leur pâture? Que deviendrait-il surtout, si cette pâture, distribuée par des mains ennemies, servait à payer des votes en sens contraire? Un journal conservateur (*la Presse*) disait, ces jours derniers, que la majorité ferait toujours bien de se conduire comme si elle devait, le lendemain, devenir minorité. Le conseil est excellent, et nulle part l'application n'en est plus évidente.

Ce n'est donc point seulement au nom de l'honnêteté publique, au nom des principes constitutionnels, au nom de la bonne administration, c'est encore au nom de l'intérêt personnel et de la plus vulgaire prévoyance que l'opposition, dans cette grave question, fait appel au parti conservateur. Qu'il y regarde de près, et qu'il dise s'il est juste, s'il est bon que le gouvernement représentatif et la centralisation administrative continuent à s'énerver, à se pervertir l'un l'autre. Qu'il dise s'il n'est pas temps d'empêcher que, dans l'administration, la politique ne détruise l'équité; que, dans la politique, l'administration n'étouffe la liberté. Qu'il dise s'il n'y a pas danger pour tout le monde à laisser entre les mains d'un parti quelconque, dès que ce parti s'est emparé du pouvoir, un moyen à peu près certain de dominer les élections et d'obtenir une majorité complaisante?

Voici, en résumé, comment je pose la question : Il existe en France deux gouvernements, d'origine et de nature opposées, qui, pris isolément et se développant dans leurs conditions normales, pourraient donner au pays quelques-uns des biens auxquels le pays aspire à juste titre. Mais, en se rencontrant, ces deux gouvernements s'embarrassent, s'entravent, se neutralisent mutuellement. Il en résulte que la machine administrative est faussée et le gouvernement représentatif perverti. Est-il possible que ceux qui tiennent à l'une ou à l'autre restent, en présence d'un tel mal, comme les Orientaux en présence de la peste, immobiles, résignés, silencieux? Est-il possible qu'ils voient périr à la fois la justice administrative et la liberté politique sans essayer de les sauver toutes les deux?

Mais, je le reconnais : ici comme partout, il est plus aisé de signaler le mal que d'en découvrir le remède. Nous en avons eu la preuve dans la proposition qu'un ancien député, homme de talent, homme de courage, a soumise deux fois à la Chambre. Personne assurément ne s'est élevé avec plus de force que M. de Gasparin contre le système honteux, dégradant, désastreux qui envahit, en ce moment, les électeurs, les députés, les ministres. Personne n'a déclaré plus nettement que le mal a toujours été croissant depuis dix ans, et qu'il doit croître encore. Qu'a-t-il proposé pourtant? D'une part, je ne sais quelle déclaration sentimentale, souscrite par tous les membres de la Chambre; de l'autre, quelques articles de loi insignifiants, pour régler l'entrée et l'avancement dans les fonctions publiques. C'est cet innocent spécifique à la main, que M. de Gasparin conviait toutes les opinions à se réunir et la Chambre à sauver, par un grand effort, les libertés constitutionnelles et l'honnêteté publique!

Il faut aller au fond des choses et ne pas se contenter de si peu. D'un côté, la centralisation impériale, avec les lois et les décrets innombrables qui la constituent; de l'autre, la Chambre des députés et le corps électoral, avec les trois ou quatre lois qui les organisent, voilà les éléments dont le contact est funeste et qui, par leur rapprochement, engendrent le triste système que nous déplorons. On ne saurait obtenir un résultat quelconque sans toucher sérieusement à l'un ou à l'autre, peut-être même à tous les deux.

Malheureusement, sur cette question, au sein même du parti libéral, les opinions se divisent. Pour les uns, la centralisation est la plus admirable conquête de la civilisation moderne, la plus sûre garantie de la force, de la grandeur, de l'indé-

pendance nationales. Pour les autres, la centralisation
est l'instrument le plus puissant du despotisme,
l'ennemie la plus dangereuse du gouvernement représentatif et de la liberté constitutionnelle. De là
une tendance manifeste, chez les uns, à maintenir,
à fortifier la centralisation, même aux dépens du
gouvernement représentatif ; chez les autres, à sauver le gouvernement représentatif en détruisant la
centralisation. Ce sont deux avis extrêmes et qui
ne tiennent pas un compte suffisant de l'état des
opinions et des faits. Il est à regretter sans doute
que toutes nos institutions n'aient pas la même origine, qu'elles ne découlent pas du même principe,
qu'elles ne se groupent pas autour de la même pensée ; il est à regretter que l'organisation constitutionnelle de la France manque ainsi de cette unité, de
cette homogénéité, de cette concordance qui font la
force de la constitution britannique ; mais il en est
ainsi, et nous ne pouvons pas empêcher que nos institutions, nos lois, nos mœurs ne procèdent à la fois
de l'ancien régime, de la Révolution, de l'Empire, de
la Restauration. Quoi que l'on dise, quoi que l'on
fasse, la centralisation impériale, d'une part, le gouvernement représentatif, de l'autre, ont poussé en France
de fortes racines et sont assez robustes pour se défendre. Prétendre abattre l'une pour faire mieux prospérer l'autre, ce serait la plus folle des entreprises.

Est-il d'ailleurs bien prouvé, bien établi qu'entre
le gouvernement représentatif et la centralisation

administrative l'incompatibilité soit radicale et toute conciliation impossible? Oui, certainement, dans les conditions actuelles du gouvernement représentatif et de la centralisation; non, peut-être, si ces conditions étaient sagement modifiées. C'est, il faut le dire, une pensée dont jamais on n'a paru se préoccuper, quand on touchait soit à l'organisation politique, soit à l'organisation administrative. A voir la manière dont on s'y prenait, on eût dit que chacun des deux systèmes était isolé, indépendant, et n'avait besoin que d'être réglé en lui-même. N'est-ce pas comme si l'on construisait une machine dont les pièces, prises à part, seraient admirables, mais auraient l'inconvénient de ne pas s'ajuster ensemble?

Examiner les lois qui organisent la centralisation administrative et le gouvernement représentatif, non pas en elles-mêmes ou dans leurs rapports avec le système auquel elles se rattachent directement, mais dans l'influence qu'elles ont les unes sur les autres et dans leurs relations avec le système qui leur est étranger, voilà le premier travail à faire. Le second, c'est de réviser, de retoucher ces lois, de manière à les mettre en harmonie. Il y a là, ce me semble, pour tous les hommes que les querelles du moment n'absorbent pas et qui songent au lendemain, le sujet de réflexions sérieuses et d'importantes études.

Je dois me horner, en ce qui concerne la centralisation, à quelques réflexions générales et sommaires. A mon sens, on confond souvent sous le même nom des choses fort différentes. La centralisation, dit-on, fait la grandeur, la force, l'indépendance de la France. De quelle centralisation veut-on parler? Est-ce de celle qui de vingt provinces, diverses par la langue, par les mœurs, par les lois, a fait un vaste empire dont tous les habitants se reconnaissent pour frères et se confondent dans une grande association nationale? Est-ce de celle qui à la confusion des coutumes judiciaires et au désordre des finances a substitué l'uniformité du Code civil et la régularité financière? Est-ce de celle qui place entre les mains du gouvernement central l'armée, l'administration politique, l'université, le budget, tout ce qui tend à réunir dans une unité puissante toutes les parties du territoire et toutes les forces morales ou matérielles du pays? Est-ce enfin de celle qui, par des moyens divers, met le gouvernement en mesure de se faire partout respecter et partout obéir? Excepté peut-être dans quelques salons, dans quelques châteaux des vieux temps, personne, que, je sache, ne songe à supprimer, à altérer, à affaiblir la centralisation ainsi comprise. Ce n'est point seulement l'œuvre de l'Empire; c'est l'œuvre des siècles, commencée par Richelieu, continuée par Colbert et Turgot, complétée par la Révolution et par l'Empire. Quels qu'en puissent être les inconvénients partiels, les avantages généraux en sont trop grands pour que la France consentît à les perdre.

Mais, à côté de cette centralisation, il en est une

autre, que l'Empire a créée, que la Restauration a
perfectionnée, et qui ne peut se couvrir des mêmes
raisons. Peut-on dire, par exemple, en quoi la force
et la grandeur de l'État seraient compromises si les
départements, si les communes étaient soumis à une
tutelle moins rigoureuse? Peut-on dire en quoi il
importe à l'indépendance nationale que les ministres
réparent les églises et les presbytères, distribuent çà
et là des tableaux ou des livres, disposent enfin arbitrairement, comme bon leur semble, de tous les
fonds communs? Est-ce que par hasard l'unité de la
France serait moins grande, la frontière moins bien
gardée, le gouvernement moins bien obéi, si ces
fonds communs, répartis, d'après certaines règles,
entre les départements, étaient distribués soit par
les conseils généraux, soit par les préfets, sous le contrôle de ces conseils? Qu'on cesse donc de confondre
ces deux centralisations et de mettre les infirmités
de l'une à couvert sous les mérites de l'autre. Il y a
une centralisation politique, gouvernementale, qui,
dans l'intérêt de la grandeur et de la force nationales,
doit être, à tout prix, maintenue. Il y a une centralisation purement administrative, qui, sans danger,
sans inconvénient pour aucun des grands intérêts
du pays, peut être révisée et diminuée.

Ici d'ailleurs se place et s'applique l'observation
que j'ai faite : si l'on voulait examiner l'organisation administrative indépendamment de l'organisation politique, peut-être trouverait-on que les choses

sont bien comme elles sont. Ainsi, il est possible que les communes et les départements, si l'on étendait leurs attributions, n'en fissent pas toujours un excellent usage, et que la tutelle étroite de l'État leur évite certaines fautes. Il est possible également que la distribution des fonds communs par l'autorité centrale soit très-bien imaginée, très-bien entendue, dans le système de la monarchie administrative, de cette monarchie où l'autorité centrale, assurée de son existence et maîtresse de ses mouvements, n'a personne à ménager, personne à gagner, et peut facilement rester juste. Mais c'est une singulière prétention que de vouloir, dans un pays libre, prévenir toutes les fautes, toutes les erreurs et affranchir les citoyens de toute responsabilité collective ou locale. C'est une étrange illusion, d'un autre côté, que de demander à l'arbitraire uni à l'intérêt beaucoup d'équité, beaucoup d'impartialité. Encore une fois, l'autorité centrale de 1846 n'est point celle de 1808; celle de 1808 relevait d'un chef unique et n'avait à compter ni avec 459 députés ni avec 250,000 électeurs; celle de 1846 attend de ces députés, de ces électeurs la victoire ou la défaite, la vie ou la mort. Pour que la première fût impartiale, il suffisait d'une faible dose de justice et d'honnêteté; pour que la seconde le soit, il faut de la vertu. Or, la vertu n'a jamais passé pour commune en ce monde, et je doute que, sous le régime actuel, elle soit en voie de le devenir.

Il y a donc, j'en suis convaincu, quelques modifications à introduire dans notre organisation administrative; mais, quand on y regarde de près, on s'aperçoit aisément que, toutes ces modifications faites, il restera encore entre les mains du pouvoir central une masse considérable de moyens d'influence. On ne supprimera pas, en effet, les administrations financières, qui, dans leurs branches si diverses et si nombreuses, ouvrent aux familles une carrière avantageuse; on ne supprimera pas l'organisation judiciaire, qui, depuis le premier président de la cour de cassation jusqu'au plus petit juge de paix, place sous l'autorité d'un seul ministre plusieurs milliers de magistrats, titulaires ou aspirants; on ne supprimera pas l'armée, la marine, où la faveur lutte sans cesse contre la règle, où trop souvent les services militaires s'effacent devant d'autres services beaucoup moins glorieux; on ne supprimera pas l'administration des ponts et chaussées, qui, dans ces dernières années surtout, à éveillé tant d'espérances, inspiré tant de craintes, suscité tant de convoitises locales ou personnelles; on ne supprimera pas enfin, dans l'administration proprement dite, cette foule d'attributions de toute espèce, qui, en Angleterre, se partagent entre le Parlement et les associations locales, tandis qu'en France, elles vont, au nom de l'autorité centrale, chercher, saisir les citoyens dans presque tous les actes de leur vie publique et privée. C'en est plus qu'il n'en faut assuré-

ment pour qu'un gouvernement corrupteur ait toujours le moyen de corrompre; c'en est plus qu'il
n'en faut pour qu'entre les ministres, d'une part, les
électeurs et les députés, de l'autre, de déplorables
transactions restent faciles; c'en est plus qu'il n'en
faut pour que les tristes prédictions de M. Royer-
Collard soient un jour réalisées.

Qu'on enlève à l'autorité centrale tout ce qu'on
peut lui enlever sans dommage pour l'État; que
partout, si cela est possible, on substitue la règle
au bon plaisir, le droit à l'arbitraire; que l'entrée
dans les fonctions publiques et l'avancement soient
soumis à certaines conditions obligatoires; que les
fonds communs soient, au moins pour la plupart, remis à la disposition des conseils généraux, et que
cette source de corruption soit ainsi tarie ou diminuée, ce sera quelque chose sans doute; ce ne sera
point assez, si l'on veut réellement purifier le gouvernement représentatif. Après avoir attaqué la corruption dans quelques-uns des moyens qu'elle emploie, il faut donc la frapper dans son siége principal,
là où ses ravages se font surtout sentir. Voici, dès
lors, comment la question doit être posée. Les lois
qui règlent actuellement la composition, l'organisation de la Chambre des députés sont-elles favorables
ou contraires au développement, aux progrès de la
corruption politique? Peut-on, en modifiant ces
lois, non pas supprimer entièrement le mal, mais le
circonscrire, le réduire de manière à ce que la

Chambre, au lieu de représenter quelques intérêts particuliers et locaux, représente vraiment l'intérêt général ? En un mot, n'existe-t-il pas, au point de vue de la morale et de l'honnêteté publique, des réformes praticables et convenables, des réformes qui, sans donner aux théories absolues une satisfaction impossible, corrigeront des injustices manifestes, feront cesser des abus flagrants, des abus intolérables? C'est ce que je vais examiner dans les deux chapitres qui suivent.

CHAPITRE IV.

DE LA RÉFORME PARLEMENTAIRE.

———

La question de savoir jusqu'à quel point les fonctions de député sont compatibles avec d'autres fonctions publiques est aussi vieille que le gouvernement
représentatif, et, soit en France, soit en Angleterre, a
été souvent débattue. D'un corps électoral corrompu,
l'histoire est là pour le prouver, il peut quelquefois
sortir une Chambre libre, indépendante, qui fasse
noblement et grandement les affaires du pays ; d'un
parlement asservi, avili, il ne sort rien que la
honte, l'esclavage, la ruine. Le gouvernement représentatif alors, au lieu d'être un bienfait, devient,
comme le disait Pulteney, en 1740, « un instrument
» pour toutes les oppressions, un manteau pour tous
» les crimes.. » Mieux vaudrait cent fois le gouvernement absolu, dans sa franchise et dans sa nudité.

La faculté de donner aux députés des places ou
de l'avancement n'est pas sans doute le seul moyen
de corruption dont les ministres disposent ; il en est
un des principaux, et l'Angleterre n'a jamais cessé

de s'en préoccuper, bien que le nombre des fonctions rétribuées y soit beaucoup moins considérable qu'en France. On a, dans la dernière discussion et dans les discussions précédentes, énuméré les lois nombreuses qui, depuis 1688 jusqu'à nos jours, ont, chez nos voisins, réglé la matière ; mais on n'a pas pu, dans les étroites limites d'un discours ou d'un rapport, faire ressortir suffisamment l'esprit qui a présidé à tous ces débats. Je vais tâcher, par une courte analyse et par quelques citations, d'en donner une idée : on verra que toutes nos hardiesses sont bien peu de chose auprès de celles de nos devanciers.

Sous les derniers Stuarts, la corruption parlementaire avait été largement pratiquée, et Guillaume III, bientôt après son accession, ne se fit pas faute d'y recourir. Mais, par des raisons diverses, la Chambre des communes était peu disposée à lui complaire. En 1697, un bill fut donc proposé « pour assurer la liberté et » l'impartialité du Parlement, » en vertu duquel un grand nombre d'emplois publics, si ce n'est tous, étaient déclarés incompatibles avec les fonctions de député. A ce bill le parti du gouvernement opposa précisément les raisons qui, depuis, ont été si souvent reproduites. C'était attenter au droit des électeurs, restreindre la prérogative royale, déconsidérer les fonctionnaires. Néanmoins, vivement soutenu par les whigs et par Harley, le bill passa, à une forte majorité ; mais la Chambre des lords le rejeta. En 1694, il fut, au contraire, adopté par les deux Chambres,

mais Guillaume refusa nettement sa sanction ; alors
eut lieu une scène étrange et qui fait comprendre
quels étaient, cinq ans après la révolution, l'esprit et
l'attitude de la Chambre élective. A peine la détermination royale était-elle connue, qu'un soulèvement
général éclata dans tous les partis, dans toutes les
opinions. « Sans doute, s'écria-t-on à l'envi, le *veto*
» est un droit de la couronne; mais ce droit lui a été
» conféré pour qu'elle en fît bon usage. Si elle s'en
» sert contre les intérêts du peuple, il faut que quel-
» qu'un en soit responsable. Or, comment comprendre
» qu'on veuille empêcher la Chambre des communes
» de se purifier, de s'honorer aux yeux du pays et de
» prouver qu'elle donne ses votes au lieu de les ven-
» dre? Si le roi et ses conseillers secrets préfèrent un
» Parlement corrompu, un Parlement asservi à un
» Parlement pur et libre, ce n'était pas la peine de
» changer de prince. » Tel fut le langage de sir
Thomas Clarges, de sir John Thompson, de Hut-
chinson, de Harley et de plusieurs autres.

A la suite de ce débat, la Chambre déclara, à l'u-
nanimité moins deux voix, « que quiconque a con-
» seillé au roi de ne pas donner sa sanction à l'acte
» destiné à assurer un vote libre et impartial dans
» le Parlement, et à détruire ainsi un abus scanda-
» leux et manifeste, est un ennemi du roi et du
» royaume. » Puis, se fondant sur cette résolution,
elle adressa au roi une représentation nette et hardie,
pour l'inviter « à user très-rarement du *veto* royal,

» et à s'en fier aux avis du Parlement plutôt qu'aux
» conseils secrets de certaines personnes, dont les
» intérêts particuliers peuvent être différents de ceux
» du roi et du peuple. »

Le roi ayant répondu à cette représentation d'une
manière affectueuse, mais évasive, quelques membres, Harley entre autres, proposèrent qu'une nouvelle adresse fût faite pour demander une réponse
plus claire. Mais ce procédé peu respectueux fut
écarté, et l'on convint de regarder la réponse du roi
comme une promesse implicite de se conformer désormais au vœu du Parlement.

Cependant le conflit continua, et, soit que la persévérance du roi l'emportât sur celle des Communes,
soit que d'autres questions fissent un peu oublier
celle des incompatibilités, les choses, jusqu'à 1700,
restèrent à peu près dans le même état. Seulement,
chaque fois que les Communes votaient un nouvel
impôt, elles avaient soin d'y mettre pour condition
que les percepteurs de cet impôt ne pourraient être
membres de la Chambre. Mais, en 1700, sous une
Chambre tout récemment élue, et qui, pour premier
acte, venait d'appeler Harley à la présidence, la
mort du fils de la princesse de Danemarck imposa
à Guillaume et au Parlement l'obligation de régler de
nouveau la succession à la couronne. Plus libre alors
et maîtresse de son vote, la Chambre des communes
introduisit dans l'acte d'établissement un article qui
déclarait incapable de servir comme membre de la

Chambre des communes « toute personne ayant un
» office ou charge rétribuée sous le roi, ou recevant
» une pension de la couronne. » Il n'y avait aucune
exception, pas même pour les ministres; et, si cette
mesure eût définitivement prévalu, elle eût, comme
le remarque justement Hallam, dénaturé le gouver-
ment représentatif et institué un conflit permanent
entre la couronne et la Chambre des communes. Mais
l'article dont il s'agit, comme tous les autres articles
de l'acte d'établissement, n'était applicable qu'à l'a-
vénement de la maison de Hanovre. On avait donc
le temps de le rectifier, et c'est ce qu'on fit en 1706,
sous la reine Anne, dans l'acte dit *de sécurité*. Ce
ne fut pourtant point sans une vive résistance que la
Chambre des communes abandonna une clause qu'elle
regardait comme une grande conquête, et, pour la
mettre d'accord avec la Chambre des lords, une con-
férence devint indispensable. La Chambre des communes reconnaissait bien que, dans l'acte d'établissement, le principe avait été posé d'une manière trop
absolue; et, tout en le maintenant, elle consentait
volontiers à quelques exceptions. La Chambre des
lords voulait, au contraire, que la compatibilité devint
la règle et que l'incompatibilité fût purement exceptionnelle. En définitive, la Chambre des lords l'emporta, quant au principe; mais la Chambre des
communes fit passer, en retour, deux clauses importantes: l'une, qui soumettait à réélection tout membre
de la Chambre acceptant un emploi de la couronne;

l'autre, qui rendait inéligible toute personne recevant une pension révocable ou occupant un emploi créé depuis 1705. Cette dernière clause avait pour but d'empêcher qu'à l'avenir, comme par le passé, on ne créât des emplois inutiles, uniquement pour en gratifier des membres du Parlement.

Je passe sur les débats qui eurent lieu sur le même sujet, en 1708, 1710, 1711, 1712, et dont il reste peu de traces. Ces débats prouvent que le bill de 1706 n'avait pas mis fin aux abus et que la corruption continuait son œuvre. Chaque année, d'ailleurs, la Chambre des communes adoptait un bill restrictif, qui, chaque année, était rejeté par la Chambre des lords. En 1712, la majorité, dans cette dernière Chambre, ne fut que de cinq voix, et il n'est pas douteux, si la reine Anne eût vécu, que le parti de la réforme n'eût fini par l'emporter. Mais la reine Anne mourut en 1714, et l'avénement de la maison de Hanovre, ainsi que les graves événements qui suivirent, donna une autre direction aux esprits.

En 1716, Stanhope, secrétaire d'État, compléta pourtant la mesure de 1706, en plaçant les pensions données pour un certain temps dans la même catégorie que les pensions révocables à volonté. Ce fut d'ailleurs en 1730, quand Walpole et son système étaient au comble de la puissance, que la question fut sérieusement reprise par Sandys, un des membres les plus actifs de l'opposition whig. Néanmoins les quatre bills qui, de 1730 à 1734, furent

successivement présentés par Sandys, avaient pour
but, non de rien ajouter aux lois précédentes, mais
d'en assurer l'exécution. Ainsi, les lois précédentes
excluaient de la Chambre des communes quiconque
avait une pension révocable ou temporaire; les
mêmes lois déclaraient inéligibles certains fonctionnaires salariés. Or, on trouvait le moyen d'éluder la
loi, d'une part, en recevant de la couronne des ca-
deaux au lieu de pensions; de l'autre, en faisant
mettre la place dont on touchait les appointements
sous le nom d'un parent ou d'un ami. C'est cet abus
que Sandys voulut atteindre en imposant à tous les
membres des Communes le serment « qu'ils ne rece-
» vaient, directement ou indirectement, de la couronne
» aucune gratification, et que personne n'occupait
» pour eux une place quelconque en fidéicommis. »
Quatre fois la proposition passa, presque sans débat,
aux Communes; quatre fois Walpole la fit rejeter par
la Chambre des lords, malgré lord Winchelsea, lord
Bathurst, lord Carteret, lord Strafford, qui la sou-
tinrent avec ardeur. Du côté ministériel, elle fut surtout combattue par lord Falmouth, le duc de Newcastle et l'évêque de Bangor. Un jour, celui-ci déclara
naïvement « qu'il fallait se garder d'assurer l'indé-
» pendance de la Chambre des communes, de peur
» de lui donner une trop grande supériorité sur les
» autres pouvoirs et de détruire ainsi l'équilibre
» de la constitution. » On comprend quel parti l'opposition tira de ce discours, qui, réimprimé à ses

frais et répandu par toute l'Angleterre, parut à tout
le monde une apologie audacieuse de la corruption
politique.

En 1734, à la veille des élections, l'opposition prit
un parti plus net, plus décidé, et proposa, à quelques exceptions près, l'exclusion de tous les fonctionnaires civils et militaires. Ce fut encore Sandys
qui se trouva chargé de cette proposition. Elle eut
pour adversaires M. Campbell, M. Winnington, Ho-
race Walpole, Henri Pelham et Robert Walpole lui-
même, qui dénoncèrent le bill comme contraire au
droit des·électeurs, comme déshonorant pour les
fonctionnaires, comme attentatoire à la prérogative
de la couronne. « La loi, selon eux, en soumettant
» à la réélection les membres des Communes qui
» devenaient fonctionnaires, avait fait tout ce qu'il
» était possible de faire. » A cela, Sandys, Pulteney,
Digby, Thomas Wyndham répondirent avec un
grand avantage et par des arguments qui ne sont
pas moins applicables en 1846 qu'en 1734. « Il est
» absurde, dit Sandys, de prétendre que le bill porte
» atteinte au droit des électeurs. Si cela était, il fau-
» drait supprimer toutes les conditions d'éligibilité
» et toutes les restrictions précédemment adoptées.
» Quant aux fonctionnaires eux-mêmes, déjà la loi
» exclut les employés des douanes et de l'excise,
» ainsi que les ministres du culte. Cela diminue-t-il
» leur considération? Il faut ajouter que la considé-
» ration des fonctionnaires s'accroît très-rarement

» dans la Chambre. Cela n'arrive guère que le jour
» où on les destitue à cause de leur indépendance.
» Il est d'ailleurs fort aisé de dire qu'un emploi
» n'exerce aucune influence sur celui qui le possède.
» Tant que les hommes seront hommes, il y en aura
» beaucoup qui voteront au gré du premier ministre,
» plutôt que de perdre une place lucrative. Que les
» choses restent sur le même pied, et bientôt la
» Chambre deviendra aussi méprisable que le sénat
» romain, quand les empereurs en eurent fait leur
» instrument servile. Personne ne demande que les
» hauts fonctionnaires, les secrétaires d'État no-
» tamment, cessent d'être membres de la Chambre.
» Il s'agit d'en exclure ceux que leurs fonctions doi-
» vent absorber tout entiers et ceux qu'elles placent
» dans la dépendance des ministres. »

« L'influence de la couronne, dit Digby, a beau-
» coup augmenté, et l'on peut craindre qu'elle n'as-
» servisse les deux autres branches de la législature.
» Il est vrai que l'intérêt du peuple et l'intérêt de la
» couronne devraient toujours être le même ; mais cela
» n'est pas, et la couronne s'est montrée quelquefois
» la plus dangereuse ennemie du peuple. C'est contre
» un tel péril qu'il faut se prémunir, en empêchant
» le Parlement de se laisser corrompre. »

« Jamais le bill, s'écria Pulteney, ne fut plus né-
» cessaire, plus indispensable. Grâce à la corruption
» parlementaire, électorale, l'Angleterre touche au
» moment où le premier ministre aura la majorité

» des deux Chambres dans sa poche. Qui songera
» alors à l'accuser devant une majorité vendue et
» toujours prête à l'acquitter, quelque coupable qu'il
» puisse être? »

« A la vérité, dit Thomas Wyndham, on objecte
» qu'en soumettant les membres promus à la néces-
» sité de se faire réélire, la loi a fait assez, et on se
» vante que la réélection a presque toujours lieu.
» Comment en serait-il autrement, par la corruption
» qui court? Le membre promu ne reparaît-il pas avec
» un double crédit devant ses commettants, qui voient
» en lui le favori du ministre?... Autrefois il y avait
» peu de places à donner ; aujourd'hui il y en a beau-
» coup, et l'on commence à croire que, pour les ob-
» tenir, il est nécessaire, indispensable d'être mem-
» bre du Parlement. Au train dont vont les choses,
» la Chambre sera bientôt remplie de serviteurs de
» la couronne, tandis que, d'après la constitution,
» nous devrions être les serviteurs du pays. »

Quand Thomas Wyndham parlait ainsi, il y avait,
d'après les calculs de l'opposition, un peu moins
de 200 fonctionnaires dans une Chambre de 540
membres. Nous en avons autant dans une Chambre
de 459.

Plusieurs membres ministériels ayant, dans cette
circonstance, voté avec l'opposition, la proposition ne
fut rejetée qu'à 230 voix contre 191.

Les élections de 1734, sur lesquelles l'opposition
comptait, n'ayant pas changé la force relative des

8

partis, l'opposition perdit courage et, pendant quelques années, abandonna le bill des places. Mais des circonstances contraires, notamment les démêlés avec l'Espagne, ayant ébranlé Walpole, l'opposition résolut, en 1740, de reprendre le débat et de livrer, sur ce terrain, au premier ministre un combat décisif. Sandys proposa donc de nouveau le bill de 1734 et le défendit à peu près par les mêmes raisons. Parmi ceux qui appuyèrent Sandys, il faut citer en première ligne Littleton, Pulteney, William Wyndham. Après avoir établi que les nations soupçonneuses sont les dernières asservies et que la confiance n'est point une vertu parlementaire ; après s'être demandé s'il n'arrivait jamais que les conversations particulières des membres du Parlement fussent en contradiction manifeste avec leur conduite publique, Littleton pénétra au cœur même de la question et signala énergiquement les dangers que la corruption fait courir au gouvernement représentatif. « La forme actuelle » du gouvernement anglais, dit-il, si on la garde de » la corruption, a tous les avantages d'une répu- » blique, sans en avoir les inconvénients. Mais, si la » corruption l'envahit et si le contrôle du Parlement » est acheté par la couronne, c'est précisément le » contraire. La forme actuelle du gouvernement au- » rait alors tous les vices, tous les inconvénients des » monarchies absolues, sans en avoir les avantages. » Il y aurait plus de dépenses et moins de chances » d'une bonne administration. »

Passant de la théorie à l'application, Pulteney fit un tableau animé de la situation actuelle du Parlement et prédit le moment où la Chambre, remplie des instruments les plus bas et des plus vils sycophantes du pouvoir ministériel, serait une honte et un désastre pour le pays.

« Assurément, ajouta-t-il, personne ne pense que
» les libertés de cette nation consistent à avoir le
» semblant d'un Parlement. On peut avoir un Parle-
» ment ; ce Parlement peut être élu tous les sept ans
» et siéger tous les ans, comme cela se fait aujour-
» d'hui ; il peut passer des lois, voter de l'argent,
» recevoir des comptes, même faire des enquêtes,
» et pourtant on peut n'avoir ni liberté ni constitu-
» tion. Qu'il soit jamais au pouvoir de l'administra-
» tion de se faire, à l'aide des fonctionnaires et des
» pensionnaires, une majorité toujours prête à obéir
» au ministre, et, de ce moment, il devient inutile
» de détruire la forme de la constitution ou de sup-
» primer directement les libertés publiques. Sans en
» venir à cette extrémité, le roi régnant serait aussi
» absolu et pourrait être aussi despote que le grand
» seigneur lui-même. Un tel Parlement lui accorde-
» rait autant de spahis et de janissaires qu'il lui en
» faudrait pour tenir ses esclaves en respect ; il lui
» donnerait toutes les lois, tout l'argent qu'il deman-
» derait, et l'oppression se trouverait ainsi protégée
» par les formes mêmes de la loi... Sans doute il y
» a, dans la Chambre actuelle, des fonctionnaires

8.

» fort honorables ; mais il y en a d'autres qui, en
» venant ici, n'ont d'autre but que de faire leurs
» affaires privées. Il faut, si l'on veut sauver la con-
» stitution, diminuer le nombre de ces mercenaires. »

Enfin, dans un discours d'une grande élévation, le
chef des tories, William Wyndham, fit ressortir l'inconvénient de placer le pouvoir exécutif tout entier
sous le contrôle d'une majorité dévouée à ce pouvoir par intérêt et par position.

« Prenez-y garde, messieurs, s'écria-t-il, l'esprit
» et les habitudes de la corruption font parmi nous
» des progrès effrayants. C'est cet esprit détestable,
» ce sont ces habitudes honteuses que le bill de
» M. Sandys est appelé à combattre. Quand la cou-
» ronne n'avait que peu d'emplois lucratifs à donner,
» l'administration la plus perverse était à peu près
» impuissante. Mais ces emplois sont si nombreux
» aujourd'hui que, si l'on s'en sert pour corrompre
» la Chambre et le corps électoral, bientôt c'en sera
» fait de toute liberté et de toute honnêteté en An-
» gleterre. On commence dans cette Chambre, puis
» le mal se propage par l'exemple. La corruption du
» premier autorise celle du second, et celle-ci auto-
» rise la corruption du troisième, de telle sorte que
» bientôt la majorité doit être atteinte. Une fois bien
» établie dans cette Chambre, comment la corruption
» ne descendrait-elle pas parmi les électeurs? Si nous
» voulons que le ruisseau soit pur, commençons par
» purifier la source. »

Les arguments des adversaires du bill peuvent se résumer en peu de mots : « Le mal n'existe pas ; s'il » existait, le bill n'y remédierait pas, puisque les » membres disposés à se vendre pourraient toujours » obtenir soit des gratifications secrètes, soit des ».places pour leurs familles. Enfin, si les fonction» naires ne faisaient plus partie de la Chambre, il y » viendrait plus de républicains et de jacobites. » On voit qu'il n'y a pas un sophisme nouveau sous le soleil. Quelques-uns, Henri Pelham entre autres, furent plus sincères et ne craignirent pas d'avouer que « la libre disposition des emplois lucratifs est » nécessaire pour limiter le pouvoir des Parlements » et pour les empêcher de devenir factieux. » Quant à Walpole, qui, comptant sur la Chambre des lords, laissait d'ordinaire ces sortes de bills passer sans mot dire, il rompit le silence pour lancer contre l'opposition une récrimination vive et mordante. M. Duchâtel, qui, on le sait, a pour cette sorte d'arguments un goût tout particulier, ferait bien de lire avec soin le discours de Walpole et de s'en pénétrer.

Le bill ayant été rejeté à 16 voix de majorité (222 contre 206), la Chambre des lords n'eut point à s'en occuper. Mais un autre bill, celui des pensions, passa presque sans difficulté à la Chambre des communes et donna aux lords opposants une occasion toute naturelle d'exprimer leur opinion. Ils la saisirent avec empressement, et l'on vit les hommes les plus considérables de l'aristocratie anglaise, lord

Talbot, lord Halifax, lord Carlisle, lord Carteret, lord Chesterfield, le duc d'Argyle flétrir à l'envi les corrupteurs et les corrompus. « Quand des minis-
» tres, dirent-ils, ne peuvent obtenir la majorité par
» les influences morales, ils la demandent aux in-
» fluences matérielles, et toujours il se trouve quel-
» ques misérables prêts à vendre leur vote pour une
» place ou pour une pension. C'est cette corruption
» que les Communes ont aperçue; et, quand elles
» refusent de se laisser souiller par la prostitution mi-
» nistérielle, convient-il à la Chambre des lords de
» les en empêcher? Ce serait encourir gratuitement
» et justement l'indignation du pays. Qui ignore
» d'ailleurs que la corruption est le plus grand dan-
» ger auquel soient exposées les institutions des pays
» libres? Souvent, en Angleterre, les princes et leurs
» ministres ont essayé d'établir le gouvernement ab-
» solu contre les Parlements ou sans leur assistance.
» Ils ont échoué et payé quelquefois de leur vie cette
» audacieuse tentative. Qu'on laisse faire la corrup-
» tion, et d'autres rois, d'autres ministres pourront,
» sans courir les mêmes risques, arriver à la même
» fin. Qu'on laisse faire la corruption, et le Parle-
» ment ne sera bientôt plus qu'un divan turc. »

De tous les discours prononcés dans le débat, le plus remarquable sans contredit est celui de lord Chesterfield. En voici quelques passages :

« Notre constitution se compose de deux Cham-
» bres, qui limitent le pouvoir de la couronne et qui

» se limitent entre elles. Supposez maintenant que,
» par certains moyens de corruption, par des places,
» par des pensions, par des pots-de-vin, la couronne
» devienne maîtresse des deux Chambres; n'est-il pas
» évident que la constitution sera détruite? La cou-
» ronne alors n'aurait pas besoin de briser la forme
» même du Parlement. Sous cette forme, en effet, sous
» cette apparence, le roi pourrait être plus absolu et
» gouverner plus arbitrairement que si le nom même
» de parlement se trouvait aboli. Remarquez d'ail-
» leurs que nos hommes riches et bien nés ne vou-
» draient peut-être pas, pour une pension ou pour
» une place, abolir la forme du gouvernement. C'est
» à cette forme qu'ils doivent l'avantage de recevoir
» le prix infâme de leurs infâmes services, et cet
» avantage, ils le perdraient, le jour où la constitu-
» tion périrait. Tant qu'ils sont membres du Parle-
» ment, il est, au contraire, loisible et commode à
» nos hommes riches et bien nés d'approuver les
» mesures les plus détestables, de consentir aux dé-
» penses les plus inutiles, de voler les lois les plus ·
» tyranniques, de sanctionner les comptes les plus
» faux, d'acquitter les hommes les plus coupables,
» de condamner les hommes les plus innocents, sur
» l'ordre du ministre qui leur donne leur place ou
» qui leur paye leur pension. Il leur est loisible et
» commode de réunir ainsi les profits de tous les ré-
» gimes et de constituer, sous l'apparence de la li-
» berté, la plus ignoble des tyrannies. »

Malgré ce discours et ceux des autres membres de l'opposition, le bill fut encore rejeté, à 51 voix contre 40.

En 1741, l'étoile de Walpole pâlissait et le vent soufflait du côté de l'opposition. Le bill des places, reproduit par Sandys, passa donc aux Communes; mais la Chambre des lords le rejeta de nouveau. C'est après ce rejet que 21 pairs, usant de leur droit, firent consigner sur le registre des délibérations une protestation très-fortement motivée, et dont le quatrième considérant est ainsi conçu :

« Parce que nous ne pensons pas que la liberté
» du Parlement soit assurée le moins du monde par
» l'obligation imposée à tous les membres des Com-
» munes qui acceptent un emploi de se faire réélire,
» l'expérience ayant démontré que cette prétendue
» garantie est presque toujours inefficace et que
» très-rarement les membres promus échouent dans
» de telles élections, quelque étrangers qu'ils soient
» aux électeurs ; et parce qu'il est naturel de sup-
» poser qu'au moment où les moyens de corruption
» augmentent, le succès des candidats qui se re-
» commandent par la corruption ne peut pas di-
» minuer. »

Ne semble-t-il pas que ce considérant ait été rédigé non en Angleterre, mais en France? Non en 1740, mais en 1846?

Un an après, le 3 février 1742, Walpole tombait, et l'orateur le plus éloquent de la coalition, le chef

des whigs dissidents, Pulteney, était chargé par le
roi de former un cabinet. On sait par quelle faute
étrange Pulteney refusa lui-même le pouvoir, et,
dupe de Walpole et du roi, maintint aux affaires,
à la grande colère de son parti, plusieurs des anciens ministres, entre autres le duc de Newcastle.
Le cabinet nouveau avait néanmoins, pour chance-
lier de l'Échiquier, l'auteur persévérant du bill des
pensions et du bill des places, Sandys, qui, peu de
jours auparavant, venait de les faire passer tous les
deux à la Chambre des communes ; et, pour secrétaire
d'État, lord Carteret, qui les avait toujours défendus.
Il était difficile que ces deux ministres abandonnas-
sent subitement leur œuvre, bien que leurs nouveaux alliés les gênassent et qu'ils eussent peu de
scrupules. Mais il restait la Chambre des lords, qui
les tira d'embarras pour le moment, en rejetant les
deux bills. Ce fut alors que, par une transaction telle
quelle, le ministère fit passer un bill beaucoup plus
restreint, et qui se bornait à exclure nominativement
certains petits fonctionnaires. Ce bill est encore celui qui régit la matière, avec les bills de 1694, 1706
et 1716.

Ceux qui ont étudié l'histoire d'Angleterre savent
dans quelle confusion, dans quelle anarchie tom-
bèrent les partis, depuis la chute de Walpole jusqu'au
jour où un patriote éloquent, le premier Pitt, en
réunit les éléments dispersés. Ils savent aussi qu'au
moment même où ce grand ministre, maître d'une

majorité considérable dans le Parlement et dans le
pays, venait d'accroître sur tous les points du globe
la gloire et la puissance de l'Angleterre, un roi qui
voulait gouverner monta sur le trône, et que, livrée
pendant vingt ans, presque sans interruption, aux
courtisans et aux favoris, l'Angleterre perdit l'Amérique et vit décliner à la fois sa puissance et sa
liberté. Pendant cette triste période, la corruption
politique, un moment suspendue sous William Pitt, fit
de tels progrès, que les anciens remèdes parurent trop
faibles, et que l'idée d'une réforme complète s'empara
des esprits les plus modérés. On vit alors (en 1770)
William Pitt, devenu lord Chatham, déclarer nettement
« que la corruption était la grande cause du mécon-
» tentement du peuple, des usurpations de la cou-
» ronne, du dépérissement de la constitution, et que,
» pour y porter remède, il était nécessaire d'augmen-
» ter la représentation des grandes villes. » On vit, un
an après (en 1771), le même lord Chatham, après avoir
accusé la couronne « d'exercer dans le Parlement une
» influence corruptrice », et les membres des Communes « d'obéir, comme des esclaves, à l'homme qui
» tient la clef d'or de la trésorerie », s'écrier que « la
» constitution était perdue si on n'élevait pas un fort
» boulevard pour la défendre, et qu'il se déclarait
» converti aux Parlements triennaux. » C'est vers la
même époque (de 1777 à 1779) que Fox et Burke,
dans la Chambre des communes, le marquis de Rockingham, lord Shelburne, le duc de Grafton, le duc

de Richmond, dans la Chambre des lords, dénon-
çaient, chaque jour, à l'indignation publique « lé vaste
» système de rapine, dont le pays était à la fois com-
» plice et victime. Il est notoire, disaient-ils, que
» la corruption la plus effrontée ravage et dévore le
» pays. Il est notoire que son pouvoir est devenu
» irrésistible et que, de la vieille liberté britannique,
» il reste à peine le nom. Trouverait-on aujourd'hui
» dans l'État un seul homme possédant un droit po-
» litique, et qui ne songe pas à le vendre pour le prix
» qu'il en peut trouver? L'action du Parlement n'a
» point été abrogée ; mais elle a été indirectement
» détruite par la corruption. »

En 1780, l'Amérique était perdue, et, devant l'é-
motion produite par un si grand désastre, la corruption redoublait en vain ses efforts. Le ministère était
donc ébranlé, la majorité chancelante, l'opposition
ralliée, pleine d'ardeur, déterminée à frapper les
grands coups. Le pays aussi s'agitait, et de nombreuses, d'énormes pétitions venaient, chaque jour,
demander le renvoi des ministres et la réforme des
abus. Dans cette situation, un vaste plan de réforme
fut conçu par l'opposition, et lord Shelburne, à la
Chambre des lords, Burke, à la Chambre des
communes, proposèrent en même temps certaines
réformes financières, dans le but avoué d'annuler,
de diminuer au moins les influences illégitimes
qui pervertissaient le Parlement. — « Ces in-
» fluences, disait lord Shelburne, ont pénétré par-

» tout, dans les services militaires comme dans les
» services civils. Ce sont elles qui dictent tous les
» choix, au détriment des bons serviteurs de l'É-
» tat, » — « Mon but, disait Burke, est moins de di-
» minuer les dépenses publiques que de détruire,
» que de restreindre au moins l influence corruptrice
» de la couronne, cette source éternelle de tous les
» désordres et de tous les désastres ; ce chancre qui
» ronge les entrailles de la constitution, sans qu'ex-
» térieurement le corps paraisse moins robuste ; ce
» mal redoutable qui ôte toute vigueur à nos bras,
» toute sagesse à nos conseils, toute moralité à notre
» conduite. » Il n'est pas sans intérêt de remarquer
que, Burke ayant repris, en 1781, le bill de 1780,
le second Pitt, qui venait d'entrer dans la Chambre,
à l'âge de 22 ans, choisit cette question pour son
début et signala, comme Burke et comme Fox, les
dangers que faisait courir au pays l'influence excessive de la couronne.

De toutes ces attaques à la corruption politique, la
plus vive, la plus directe, la plus significative fut
celle de M. Dunning, qui, en 1780, d'accord avec
l'opposition tout entière, proposa à la Chambre de
déclarer « que l'influence de la couronne avait aug-
» menté, augmentait et devait être diminuée. »
M. Dunning, comme conséquence de cette résolution, demanda en outre que la Chambre des communes frappât d'inéligibilité un certain nombre de
fonctions, surtout dans la maison royale, comme in-

compatibles avec l'indépendance du Parlement. La motion de M. Dunning était hardie et fut hardiment soutenue. Ainsi M. Thomas Pitt, neveu de lord Chatham, cousin germain de William Pitt, alla jusqu'à dire « qu'il voyait dans lord North la preuve, une » preuve vivante de l'influence démesurée de la cou- » ronne. Comment, sans cette influence, lord North » resterait-il ministre, lui qui a abaissé, dégradé, » flétri l'honneur de la Grande-Bretagne ; lui par qui » le nom d'Anglais, jadis l'envie du monde entier, » est tombé au-dessous du mépris ; lui qui a rendu » ses compatriotes et son pays un sujet de risée pour » les peuples étrangers? — Au reste, ajoutait Tho- » mas Pitt, c'est à sa mauvaise politique même que » le noble lord doit sa durée. Il est bien connu que, » s'il avait conseillé une politique plus honorable et » plus sage, il ne serait plus ministre. La ligne » qu'il a suivie est la seule qui, dans une certaine » région, pût lui concilier la faveur. » Le débat fut d'ailleurs fertile en incidents curieux, en révélations instructives. Ainsi, M. Dunning ayant dit « qu'il » était dans la Chambre, à sa connaissance person- » nelle, plus de cinquante membres qui votaient » toujours avec le ministère et qui, au dehors, par- » laient comme l'opposition, » lord Nugent releva vivement cette assertion et s'indigna à la seule pen- sée que *de tels misérables, que de si effrontés coquins* pussent siéger à ses côtés. M. Dunning reprit alors et déclara qu'en disant cinquante, il était loin d'a-

voir dit assez. « Je sais, ajouta-t-il, qu'il est peu
» convenable de citer des noms propres : mais j'af-
» firme sur l'honneur que je connais dans la Chambre
» plus de cinquante membres, dont la plupart m'é-
» coutent en ce moment, et qui, hors de la Chambre,
» réprouvent et condamnent les mesures mêmes
» qu'ils soutiennent et qu'ils votent. Bien que per-
» sonne plus que moi ne regarde les conversations
» particulières comme une chose sacrée, je suis prêt
» à nommer ces membres, si la Chambre le désire et
» si l'issue du débat peut en dépendre. » Comme on
savait M. Dunning homme à tenir sa parole, personne n'accepta le défi.

Malgré la vive opposition des ministres et de
leurs amis, les résolutions de M. Dunning, soute-
nues par Fox et par Burke, passèrent, l'une à seize
voix, l'autre à deux voix de majorité. Il restait
à les convertir en lois et à compléter ainsi l'œuvre
de 1740. Mais le président de la Chambre tomba
malade : les séances furent suspendues pendant
quinze jours, et lord North, à l'aide des moyens
mêmes qu'on prétendait lui enlever, profita de l'intervalle pour reconquérir la majorité. Alors ce fut,
au sein du Parlement, une des scènes les plus dra-
matiques dont fasse mention l'histoire parlementaire. Au moment où la Chambre se réunit de nouveau, l'opposition savait tout. Pour que la question
se vidât tout de suite, M. Dunning proposa donc
une adresse au roi, fondée sur les résolutions précé-

dentes, et cette motion fut appuyée par Fox, dans un de ses discours les plus éloquents. « Voilà, dit-il,
» onze ans que je suis dans la Chambre, et j'ai la
» douleur de voir tous les principes qu'on m'a en-
» seignés, abandonnés, trahis par ceux-là mêmes qui
» me les enseignaient jadis; n'est-ce pas du noble
» lord (lord North) que j'ai appris que la Chambre
» des communes est le palladium de la liberté bri-
» tannique, et que ses priviléges doivent être main-
» tenus à tout prix? Avec quelle lâcheté le noble
» lord déserte aujourd'hui ce terrain! avec quelle
» bassesse il laisse fouler aux pieds les priviléges
» de la Chambre! Il ne faut pas s'en étonner, au sur-
» plus, car c'est le sort de tous les autres principes
» que le noble lord a professés. » M. Fox termina
en faisant un appel chaleureux aux 233 membres
qui avaient adopté la glorieuse motion de M. Dunning, et en les suppliant de ne pas se déshonorer
par un vote en sens contraire. Malgré cela, la proposition fut rejetée par 254 voix contre 203.

C'est alors que Fox se leva, l'œil ardent, la voix
émue, et qu'il dirigea contre les déserteurs, contre
les traîtres la plus puissante, la plus sanglante des
invectives. « Le vote, dit-il, qui vient d'avoir lieu
» est un vote honteux, scandaleux, déshonorant;
» non pour ceux qui, le 6 avril, ont voté avec le mi-
» nistère, mais pour ceux qui ont voté contre et qui
» viennent de se démentir honteusement. Ce qui
» m'afflige le plus, c'est que ces misérables siégent

» de mon côté et qu'ils m'entourent, au moment
» même où je parle! Personne ne tient en plus
» grand mépris que moi ceux qui sont habituelle-
» ment à la discrétion des ministres; ce sont des es-
» claves de la pire espèce, parce qu'ils se vendent
» eux-mêmes. Cependant, si basse que soit leur con-
» dition, ils ont une vertu : celle de la fidélité, de
» la reconnaissance, de la persévérance. A leurs
» autres vices ils n'ajoutent pas l'absurdité et la tra-
» hison de déclarer, aujourd'hui, qu'une chose est
» vraie, et, demain, qu'elle est fausse. Ils ne trom-
» pent pas leurs patrons et leurs amis par de fausses
» espérances, par des promesses fallacieuses... On
» peut, dans leur état d'abaissement, les voir avec
» quelque indulgence, avec quelque pitié, quand ils
» se courbent, quand ils rampent au lever du prince
» ou du ministre. Comment voir, au contraire, sans
» horreur ceux qui ont d'autres idées et qui n'en
» votent pas moins pour le ministre contre leurs
» idées? Il n'est pas un cœur honnête qui, en pré-
» sence d'une telle effronterie, ne doive ressentir le
» ressentiment le plus ardent et le mépris le plus
» poignant. »

Parmi les nombreuses mesures que l'opposition
produisit à cette époque, une seule trouva grâce
devant la majorité : celle qui excluait de la Chambre
toute personne intéressée directement ou indirectement dans un marché avec l'État. En 1778 et 1779,
ce nouveau genre de corruption avait été signalé

dans les deux Chambres, notamment par lord Shelburne. En 1780, le bill qui tendait à la réprimer, adopté sans division par les Communes, vint échouer devant la Chambre des lords, malgré un admirable discours de lord Cambden; rejeté de nouveau en 1781, il fut repris par Fox, en 1782, pendant son court ministère, et devint loi de l'État. C'est, sur cette grave matière, le dernier acte important, bien qu'en 1801, 1812 et 1817, quelques incompatibilités nouvelles aient encore été prononcées.

De cette analyse et de ces citations je tire deux conséquences : la première, c'est que, depuis 1688, la question de la corruption parlementaire a été constamment regardée, en Angleterre, comme une question essentielle, vitale, comme une question de laquelle dépend la vie ou la mort de la Constitution; la seconde, c'est que, dans les grands débats auxquels elle a donné lieu, l'influence excessive de la couronne n'a cessé d'être attaquée par les premiers hommes d'État, par les premiers orateurs du Parlement avec une franchise, avec une audace que personne, en France, n'a jamais égalées. Et pourtant, il faut le répéter encore, l'état social et politique de l'Angleterre est loin de donner à la couronne tous les moyens d'influence, tous les moyens de séduction dont, en France, elle dispose librement.

Laissons maintenant l'Angleterre, et voyons si, en France même, il n'y a pas quelques précédents curieux à recueillir.

L'idée fondamentale de la Constitution de 1791,
c'était, on le sait, la séparation absolue des pouvoirs.
Tout le monde comprend aujourd'hui à quel point
cette idée méconnaît, altère la nature et les conditions véritables du gouvernement représentatif; mais
elle avait alors toute la puissance d'un axiome, et
c'est à peine si on osait la contester. Aussi, par une
conséquence logique, bien que détestable, la Constitution de 1791 établit-elle entre les fonctions de
législateur et toutes les autres fonctions révocables,
même celles de ministre, une incompatibilité radicale. Au lieu d'être les chefs de la majorité, les ministres en devinrent ainsi les adversaires ou les
subordonnés; et la lutte, une lutte inévitable et permanente, se trouva instituée par la Constitution
même au sein du gouvernement. A d'autres époques,
le pouvoir législatif eût peut-être succombé dans
cette lutte. Ce fut, pour cette fois, le pouvoir exécutif
qui périt; et, pendant quelques années, à la séparation absolue des pouvoirs succéda, du moins en
fait, leur confusion complète. En l'an III, quand la
crise révolutionnaire touchait à son terme, l'idée de
la Constituante reparut, et l'incompatibilité de 1791
devint de nouveau partie intégrante de la Constitution. Elle fut implicitement maintenue dans la Constitution de l'an VIII, ainsi que dans les sénatus-
consultes de l'an X et de l'an XII; mais c'était alors
en vertu d'un tout autre principe. Sous le Consulat
et sous l'Empire, les membres du Corps Législatif,

déchus de toute participation réelle au pouvoir, étaient de purs fonctionnaires salariés, que la règle administrative, à défaut de la règle politique, devait tenir éloignés des autres fonctions publiques. Par la Charte de 1814, aussi bien que par l'acte additionnel de 1815, cet état de choses changea, et tous les citoyens, fonctionnaires ou non, furent admis, pourvu qu'ils réunissent certaines conditions d'âge et de cens, à faire partie de la Chambre élective. Il est pourtant bon de remarquer qu'en interdisant l'élection des comptables, ainsi que celle des préfets et sous-préfets, dans leurs départements ou leurs arrondissements, l'acte additionnel entra, bien qu'avec beaucoup de timidité, dans la voie des incompatibilités.

Ainsi, de 1791 à 1814, hormis pendant la tourmente révolutionnaire, aucun fonctionnaire public salarié et révocable ne put être membre du Corps Législatif. Tous le purent, au contraire, depuis 1814. C'était, comme il arrive trop souvent, passer d'un extrême à l'autre et remplacer un danger par un autre danger. Aussi, plusieurs écrits en font foi, ne tarda-t-on pas à se préoccuper de la crainte que la Chambre élective, envahie par les fonctionnaires, ne devînt, un jour, une annexe du conseil d'État, une succursale de l'administration. C'est à cette crainte que répondaient M. Barthe Labastide, en 1816, M. Cornet d'Incourt, en 1817, M. Méchin, en 1820; quand ils proposaient d'exclure de la Chambre cer-

taines catégories de fonctionnaires. Leurs propositions furent rejetées; mais on reconnut en même
temps qu'il y avait quelque chose à faire, et, repre-
nant une disposition de l'acte additionnel, on déclara,
en 1817, les préfets, en 1820, les sous-préfets, inéligibles dans les départements ou dans les arrondissements qu'ils administraient.

Cependant l'invasion des fonctionnaires continuait,
augmentait, et deux faits importants se produisaient
simultanément dans les colléges électoraux et dans
la Chambre : d'une part, les colléges électoraux nommaient, à chaque élection, un nombre plus grand de
fonctionnaires : d'autre part, d'une élection à l'autre,
un nombre plus grand de députés briguaient ou ac-
ceptaient des fonctions publiques. De ces deux faits,
le dernier frappait surtout l'opinion et provoquait de
vives réclamations. De là, à la tribune et dans la
presse, des plaintes amères sur la servilité chaque jour
croissante, chaque jour plus manifeste de la Chambre
élective. C'est pour un article où ces plaintes étaient
rudement exprimées que le *Journal du Commerce,*
en 1826, fut traduit à la barre de la Chambre des
députés. A cette occasion, plusieurs membres de la
Chambre et M. Barthe, défenseur du journal incriminé, signalèrent énergiquement le danger qui menaçait l'indépendance de la Chambre. Mais personne
ne le fit avec plus d'autorité, avec plus d'effet que
M. Royer-Collard.

« L'article incriminé, dit M. Royer-Collard, fait

» allusion à deux faits : l'un, qu'il y a beaucoup d'é-
» migrés dans la Chambre ; l'autre, qu'il y a beau-
» coup de fonctionnaires. Ces deux faits sont de
» notoriété publique, et personne ne se défend de
» l'application. Les émigrés tiennent à honneur de
» l'avoir été, et les fonctionnaires, ce me semble,
» consentent parfaitement à l'être.

» Mais, de ce qu'il y a beaucoup d'émigrés dans
» la Chambre, le journaliste conclut que l'indemnité
» a été votée dans des intérêts personnels et que la
» Chambre protége les courtisans ; de ce qu'il y a
» beaucoup de fonctionnaires, le journaliste conclut
» que le crédit de la Chambre est singulièrement af-
» faibli, et qu'elle protége surtout les commis...

» Je crois, moi, que les émigrés qui siégent dans
» cette Chambre ont été mus, dans le vote de l'indem-
» nité, par des considérations fort supérieures à leur
» intérêt personnel ; mais il me plaît de le croire, ni
» la raison ni la morale ne m'en font un devoir. De
» même, je crois que les fonctionnaires apportent
» dans la Chambre et qu'ils y conservent une par-
» faite indépendance ; mais je ne suis pas obligé de
» le croire ni de le dire.

» La prudence commune, cette prudence aussi
» vieille que le genre humain, enseigne que la situa-
» tion particulière des hommes détermine leurs in-
» térêts, et qu'il faut s'attendre trop souvent que
» leurs intérêts déterminent leurs actions. Là où le
» contraire arrive, il y a de la vertu : elle seule opère

» ce miracle. Je le dis donc hautement, je le dis avec
» l'autorité de l'expérience universelle : il a fallu de
» la vertu aux émigrés pour se dégager de leurs in-
» térêts dans le vote de l'indemnité; il faut de la
» vertu aux fonctionnaires pour rester indépendants.
» Quel est maintenant le crime du journaliste? d'a-
» voir jugé la Chambre vulgairement, comme juge
» la prudence commune, comme juge l'histoire, et
» d'avoir cherché et trouvé l'esprit qui l'anime dans
» les lois ordinaires du cœur humain plutôt que dans
» les lois extraordinaires de la vertu..... Je vous le
» demande, messieurs : quel serait le degré de ser-
» vitude d'un peuple provoqué à parler et qui serait
» condamné à trouver toujours de la vertu à ceux
» qui gouvernent? »

Ce discours, d'une ironie si puissante, n'empêcha
pas la condamnation du *Journal du Commerce;* mais
le trait resta dans la blessure, et la cause des députés fonctionnaires fut, à partir de ce jour, perdue
devant le tribunal de l'opinion publique.

Cependant une idée avait surgi qui, sans prononcer aucune incompatibilité nouvelle, semblait devoir
porter au mal un remède efficace et diminuer notablement le nombre des députés fonctionnaires. Cette
idée, produite pour la première fois en 1817, par
M. de Villèle, et, depuis, reprise annuellement, tantôt
par la gauche, tantôt par la droite indépendante,
consistait à renvoyer devant le corps électoral,
comme on le fait en Angleterre, tout député qui ac-

cepterait soit de l'avancement, soit une fonction rétribuée. Jusqu'en 1828, la question, ainsi posée, était
restée au nombre de celles que l'on discute, mais sans
espoir d'un résultat sérieux et prochain. En 1828,
aussitôt après la chute de M. de Villèle, l'opposition,
victorieuse, s'en empara et entreprit de la conduire
à bonne fin. Dans ses termes, la proposition nouvelle
n'allait d'ailleurs pas plus loin que celles de M. de Villèle, en 1817, de M. Legraverend, en 1820, de M. Jan-
kowitz et de M. Boucher, dans les sessions subsé-
quentes. Mais, dans son esprit, elle était bien plus
large ; et, pour en comprendre toute la portée, il
suffit de lire, d'une part, le développement de M. de
Conny, auteur de la proposition, de l'autre, le rapport
de M. de Chantelauze. L'abus que M. de Conny attaque, il le déclare nettement, c'est l'envahissement
de la Chambre par les fonctionnaires publics, c'est
la prodigalité scandaleuse avec laquelle les emplois
sont distribués aux députés par les ministres. La proposition a donc pour but de diminuer le nombre des
fonctionnaires députés, et (ce sont les propres termes
du développement) « d'établir une barrière qui
» rende les députés étrangers à toute promotion de
» places, pendant la durée de leurs fonctions. » M. de
Conny veut, en un mot, « que la carrière des places
» ne s'ouvre plus que rarement et à de très-grandes
» distances pour les membres de la Chambre. » M. de
Chantelauze, au nom de l'unanimité de la commission, ne va pas aussi loin ; mais, tout en déclarant

que l'incompatibilité des fonctions publiques avec les
fonctions de député serait contraire à la Charte et au
bon sens, il reconnaît « qu'il est urgent d'empêcher
» que les députés ne spéculent sur leur mandat et ne
» fassent de leur élection un moyen de parvenir aux
» honneurs et d'accroître leur fortune. » Selon lui,
la proposition de M. de Conny doit avoir ce résultat,
et c'est pourquoi il en propose l'adoption.

La proposition fut, en effet, adoptée par la Chambre
des députés; mais la Chambre des pairs la rejeta,
après une discussion longue, approfondie, et qui ne
laisse aucun doute sur le but que l'on voulait atteindre. Qu'on lise cette discussion, à laquelle prirent part
les premiers orateurs de la Chambre, et qu'on dise
si, aux yeux de tous, aux yeux de ses défenseurs
comme de ses adversaires, la proposition ne devait
pas réduire notablement le nombre des députés fonctionnaires. Je ne veux point réimprimer le discours
de M. de Broglie, discours si souvent cité à la tribune, et dans lequel cet homme d'État attaquait avec
tant de verve, avec tant d'énergie « la prodigalité
» des emplois publics vis-à-vis de la Chambre élec-
» tive. » Je ne veux point reproduire le tableau si
vrai, si frappant qu'il présentait de toutes les profu-
sions à l'aide desquelles des ministres peu scrupu-
leux s'appliquaient, selon lui, à corrompre, à pervertir à la fois le gouvernement représentatif et
l'administration. Je veux seulement constater qu'en
soutenant la proposition, M. de Broglie espérait y

trouver un remède efficace au mal qu'il signalait. Je
veux constater qu'il s'agissait pour lui, non pas de
faire prévaloir un principe et d'obtenir une satisfaction théorique, mais de réformer en fait, dans la
pratique, un abus réel, un abus qui, disait-il, « était
» devenu énorme, monstrueux, intolérable. » Réformer l'abus, tel était le but. Soumettre les députés
à réélection, tel était le moyen; et, ce moyen, on
n'avait garde de penser qu'il pût être insuffisant; la
seule crainte que l'on eût, c'était, au contraire, qu'il
ne fût trop violent, trop radical, et qu'en fait il
n'exclût tous les fonctionnaires de la Chambre. Ainsi,
M. Pasquier, rapporteur de la commission, ne niait
pas l'abus; mais il fallait, selon lui, « prendre garde,
» en le supprimant, de tomber dans un abus plus
» dangereux et de revenir indirectement au prin-
» cipe de la Constituante. » M. Pasquier, si l'on en-
trait dans cette voie, préférait qu'on étendît le cercle
des incompatibilités.

Ainsi, en 1828, la question était celle-ci : on trouvait le nombre des fonctionnaires députés trop considérable pour que la Chambre pût être ou paraître
indépendante. On trouvait en outre que les emplois
publics avaient servi trop souvent à payer certains
services parlementaires, à récompenser certains votes, à faciliter certaines conversions, et que, dans
l'intérêt du Parlement comme dans l'intérêt de l'administration, il était temps de mettre un terme à ces
scandales. Puis, cela établi, on croyait qu'en soumet-

tant les députés fonctionnaires à la nécessité d'une réélection, en cas de promotion, les abus et les scandales cesseraient aussitôt. C'est cette pensée, c'est cette conviction qui dicta le paragraphe 3 de l'article 69 de la Charte et la loi du 14 septembre 1830.

Ou je m'abuse fort, ou ce sont là des faits démontrés. La question, dès lors, se réduit aux termes les plus simples : la loi de 1830 a-t-elle, comme on l'espérait, réduit notablement le nombre des députés fonctionnaires? La même loi a-t-elle prévenu ou puni les abus, les scandales dont on se plaignait? Qui peut nier que la question, ainsi posée, ne soit résolue par la notoriété publique? « Malgré mon res- » pect pour la chose jugée, dit M. le duc Pasquier, » dans la dernière édition de ses discours, je ne puis » m'empêcher de remarquer que le système adopté » depuis 1830 n'a point arrêté le cours des abus aux- » quels ceux qui l'ont fait prévaloir espéraient re- » médier. » C'est une opinion grave, et que ne récusera pas sans doute le parti conservateur. Voyons pourtant si l'on ne peut pas y ajouter l'autorité irrésistible de quelques chiffres.

Toutes les fois que ce débat s'est élevé dans la Chambre des députés, les adversaires de la proposition ont fait grand bruit d'un calcul de M. le duc de Broglie, en 1828, calcul duquel il semble résulter que, sur 1,400 députés, nommés de 1814 à 1828, 1,200 à peu près avaient accepté des fonctions publiques. Si les adversaires de la proposition avaient pris la peine de lire le débat tout entier, ils auraient vu que, dans son calcul, M. de Broglie faisait entrer beaucoup de fonctionnaires gratuits, les maires, par exemple, et les membres des conseils généraux. Ils auraient vu aussi que M. de Broglie évaluait à 130 le nombre des vrais fonctionnaires qui faisaient alors partie de la Chambre; et que ce nombre de 130 lui paraissait démesuré. Si, aujourd'hui, il y a plus de 130 fonctionnaires députés, il faut donc reconnaître que la loi de 1830, défendue, en 1828, par M. de Broglie, a complétement manqué son but. Or, voici comment, depuis la loi de 1830, les choses se sont passées : en 1831, au lendemain de la révolution, quand presque toutes les fonctions publiques avaient changé de mains, quand tout naturellement on avait dû choisir les fonctionnaires nouveaux parmi les hommes notables de la majorité libérale, une Chambre des députés fut élue. Dans de telles circonstances, il était naturel, presque inévitable, que beaucoup de fonctionnaires y prissent place. Ils atteignirent, en effet, le chiffre de 142, douze de plus qu'en 1828. Mais, je le répète, ce chiffre pouvait paraître exceptionnel, et l'on avait lieu de croire qu'il irait en diminuant, surtout après une loi qui déclarait absolument inéligibles les préfets, les sous-préfets, les comptables, et qui appliquait aux procureurs-généraux et aux commandants militaires le principe de l'incompatibilité relative. Or, depuis 1831, le chiffre des députés fonctionnaires a-t-il diminué? Tout au contraire. Ainsi, des tableaux, rédigés avec soin et distribués à la Chambre constatent que ce chiffre était, au 1er mars 1842, de 167; au 1er mars 1846, de 184. Il est, aujourd'hui de 193, dans une Chambre incomplète, et avant que certaines ambitions nouvelles aient eu le temps de se produire.

Ces chiffres sont significatifs par eux-mêmes. Ils le sont plus encore si on les décompose. Ainsi, la liste des fonctionnaires, aux trois époques de 1832, 1842, 1846, se subdivisait ainsi qu'il suit :

1832: — Administration centrale. 8
　　　Corps diplomatique. 2
　　　Conseil d'État. 8
　　　Cour des comptes. 3
　　　Magistrature inamovible. 36
　　　Magistrature amovible. 19
　　　Administrations diverses. 19
　　　Armée et marine. 40
　　　Maison civile et militaire du roi. 4

1842: — Administration centrale. 18
　　　Corps diplomatique. 4
　　　Conseil d'État.. 18
　　　Cour des comptes. 5
　　　Magistrature inamovible. 44
　　　Magistrature amovible. 18
　　　Administrations diverses. 23
　　　Armée et marine. 26
　　　Maison civile et militaire du roi. 11

1846:— Administration centrale. 20
    Corps diplomatique. 5
    Conseil d'État. . . . . · 24
    Cour des comptes. 7
    Magistrature inamovible. 48
    Magistrature amovible. 20
    Administrations diverses. 20
    Armée et marine. 29
    Maison civile et militaire du roi. 11

Quant au chiffre actuel, de 193, en voici les éléments :

1847:—Administration centrale. 24
    Corps diplomatique. 5
    Conseil d'État. 24
    Cour des comptes. 10
    Magistrature inamovible. 47
    Magistrature amovible. 20
    Administrations diverses. 17
    Armée et marine. 31
    Maison civile et militaire du roi. 14

Ainsi, de 1832 à 1846, le chiffre de l'armée et de la marine a diminué, celui de la magistrature est resté presque stationnaire; celui de l'administration centrale, de la Cour des comptes, du Conseil d'État, de la maison civile et militaire du roi a notablement augmenté. La conséquence, ce me semble, n'est pas difficile à tirer.

Il peut être curieux de placer à côté de ce tableau celui des fonctionnaires publics qui font partie de la Chambre des communes d'Angleterre. Le voici, d'après le *Parliamentary companion* de 1846 :

Ministres et sous-secrétaires d'État. 10
Lords et secrétaires de la trésorerie. . . . 6
Lords et secrétaires de l'amirauté. 5
Artillerie, bureau de commerce, bureau de contrôle. 6
Attorneys et avocats-généraux. 5
Maison de la reine et du prince Albert. . . 10
Armée. 52
Marine. 22
Emplois divers. 5

Il faut remarquer que les 42 fonctionnaires des six premières catégories sont tous des fonctionnaires politiques qui changent chaque fois que le cabinet change, et qui forment, en quelque sorte, le ministère. Il ne reste donc, à vrai dire, que l'armée et la marine, dont, en Angleterre, l'indépendance absolue n'est contestée par personne. En déduisant des deux côtés l'armée et la marine, on arrive, pour les autres catégories, aux résultats que voici.

En Angleterre, sur une Chambre de 658 membres, il y a 47 fonctionnaires, presque tous politiques, et qui suivent le sort du parti auquel ils appartiennent.

En France, sur une chambre de 459 membres, il y a, en dehors de l'armée et de la marine, 161 fonctionnaires, dont 12 ou 15 tout au plus se croient obligés de quitter leur place quand le ministère est renversé.

Ce n'est pas tout, et voici qui parle plus clairement encore : en 1832, sur les 142 fonctionnairesdéputés, il y en avait 66 qui votaient avec l'opposition. En 1842, il y en avait 48 sur 167; et, en 1846, 44 sur 184. Il y en a, aujourd'hui, 33 sur 193. Il résulte de là que, la majorité absolue restant fixée au chiffre de 230, on compte dans cette majorité : en 1832, 76 fonctionnaires; en 1842, 121 ; en 1846, 140; aujourd'hui, 160. Que dit-on de la progression? N'est-elle pas tout à fait rassurante, et n'est-ce pas fort à tort que l'opposition s'alarme pour l'indépendance de la Chambre et pour l'avenir du gouvernement représentatif?

Ce chiffre, tout énorme qu'il est, n'est d'ailleurs pas le chiffre véritable. Je citais tout à l'heure le bill par lequel Fox, en 1782, fit assimiler aux fonctionnaires salariés tous ceux qui avaient un intérêt direct ou indirect dans des marchés passés avec l'État. Croit-on que cette assimilation soit fausse, ou qu'en France, l'abus dont il s'agit soit moins à craindre qu'en Angleterre? Qu'aux 160 députés fonctionnaires on ajoute ceux que le bill de Fox exclurait, et qu'on dise si, en définitive, plus des deux tiers des membres de la majorité ne se trouvent pas, soit par leurs fonctions, soit par leurs intérêts privés, en rapport direct, étroit, avec les ministres. Je ne parle point de certaines faveurs plus secrètes, qui, malheureusement, ont souillé, dans tous les temps, les assemblées représentatives, et dont rien n'autorise à croire que l'époque actuelle soit plus pure que les époques précédentes.

Je le demande : en présence de tels chiffres, la démonstration n'est-elle pas complète, et quelqu'un peut-il soutenir de bonne foi que la loi de 1830 ait atteint son premier but, celui de ramener à des proportions plus modestes le nombre des députés fonctionnaires? Encore les choses n'ont-elles pas été jusqu'où elles iront, si la législation n'y met ordre. Avant les élections, on a publié dans les journaux une liste de 100 à 120 fonctionnaires, qui, en sus des 184 déjà membres de la Chambre, se présentaient aux électeurs. On peut prédire qu'en 1850 il y en aura plus encore. Ce n'est pas sérieusement d'ailleurs qu'on imagine répondre à tout, en disant que l'opposition choisit, comme la majorité, un certain nombre de ses candidats parmi les fonctionnaires. Les lois, même mauvaises, sont les mêmes pour tous tant qu'elles existent, et le premier devoir d'un parti, c'est de prendre, parmi les candidats qui représentent ses opinions, celui qui paraît avoir les meilleures chances.

Déclarer, par le fait, les fonctionnaires de l'opposition inéligibles, tandis que ceux de la majorité resteraient éligibles, ce serait le comble de l'absurdité, le comble de la duperie. Il était, en 1831, bon nom-

bre de conservateurs qui voulaient maintenir le cens
électoral à 300 francs et qui ont vivement regretté
qu'il fût abaissé à 200 francs. Je ne sache pas que,
pour rester fidèles à leur opinion, ils se soient abstenus
de solliciter les suffrages des électeurs qu'ils voulaient exclure, ou qu'ils leur aient conseillé l'absten-
tion. Tant que certains fonctionnaires seront éligibles
et tant que les électeurs paraîtront disposés à les
nommer, ils figureront donc sur les listes de l'opposition comme sur celles de la majorité, sans qu'il soit
possible d'en faire un reproche soit à l'opposition,
soit à la majorité. Cela prouve-t-il que l'invasion des
fonctionnaires ne soit point à craindre et que la loi
doive rester muette? A mon sens, cela prouve précisément tout le contraire. Si le corps électoral repoussait les fonctionnaires, la législation n'aurait point à
s'en occuper. Il faut que la législation s'en occupe,
parce que, malgré tous les avertissements, le corps
électoral leur est, chaque année, plus favorable. Il faut
que la législation s'en occupe, parce que les intérêts
particuliers tendent ainsi à dominer les intérêts généraux et à créer une Chambre qui représente les ministres, au lieu de représenter le pays.

Je le répète : la loi de 1830 n'a pas atteint son
premier but, celui de diminuer le nombre des députés fonctionnaires. A-t-elle atteint le second, celui
d'empêcher les nominations, les promotions abu-
sives et de mettre un terme à ce que M. Thiers appelait si justement, dans la séance du 17 mars 1846,

« le régime du passe-droit? » Ici j'éprouve quelque
embarras. Il est plus facile, surtout quand on a
l'honneur d'être membre de la Chambre, de toucher
aux chiffres qu'aux personnes. Je me borne, comme
M. de Broglie, en 1828, à invoquer la notoriété publique et à poser en fait qu'il y a eu, depuis quinze
ans, des abus *énormes, monstrueux, intolérables*. Nous
avons dans la Chambre des premiers présidents et
des maîtres des comptes, des procureurs généraux
et des directeurs des finances, des conseillers d'État
et des ministres plénipotentiaires, des officiers supérieurs et des référendaires ; dont plusieurs ont fait
leur chemin assez aisément, assez vite, sans quitter
les bancs de la Chambre. Pense-t-on qu'ils l'eussent
fait également si les électeurs ne leur eussent pas
mis une boule blanche et une boule noire dans la
main? Je ne serai point assez indiscret pour répéter
là-dessus tout ce que j'ai entendu dire dans la salle
des Conférences, non par l'opposition, mais par les
membres les plus dévoués, les plus honorables de
la majorité. Je me contente d'affirmer, sans crainte
d'être démenti, que de tristes nominations ont eu
lieu et que ces nominations ont, sur presque tous
les bancs, rencontré le même sentiment. Qu'on sorte,
au reste, de la Chambre et qu'on interroge, non publiquement, mais à part, un des innombrables fonctionnaires non députés auxquels les députés font
concurrence. En est-il un qui ne sache, qui ne dise
que, pour faire son chemin aujourd'hui, les services

parlementaires valent incomparablement .mieux que les autres services? En est-il un qui ne plie tristement, douloureusement sous le poids de cette fâcheuse conviction? C'est là, qu'on le sache bien, ce qui pousse vers la Chambre tant de fonctionnaires qui, dans d'autres circonstances, se tiendraient sagement à l'écart. Ils veulent devenir députés ; non pour entrer dans la carrière politique, mais pour avancer dans leur carrière administrative. Ce n'est point à eux qu'il faut en faire un reproche ; c'est au système dont la partialité corruptrice leur en fait presque une nécessité.

M. Thiers avait donc mille fois raison quand, dans la dernière session, il disait qu'il venait défendre le pouvoir en même temps que la Chambre, les fonctionnaires non députés en même temps que les députés non fonctionnaires, la justice administrative en même temps que l'indépendance parlementaire. Maintenant, si la loi de 1830 n'a point prévenu les abus, les a-t-elle du moins punis, non toujours, mais quelquefois, mais une fois sur dix? Pour en juger, que l'on compte parmi les députés soumis à réélection combien n'ont pas été réélus : deux ou trois tout au plus ! Je sais qu'on présente gravement ce fait comme une preuve de l'excellence des choix faits, depuis quinze ans, par tous les ministères. C'est précisément ainsi que raisonnait Walpole, en 1741, et c'est à ce beau raisonnement que les premiers hommes de la Chambre des lords répondaient par le considérant que j'ai déjà cité. Quand les électeurs attendent de leur député non des votes indépendants, mais des faveurs personnelles, pourquoi, comment ne le réé-liraient-ils pas au moment où son crédit augmente, où son pouvoir s'affermit? Ce serait rompre son bail à la veille d'une récolte abondante, abandonner sa propriété quand elle est en pleine valeur. Tout ce que l'on peut demander, c'est une part proportionnelle au produit, et, dans certains moments, cela ne se refuse guère.

Est-il besoin d'en dire davantage pour prouver que la loi de 1830 n'a point diminué le nombre des députés fonctionnaires, qu'elle n'a prévenu aucun scandale, qu'elle n'a réprimé aucun abus, et que les paroles si sévères de M. de Broglie, en 1828, sont aujourd'hui aussi vraies, plus vraies qu'elles ne l'étaient à cette époque? Maintenant, à ceux qui, pour se dispenser de rien faire en 1847, se retran-chent sans cesse derrière ce qu'on a fait en 1830, j'adresse cette seule question : quand à une maladie bien constatée, bien définie la médecine a opposé un remède qu'elle croyait efficace, mais qui a com-plétement échoué, que lui reste-t-il à faire? Doit-elle s'en tenir au remède qui a échoué, ou en chercher un autre? laisser mourir le malade ou avouer qu'elle s'est trompée?

Il faut, d'ailleurs, en convenir : si l'opposition tout entière est d'accord sur le mal, elle ne l'est pas au même point sur le remède ; et tout naturellement ceux qui croient la loi de 1830 suffisante profitent de ses dissentiments. Il est donc utile d'examiner par avance si, sur quelques points au moins, on ne pourrait pas s'accorder. Parmi les remèdes proposés, il en est d'abord un qui trancherait dans le vif: c'est celui qui, ainsi que le voulait la majorité des Communes, en 1706 et 1740, poserait en principe l'exclusion absolue des fonctionnaires, tout en exceptant de la règle commune certains emplois politiques. De cette façon, on limiterait strictement le nombre des fonctionnaires, et on fermerait la porte à toute nomination, à tout avancement scandaleux. Si la constitution sociale de la France ressemblait à celle de l'Angleterre, j'inclinerais fort vers ce remède, tout radical qu'il est. Mais le législateur, s'il est sensé, doit tenir compte des faits et ne pas bâtir dans le vide. Or, il faut reconnaître que la France ne possède pas, comme l'Angleterre, une classe élevée pour la vie publique, et qui se destine, dès l'enfance, non aux emplois, mais au gouvernement. La Chambre des députés doit donc se recruter indistinctement dans les diverses professions dont la société se compose; et, parmi ces professions, celle de fonctionnaire est incontestablement une des plus nombreuses, une des plus honorables, une des plus éclairées, peut-être même une de celles où l'idée de l'intérêt public s'efface le moins devant celle de l'intérêt privé. Comment sans injustice, sans dommage pour le pays, exclure de la Chambre cette profession tout entière?

Comment admettre l'avocat, non le magistrat, le commerçant, non le militaire? M. de Rémusat et M. Thiers l'ont parfaitement démontré: la Chambre doit être la représentation fidèle, exacte, sincère de la société, dans toutes ses parties et dans ses proportions véritables. Le serait-elle, si une classe influente et considérable se trouvait absolument écartée?

La solution radicale mise de côté, il s'en présente plusieurs qui se sont successivement produites, et qui, après une épuration nécessaire, ont abouti, en définitive, aux deux idées que voici : selon les uns, pour atteindre le mal sûrement et promptement, il faut, sans déclarer aucune fonction incompatible avec la fonction de député, interdire aux députés, une fois nommés, toute promotion et tout avancement; selon les autres, il vaut mieux, à l'exemple de l'Angleterre, suivre la voie ouverte par la loi de 1831 et ajouter aux incompatibilités établies d'autres incompatibilités. En 1840, M. de Remilly, au nom de plusieurs conservateurs, proposa la première solution; tandis que M. Thiers, au nom du ministère, qu'il présidait, déclarait sa préférence pour la seconde. Plus tard, en y regardant de près, on s'est aperçu que, dans une certaine mesure, toutes deux étaient bonnes, et qu'au lieu de les opposer l'une à l'autre, il convenait de les réunir et de les associer. De là le projet présenté par M. Ganneron, repris par M. de Rémusat, complété par M. Odilon Barrot. De là le projet qui, dans la dernière Chambre, a provoqué un si grand débat et qui, soutenu par une minorité de 184 voix, a succombé devant une majorité de 232 conservateurs, dont 133 fonctionnaires.

Quand, au lieu d'écarter la proposition par une fin de non recevoir, la Chambre voudra bien la discuter, il sera temps d'en apprécier les détails et d'examiner les objections secondaires qu'elle soulève. Je veux seulement aujourd'hui poser quelques principes et montrer que, pour atteindre le double but que la loi de 1830 a marqué, les deux parties de la proposition sont absolument nécessaires. Je commence par la partie la plus importante, selon moi, celle qui tend à élargir le cercle des incompatibilités.

La question générale de savoir quels sont dans le gouvernement représentatif, tel qu'il existe en France, ceux des fonctionnaires publics qui ont un caractère vraiment politique et qui doivent s'associer à la pensée ministérielle, est une des questions les plus sérieuses, les plus difficiles, les plus délicates qu'il y ait, une de celles dont la solution implique les plus graves conséquences. Je prends tout de suite un exemple, le plus simple et le plus frappant de tous : on semble généralement admettre que les préfets et sous-préfets sont les collaborateurs politiques des ministres, et qu'il leur est non-seulement permis, mais imposé de faire prévaloir, au moyen de leur influence, tel ou tel système, telle ou telle opinion. La conséquence logique de cette théorie, c'est que les préfets et sous-préfets, s'ils ne sont pas de pures machines, doivent être changés chaque fois que la politique change. Je discutais, un jour, cette question avec un sous-préfet qui n'entendait point se réduire à un rôle purement administratif. « Qu'aurais-je à faire dans ma sous-préfecture, me disait-il, si je ne m'occupais pas de prouver que le *Journal des Débats* a raison contre le *Siècle?* — C'est à merveille, lui répondis-je; mais alors vous êtes bien résolu à quitter votre sous-préfecture, le jour où le ministère tombera? — Pourquoi cela? — Parce que, d'après votre doctrine, vous vous verriez dans la nécessité de prouver que le *Siècle* a raison contre le *Journal des Débats,* et que cela devrait vous être fort pénible. » A mon argument le sous-préfet en question objecta que la politique reste souvent la même, bien que le ministère change. Cela s'est vu en effet; mais il faut espérer que cela ne se verra plus, et, dans tous les cas, ce n'est point l'état normal du gouvernement représentatif.

Plus on approfondit cette question, plus on se persuade que, dans un pays de centralisation, comme la France, il est impossible, sans avilir l'administration ou sans la désorganiser périodiquement, d'attribuer le caractère politique à un grand nombre de fonctions publiques; plus on se persuade qu'après deux ou trois changements sérieux de cabinet, tout le monde sentira la nécessité de réduire l'action politique de la plupart des fonctionnaires, même des préfets et sous-préfets, à la défense de la dynastie et des institutions constitutionnelles. En attendant, il est nécessaire de prendre les choses telles qu'elles sont. Or, quand on soumet à une analyse rigoureuse les diverses classes de fonctionnaires, on découvre bientôt qu'ils sont de trois sortes : 1° ceux dont les fonctions sont complétement, incontestablement politiques, et qui, collaborateurs obligés des ministres, ne peuvent, sans un trouble profond, se séparer d'eux dans la Chambre ou hors de la Chambre ; 2° ceux qui occupent des emplois auxquels la politique est ou doit rester étrangère, et qui peuvent, sans dommage pour l'État, partager ou ne pas partager les opinions ministérielles ; 3° ceux enfin qui, intermédiaires entre les uns et les autres, ont un caractère semi-politique, semi-administratif, un caractère qui, sans les associer entièrement au système ministériel, ne leur permet pas de s'en faire ouvertement les contradicteurs. Il est sans doute telle ou telle fonction qu'on peut hésiter à ranger dans l'une ou l'autre de ces catégories. On ne peut nier qu'elles n'existent toutes les trois et qu'il ne soit possible, sinon facile, de les distinguer les unes des autres.

Maintenant, en supposant cette classification faite, rien de plus simple que de déterminer, non pas arbitrairement, mais d'après une règle positive, quels fonctionnaires doivent ou ne doivent pas être éligibles. Point de difficulté d'abord pour la première classe, celle des fonctionnaires vraiment politiques, des fonctionnaires qui, dans tous les systèmes, même dans le système radical, peuvent et doivent rester membres de la Chambre. Quand leurs amis arrivent au pouvoir, ils y arrivent avec eux. Ils en sortent avec eux, quand la majorité les abandonne. A vrai dire, ils font partie du ministère, dans des situations inférieures à celle de ministre, mais avec les mêmes devoirs comme avec les mêmes droits.

Pour la seconde classe, il est, ce me semble, une distinction à faire. Puisque les fonctionnaires dont cette classe se compose sont étrangers à la politique et maîtres de leur opinion, il est naturel, il est juste qu'ils puissent siéger dans la Chambre, à condition que leur indépendance soit bien reconnue, bien garantie, et que, dans aucun cas, un ministre quelconque ne puisse, directement ou indirectement, leur demander compte de leur vote. Mais, à défaut de l'intimidation, la séduction pourrait encore avoir prise. On ne craint pas d'être destitué, mais on désire avancer; et, si l'avancement n'est pas interdit aux députés, on peut, devant ce désir, pour peu qu'il soit vif, abaisser son indépendance. Je suis donc porté à croire que, dans cette classe de fonctionnaires, il serait utile de placer l'éligibilité à une certaine hauteur. On prétend qu'on établirait ainsi entre les grands et les petits fonctionnaires une distinction absurde et odieuse. Pas plus absurde, pas plus odieuse que celle qui est établie par la loi actuelle entre les citoyens qui payent 500 fr. d'impôt et ceux qui payent 490 fr. Quand il s'agit d'élection ou d'éligibilité, il faut toujours s'arrêter à un certain point et déterminer une certaine limite, limite plus facile à critiquer qu'à justifier, mais qui n'en est pas moins le produit de l'observation et de la réflexion combinées. Pour échapper à cette nécessité, pour éviter cet inconvénient, il n'est qu'un moyen : c'est de supprimer absolument l'élection ou de la donner à tous.

Reste la dernière classe, celle des fonctionnaires que la politique et l'administration revendiquent à la fois. Pour assigner à ces fonctionnaires leur vrai caractère et pour faire, en ce qui les concerne, la part de l'indépendance parlementaire, tout en maintenant celle de l'autorité ministérielle, M. Guizot, depuis dix ans, a inventé successivement deux ou trois théories. C'étaient : d'abord le vote silencieux, distingué du vote ostensible; puis le vote sur les questions spéciales, distingué du vote sur la politique générale. Les fonctionnaires dont il s'agit étaient libres, quant à l'un, et dépendants, quant à l'autre. Qui ne comprend que ce sont là des distinctions puériles et de vaines subtilités? Qui ne comprend que la liberté du vote est indivisible, qu'elle est tout entière, ou n'est pas? Au lieu de s'égarer, de se perdre dans cette logomachie, qu'on veuille bien tout simplement se placer au milieu de la Chambre et examiner quel est, quel peut être, le lendemain d'une révolution ministérielle, le rôle de certains fonctionnaires. Hier, pour sauver l'ancien ministère, on leur a fait déclarer par leur vote que telle ou telle politique est digne et ferme au dehors, honnête et modérée au dedans. Aujourd'hui, pour consolider le ministère nouveau, on leur demande de déclarer que la même politique est faible et basse au dehors, violente et corruptrice au dedans. Que feront-ils? Ce n'est point là une question spéciale; et, depuis l'abolition du scrutin secret, il n'y a plus guère de vote silencieux. Encore une fois, que feront-ils? L'alternative est claire. Ou bien, fidèles à leur parti, à leurs précédents, on les verra sacrifier leurs places, renoncer à leur carrière, et, s'ils sont nombreux, jeter dans plusieurs branches de l'administration le désordre et l'instabilité; ou bien, transportant d'un parti, d'un système, d'un ministère à l'autre la banalité de leur dévouement, ils donneront le triste et honteux spectacle de trente à quarante députés sans opinion, sans conscience politique, que toute majorité possède, que tout ministère transmet à ses successeurs, comme un troupeau ou comme un mobilier! Croit-on que cela soit bon pour la Chambre, pour le gouvernement, pour les fonctionnaires eux-mêmes? Croit-on qu'il ne vaille pas cent fois mieux, en leur fermant les portes du Parlement, mettre à la fois à couvert leur existence et leur dignité?

Des fonctions politiques et des fonctions non politiques, compatibles avec les fonctions de député, mais à condition : pour les premières, de rester soumises à toutes les vicissitudes ministérielles; pour les der-

nières, d'assurer à ceux qui les occupent l'entière
liberté de leur vote ; puis, entre les unes et les autres, le principe d'incompatibilité rigoureusement
appliqué à toutes les fonctions qui participent assez
de la politique pour ne pas laisser une indépendance
complète, assez de l'administration pour qu'il ne soit
pas nécessaire de les quitter chaque fois que le ministère change, voilà, ce me semble, la pensée qui
doit dominer tout le projet. Maintenant, la proposition
de M. de Rémusat correspond-elle exactement à cette
pensée? C'est, je le répète, ce qu'on pourra examiner, quand la Chambre voudra bien passer à la discussion des articles. Il suffit, quant à présent, que le
principe soit nettement établi.

J'arrive à la catégorie qui, soit dans la Chambre
même, soit au dehors, a fait le plus de bruit et ex-
cité l'émotion la plus vive : celle de la maison civile
et militaire du roi. Pour qu'une proposition aussi
simple, aussi légitime, aussi respectueuse ait rencontré tant de résistance et soulevé tant de colère,
il faut que, depuis quelques années, en France,
l'esprit courtisan ait fait de notables progrès. Pour
ma part, je suis convaincu que, de toutes les incompatibilités, celle dont il s'agit est la plus juste et
la plus nécessaire. On peut repousser le principe des
incompatibilités ; on ne peut pas l'admettre sans que
la maison du roi y prenne la première place.

La question de principe est facile à vider. D'après
la Charte, il y a trois pouvoirs, dont chacun a ses

droits et ses devoirs, ses prérogatives et ses attributions régulières et constitutionnelles. L'esprit de
la Charte permet-il qu'un de ces pouvoirs vienne,
par délégation, siéger ostensiblement au sein de l'autre, et qu'il exerce ainsi sur ses délibérations intérieures une influence directe et positive? L'esprit de
la Charte permet-il en outre qu'entre la couronne et
le Parlement il y ait d'autres intermédiaires que les
ministres? A mon sens, cela n'est pas plus tolérable
dans l'hypothèse du roi qui gouverne que dans
l'hypothèse du roi qui ne gouverne pas, dans la
théorie du gouvernement consultatif que dans la
théorie du gouvernement représentatif véritable.
Élevez le pouvoir royal, abaissez le pouvoir parlementaire autant qu'il vous plaira ; toujours faudra-t-
il qu'il existe entre eux certaines limites et que ces
limites soient respectées. Elles ne le sont pas, quand
la couronne peut parler et voter au sein du Parlement.

J'ai déjà montré combien, en ce qui touche les
rapports de la couronne avec le Parlement, les
grands parlementaires anglais se sont toujours mon-
trés jaloux et susceptibles. En voici un exemple qui
va plus droit encore à la question : en 4783, quand
le bill de l'Inde fut rejeté par la Chambre des lords,
on apprit que le roi George III s'était servi de lord
Temple pour faire savoir aux gentilshommes de la
Chambre qu'il désirait le rejet du bill en question.
Alors la Chambre des communes prit feu, et, par la

voix de M. Baker, de lord Maitland, de M. Fox, de lord North, revendiqua avec la dernière énergie les droits méconnus du Parlement. « La Constitution, » dirent-ils, a sagement établi l'indépendance mu- » tuelle des grands pouvoirs de l'État; or, que de- » viendra cette indépendance, si l'un de ces pou- » voirs peut exercer sur les autres une influence » mystérieuse? que deviendra-t-elle, si le roi, sans » cesser d'être inviolable, intervient, directement ou » indirectement, dans les délibérations parlementai- » res? que deviendra-t-elle, s'il peut porter la ma- » jorité d'un côté ou de l'autre, au moyen de ses » gentilshommes de la Chambre, instruments pas- » sifs et dévoués d'une volonté supérieure, vérita- » bles janissaires, toujours prêts à étrangler qui- » conque déplaît au maître? Il faut le dire avec » franchise : dans un tel système il n'y a plus de » Parlement, plus de Constitution, plus de liberté. » Ce débat se termina par une résolution adoptée à une grande majorité, et par laquelle l'exercice de toute influence secrète sur les votes parlementaires fut déclarée « contraire à l'honneur de la couronne, » attentatoire aux priviléges du Parlement, subver- » sive de la Constitution établie. » En outre, pour éviter une accusation qui le menaçait, lord Temple, tout récemment nommé ministre, fut obligé de don- ner sa démission.

Ainsi, sur la question de droit point de doute. Quant à la question de fait, il faut reconnaître que, si la théorie du roi qui ne gouverne pas était si bien reconnue, si exactement pratiquée qu'aucune déviation ne pût même être soupçonnée, la question de fait perdrait beaucoup de son importance. Mais c'est là l'idéal du gouvernement représentatif, un idéal qui jamais n'a été complétement réalisé. Or, quand le roi a une opinion, il est difficile que sa maison l'ignore; et, quand elle la connaît, il est difficile qu'elle en adopte une contraire. Quoi que l'on dise, quoi que l'on fasse, on n'empêchera pas que dans certaines paroles, dans certains votes, tout le monde ne croie trouver un écho, un reflet de la pensée royale; on n'empêchera pas qu'aux yeux de tous, la royauté elle-même, la royauté non couverte par ses ministres ne paraisse siéger au milieu du Parlement. Qui, parmi les députés de 1831, ne se souvient d'avoir vu Casimir Périer s'étonner, s'indigner hautement quand, dans quelque circonstance importante, un membre de la maison civile et militaire du roi se levait avec l'opposition? qui, parmi les députés de 1836, ignore que plusieurs ministres du 11 octobre, le jour où ils perdirent la majorité, attribuèrent leur chute à trois ou quatre défections de même origine, et qu'ils en conçurent un vif ressentiment? qui enfin, parmi les députés de 1845, a oublié l'interprétation qui, à la veille de l'adrésse, fut donnée à quelques votes peu prévus, et l'effet qui s'ensuivit? Nier que cela soit ou que cela doive être, c'est vraiment nier l'évidence.

Aujourd'hui d'ailleurs, il faut l'avouer, la situation de la maison du roi est fort simple et fort commode. La politique du roi est celle des ministres, celle de la majorité; de sorte qu'en votant avec la majorité, avec les ministres, la maison du roi peut à la fois suivre ses penchants et se conformer à ses instructions. Mais si le gouvernement représentatif, en France, est autre chose qu'un vain mot, cette situation cessera. La presse royale et ministérielle le reconnaît elle-même quand, tout en maintenant pour le roi le droit d'avoir une politique, elle déclare qu'il doit céder, le jour où cette politique cesse d'être celle de la majorité. Quelle peut être alors, dans la Chambre, l'attitude de la maison civile et militaire du roi? J'estime trop les honorables députés qui en font partie pour croire qu'ils portent au ministère nouveau, si ce ministère contrarie leur opinion, l'appui d'un vote forcé. Ils iront donc à l'opposition, et l'antagonisme des pouvoirs aura, au milieu de la Chambre même, un signe visible. Et ce n'est pas seulement dans leurs votes ou dans leurs discours qu'on cherchera l'expression vraie de la politique royale, de cette politique vaincue, mais toujours menaçante; c'est dans leurs conversations, dans leurs gestes et dans les exclamations les plus fugitives qui leur échapperont sur leurs bancs. Ce sera entre la majorité de la Chambre et la couronne un état permanent, apparent de méfiance et d'hostilité; ce sera pour l'une comme pour l'autre un affaiblissement et un danger.

Remarquez que je m'en tiens aux inconvénients naturels, nécessaires d'une telle situation. J'aurais bien autre chose à dire si je supposais la couronne travaillant dans l'ombre, comme George III, contre son ministère, et les députés qui l'entourent devenant, comme en 1783 les gentilshommes de la Chambre, les complices et les instruments de cette manœuvre mystérieuse. Puisque cela s'est vu dans un pays, cela peut se voir dans l'autre; et ce n'est point, je pense, faire injure aux rois constitutionnels de la France que de les comparer à George III.

Pour prévenir ces désordres, il n'est que deux moyens : l'un, de mettre tous les emplois de la maison civile et militaire du roi à la discrétion des ministres; l'autre, de les laisser à la disposition du roi, mais en fermant à ceux qui les occupent l'entrée de la Chambre. C'est entre ces deux moyens que nous sommes obligés de choisir.

Le premier, on le sait, est celui qu'a choisi l'Angleterre. Quelques emplois inférieurs de la maison du roi sont exclus de la Chambre; mais les emplois supérieurs y sont admis, et les ministres, quand ils arrivent au pouvoir, en disposent librement en faveur de leurs amis. Tel est le principe établi, consacré par une longue suite de précédents. A une époque toute récente, en 1839, la question se posa sur une des conséquences les plus singulières, les plus excessives de ce principe : sir Robert Peel, appelé par la reine et chargé de former un cabinet, avait obtenu d'elle sans difficulté le renvoi de tous les officiers de sa maison qui faisaient partie des deux Chambres; mais il exigeait en outre la destitution des dames d'honneur, et la reine, froissée dans ses affections, contrariée dans ses habitudes, refusait d'aller jusque-là. Sir Robert Peel, par une lettre ferme et respectueuse, déclina alors les fonctions de premier ministre, et une explication s'ensuivit dans les deux Chambres. A la Chambre des lords, ce fut le duc de Wellington qui porta la parole. Il déclara nettement que, « selon lui, il était impossible de se » charger du gouvernement sans avoir sur la maison » royale l'influence et le contrôle dont les cabinets » précédents avaient toujours joui. » Il ajouta que, » lorsqu'une reine était sur le trône, on ne pouvait » dire que les fonctions de dames d'honneur ne fussent pas des fonctions politiques. L'histoire offrait » une foule d'exemples d'influences pernicieuses qui » s'étaient ainsi exercées, au grand détriment de la » chose publique. » A la Chambre des communes, sir Robert Peel entra dans de plus longs détails. Il reconnut que, pour les officiers de la maison royale, la reine n'avait rien refusé à ses ministres. Mais le ministre ne pouvait renoncer au droit de faire, parmi les dames d'honneur, les changements qui lui paraîtraient nécessaires. « Les fonctions de premier ministre, dit sir Robert Peel, sont les plus hautes et » les plus difficiles qu'il y ait. Il serait peu raison- » nable de les accepter sans obtenir tout l'appui né-

» cessaire.. Or, n'est-il pas évident que si les pre-
» mières charges de la maison royale étaient occupées
» par les parents, par les amis des adversaires et des
» rivaux du ministère nouveau, celui-ci ne paraîtrait
» pas investi de la confiance de la couronne?... Que
» l'on remonte à d'autres temps, que l'on prenne
» Pitt, Fox ou tout autre ministre de ce noble pays,
» et qu'ils disent s'ils auraient souffert que la femme
» ou la sœur de leurs principaux adversaires entou-
» rassent la personne royale. L'intérêt public ne
» souffrira pas de l'avortement du ministère. Il
» souffrirait gravement si j'abandonnais mes de-
» voirs envers moi-même, envers le pays, envers
» la reine; il souffrirait si je consentais à garder
» le pouvoir à des conditions incompatibles, selon
» moi, avec l'autorité et les devoirs de premier
» ministre. »

Lord John Russell, qui répondit à sir Robert Peel,
lui donna raison *en droit*, mais lui reprocha d'avoir,
en fait, dépassé la juste mesure. Il lut ensuite l'avis
écrit du ministère whig. Voici les termes mêmes de
cet avis :

« Le cabinet pense que, pour donner à une admi-
» nistration un caractère suffisant d'efficacité et de
» stabilité, il est raisonnable que les grands offices
» de la couronne et les emplois de la maison du roi,
» *s'ils sont occupés par des membres du Parlement,*
» soient compris dans les arrangements politiques
» qui ont lieu à chaque changement de ministère,

» mais que ce principe ne doit pas être étendu aux
» emplois des dames de la maison royale. »

On sait que sir Robert Peel, quand, en 1841, il
vint au pouvoir, appuyé par une majorité nombreuse,
persista dans son opinion, et que, pour cette fois,
les dames d'honneur furent changées.

Ainsi, entre les deux grands partis constitutionnels de l'Angleterre, accord parfait, hormis en un
seul point. Quant aux membres du Parlement qui
font partie de la maison royale, c'est l'avis de lord
Melbourne comme du duc de Wellington, de lord
John Russell comme de sir Robert Peel, que l'opposition ne leur est pas permise et que, par conséquent,
ils doivent être, à chaque changement de ministère,
choisis par les nouveaux ministres. J'ajoute que, l'an
passé, ce principe a reçu une nouvelle sanction par
la démission du marquis de Granby et de plusieurs
autres officiers de la maison royale ou de la maison
du prince Albert, quand ils ont voulu, dans la question des céréales, voter contre sir Robert Peel.

Qu'on n'équivoque donc pas. En Angleterre, ce
n'est point la couronne qui envoie ses délégués au
Parlement, c'est le Parlement qui envoie les siens à
la couronne; c'est la majorité qui veut, en quelque
sorte, tenir garnison dans la maison royale. On peut
juger, d'après cela, de ce qu'il y avait de sérieux,
de sincère dans l'argumentation de MM. Guizot et
Duchâtel, quand à l'amendement de M. Odilon-
Barrot ils opposaient l'exemple de l'Angleterre. Des

deux moyens qui peuvent empêcher un contact direct et une lutte visible entre la couronne et le Parlement, l'Angleterre a choisi le plus dur, le plus blessant, le plus radical; nous proposons le plus doux, le plus respectueux, le plus modéré, et l'on nous objecte l'Angleterre! Eh bien! soit. Qu'il reste bien entendu que, le jour où l'opposition aura la majorité, elle disposera de tous les emplois civils et militaires de la maison royale, comme des emplois ministériels! Qu'il reste bien entendu qu'elle choisira, parmi ceux qui partagent ses principes, l'intendant de la liste civile, comme les secrétaires des commandements, les aides-de-camp et les officiers d'ordonnance, comme les bibliothécaires! Qu'il reste bien entendu que, fermant ainsi tout accès aux opinions qui ne sont pas les siennes, elle placera la personne royale, quelle qu'elle soit, dans une atmosphère toute libérale! A ce prix l'amendement peut disparaître, et M. Odilon-Barrot, j'en suis convaincu, en fera volontiers le sacrifice. MM. Guizot et Duchâtel se chargent-ils d'obtenir ailleurs le même assentiment et de terminer ainsi le débat?

En attendant la solution radicale, il faut s'en tenir à la solution modérée et comprendre la maison civile et militaire du roi dans les incompatibilités.

Supposons, à présent, que la liste des incompatibilités soit faite et que, sous une forme ou sous une autre, certaines classes de fonctionnaires aient été exclues de la Chambre élective: tout est-il fini, et ne

reste-t-il aucune précaution à prendre? Tout le monde
en convient : s'il est un exemple déplorable, funeste,
contagieux, c'est celui d'hommes choisis par leurs
concitoyens pour défendre les intérêts généraux, et
qui cherchent dans leurs fonctions non l'honneur,
mais le profit, non l'avantage de servir une cause,
mais celui de faire leurs affaires personnelles. Toutes
les fois qu'un député obtient, pour prix de sa complaisance, une place à laquelle il n'est pas naturellement appelé, c'est un mal qui, loin de s'arrêter
là, descend de proche en proche dans toutes les ré-
gions, dans toutes les classes où s'agitent, où fer-
mentent l'ambition et la cupidité. M. de Rémilly
obéissait à cette pensée quand, en 1840, il proposa
d'interdire absolument aux députés l'accès des fonctions publiques et toute espèce d'avancement. Ainsi
se trouvaient coupés dans leur racine, taris à leur
source les abus et les scandales dont l'honnêteté
publique se préoccupe. Il faut néanmoins reconnaître que le remède est aussi rude qu'efficace. Interdire aux députés non fonctionnaires tout accès dans
la carrière des fonctions non politiques, rien de plus
simple et de plus juste; mais admettre certaines classes
de fonctionnaires et les priver de tout droit à l'avancement, même légitime, même hiérarchique, n'est-
ce pas retirer, d'une main, ce qu'on donne de l'autre
et tenir la porte de la Chambre à la fois ouverte et
fermée? Dans la proposition de M. de Rémusat cette
considération a prévalu; et, pour les députés, fonc-

tionnaires au moment de leur nomination, l'avancement hiérarchique n'a point été interdit.

Je sais que ce système soulève, à son tour, de graves objections et qu'on y voit, entre les députés fonctionnaires et les députés qui ne le sont pas, une inégalité tout à fait choquante. On peut répondre à cela : d'une part, que les fonctions politiques resteront toujours ouvertes aux députés non fonctionnaires ; de l'autre, que, si les fonctionnaires d'un rang peu élevé sont frappés d'inéligibilité, l'inégalité dont on parle sera plus nominale que réelle. Je reconnais pourtant la force de l'objection, et je désire que, par quelque combinaison habile, on puisse concilier les deux systèmes. Ce qui importe surtout, c'est que les difficultés secondaires ne fassent pas oublier le but vers lequel on doit tendre et dont on est si loin encore. Ce qui importe, c'est que la pureté de la Chambre soit mise à l'abri de toute atteinte, et que, cent ans après Walpole, les doctrines et le langage de Walpole ne revivent pas au sein d'un autre Parlement.

Il est curieux, d'ailleurs, qu'aujourd'hui comme alors on veuille défendre la corruption parlementaire par son étendue même et par la multitude de ses ressources. A quoi bon, dit-on, empêcher les députés de solliciter pour eux-mêmes, puisqu'on ne les empêchera pas de solliciter pour leurs parents, pour leurs amis, pour leurs électeurs ? A quoi bon fermer une des issues de la corruption, puisqu'on ne peut pas les fermer toutes ? A ce compte, on devrait proposer de supprimer toutes les garanties, parce qu'elles ne préviennent pas tous les abus; d'abolir toutes les constitutions, parce qu'elles ne sont pas efficaces contre toutes les tyrannies; de déchirer le Code pénal, parce qu'il ne prévient pas tous les crimes. On devrait proposer aussi de rétablir les jeux publics et la loterie, puisque la suppression de la loterie et des jeux publics n'a pas éteint une funeste passion. Ce sont là des sophismes dont l'école doctrinaire a fait cent fois justice, lorsqu'elle était jeune et qu'on la croyait austère. Faut-il, quand elle les exploite à son tour, que ses anciens disciples lui disent ce que Fox disait à lord North, en 1780 : « De » tous les principes que vous nous avez enseignés, il » n'en est pas un seul que vous n'ayez trahi ? »

En résumé, une des conditions essentielles du gouvernement représentatif, c'est que la Chambre élective soit toujours indépendante et pure. Elle ne saurait être indépendante tant que les fonctionnaires formeront les deux tiers de la majorité. Elle ne saurait être pure tant que les députés pourront exploiter leur position au profit de leurs intérêts particuliers. Or, dans l'état actuel de la législation, ces deux choses sont non-seulement possibles, mais probables, si ce n'est certaines. De là la nécessité d'une réforme qui réduise considérablement le nombre des fonctionnaires et qui enlève à la corruption parlementaire ses moyens les plus puissants. Sans regarder comme infaillible le remède que l'opposition propose

en vain depuis quatre ans, je le crois bon et je désire qu'on en essaie. Si l'on en imagine un meilleur,
je suis d'ailleurs tout prêt à m'y rallier. Mais qu'on
ne croie pas tromper le pays, soit en niant le mal,
soit en refusant les uns après les autres tous les remèdes proposés. Ce qu'il y a de pis, c'est de ne rien
faire; et quiconque aboutit à cette conclusion donne
à croire qu'au fond, la corruption n'a rien qui lui
déplaise, et qu'il est bien près de devenir, s'il ne
l'est déjà, corrupteur ou corrompu.

CHAPITRE V.

La souveraineté nationale est inscrite en tête de la Charte de 1830. Cela veut dire que la France s'appartient à elle-même et que ni une personne , ni une famille, ni une classe n'a le droit d'en disposer. Cela veut dire encore que les intérêts particuliers ne doivent jamais se mettre au-dessus des intérêts généraux, et que le pays est maître et capable de se gouverner. Faut-il en conclure que chaque individu, quelle que soit sa position , quelles que soient ses lumières, ait le droit absolu de participer par son vote au gouvernement et, comme on le dit, de n'obéir qu'à des lois , de ne payer que des impôts auxquels il a consenti? Faut-il en conclure, en d'autres termes, que le vote électoral soit, comme la liberté religieuse , comme la liberté individuelle, comme la liberté de la pensée, au nombre des droits naturels, permanents, universels, au nombre des droits d'éternelle justice, « de ces droits (selon la belle ex-» pression de M. de La Fayette) qu'il n'est permis » à aucune puissance, pas même à une nation tout

» entière, de violer, pas même envers un seul
» homme? » Faut-il en conclure enfin que toutes
les lois électorales de la France et toutes celles de
l'Angleterre aient jusqu'ici reposé sur l'injustice,
consacré l'oppression?

C'est là, on le comprend, une question fort grave
et qu'il est impossible de passer sous silence. Cette
question d'ailleurs se rattache étroitement à l'idée
qu'on se fait de la souveraineté en elle-même, de
sa nature et de ses limites. Ainsi, pour ceux qui
croient à la souveraineté du nombre, le pouvoir,
dans la rigueur de la logique, appartient à la majorité des individus, des volontés, et doit être absolu.
Pour ceux qui font résider la souveraineté dans la
justice et dans la raison, le pouvoir appartient à la
majorité des droits, des intérêts, et doit être limité.
Il est bon de remarquer d'ailleurs que, fort éloignées
dans la théorie, les deux opinions tendent beaucoup
à se rapprocher dans la pratique. Ainsi, parmi les
partisans de la souveraineté du nombre, il s'en
trouve peu qui pèsent au même poids le suffrage
d'un idiot et celui d'un homme de génie, ou qui
soient d'avis de livrer la minorité, sans protection,
sans garantie, à la toute-puissance de la majorité.
D'un autre côté, parmi les défenseurs de la souveraineté de la raison, il ne s'en trouve pas qui attribuent
à la raison le don de se manifester sous une forme sensible ou de se révéler mystérieurement à quelques esprits d'élite. Malgré qu'on en ait, il faut donc en

venir.: ceux-là à limiter la souveraineté du nombre,
au nom de la raison et de la justice; ceux-ci à déléguer au nombre, dans une certaine mesure, la souveraineté de la raison. Pour ma part, entre cette formule : « l'aptitude confère le droit », et cette autre
formule : « le droit appartient à tous, mais sous la
condition que l'aptitude en précède l'exercice », je
ne vois pas, en fait, une très-grande différence. Ce
sont, à ce qu'il me semble, deux manières de parler
plutôt que de penser et d'agir.

Quoi qu'il en soit, je le dis en toute sincérité, je
n'ai jamais pu comprendre comment ceux qui regardent le vote électoral comme un droit naturel, absolu, universel, le soumettent aussitôt eux-mêmes à
des restrictions qui ruinent de fond en comble leur
principe. Je n'ai jamais pu comprendre comment,
par la force de la logique, ils ne se trouvent pas con-
duits à compter également le suffrage de toute créa-
ture humaine, dès qu'il est matériellement possible
de le recueillir. Est-ce que les droits naturels n'appartiennent pas aux mineurs aussi bien qu'aux ma-
jeurs, aux domestiques aussi bien qu'aux maîtres,
aux femmes aussi bien qu'aux hommes? Est-ce que
le droit de pratiquer librement son culte, le droit de
publier sa pensée, le droit d'être protégé dans sa
personne ne sont pas les mêmes pour tous les âges,
pour toutes les conditions, pour tous les sexes?
Quand on fait, pour certains droits politiques, des
distinctions qu'on ne fait pas pour d'autres, on re-

connaît que ce ne sont pas des droits identiques. On reconnaît que, si les uns ne peuvent être légitimement retirés à personne, les autres doivent rester subordonnés à certaines conditions, que la raison publique détermine et dont le législateur est juge. Une fois cette concession faite, la question de principe n'existe plus.

A la vérité, on cherche à démontrer que plus, mieux que tout autre, le suffrage universel peut donner aux peuples le bon gouvernement auquel les peuples ont droit. Ainsi l'on dit que, par un heureux don de la Providence, les intelligences les moins vives, les moins cultivées s'éclairent, s'illuminent, en quelque sorte, par le contact et produisent en commun ce que, dans l'isolement, il serait absurde d'attendre d'elles. On dit que, grâce à cette faculté admirable, les hommes qui ne seraient pas propres à gouverner sont merveilleusement propres à choisir ceux qui gouvernent. On dit enfin que, pour empêcher les intérêts privés de prévaloir sur les intérêts généraux, l'intervention de la multitude est nécessaire. Dans une certaine mesure, tout cela peut être vrai ; mais qu'on y prenne garde : du moment où l'on se place sur ce terrain, ce n'est plus de droit qu'il s'agit, mais d'utilité. Or, devant le droit, qui est absolu, il n'y a qu'à courber la tête. L'utilité, qui est relative, s'examine, au contraire, et se discute. On en vient donc, par une autre voie, à reconnaître que les lois électorales n'ont rien de nécessaire, rien d'immuable, et qu'elles doivent se modifier sans cesse, selon le progrès de la civilisation, selon le degré des lumières, selon l'état général des esprits et des mœurs. On en vient à reconnaître que le droit de suffrage doit avoir une double mesure : d'une part, l'aptitude de celui à qui on le confère; de l'autre, la grandeur, l'étehdue des intérêts auxquels il s'applique. On en vient à reconnaître que, dans le choix à faire par le législateur entre tous les systèmes, entre tous les modes d'élection, il faut qu'il tienne compte de l'expérience autant que de la logique. On en vient à reconnaître, en un mot, que les questions électorales sont des questions purement politiques, c'est-à-dire des questions complexes et dont la solution dépend de mille circonstances diverses.

J'ai d'ailleurs hâte de le dire : s'il fallait ici remonter à l'origine du droit électoral, en scruter la nature, en mesurer l'étendue, en déterminer les limites, je m'arrêterais devant la variété, devant la gravité des questions. Mon intention est plus modeste, et je la trouve clairement, nettement exprimée dans un discours que je prononçais il y a douze ans : « La loi électorale actuelle, disais-je alors, donne- » t-elle au pays le gouvernement représentatif vrai, » le gouvernement pour lequel, pendant quinze ans, » la France a combattu? voilà la question. » A mon sens, la question est, aujourd'hui, la même, bien que je la résolve autrement. En 1835, il me semblait que la loi électorale, malgré ses imperfections notoires, fonctionnait bien, et qu'elle donnait à la France le gouvernement représentatif vrai. En 1847, il me semble qu'elle fonctionne mal, et qu'elle laisse périr le gouvernement représentatif. Il me semble en outre, après y avoir regardé de près, que cela tient non pas à quelques circonstances passagères, accidentelles, mais aux vices mêmes de son mécanisme. Avais-je raison, ou tort, en 1835? peu importe. Ce qui importe, c'est de savoir si j'ai tort ou raison en 1847. Si, comme je le pense, les lois électorales n'ont qu'une bonté relative, il serait d'ailleurs possible que la loi de 1831, bonne en 1835, fût mauvaise en 1847; il serait possible qu'il fût sage alors de la maintenir, et qu'il soit sage de la réformer aujourd'hui. Encore une fois, là n'est point la question. Bonne ou mauvaise, salutaire ou nuisible à une autre époque, la loi électorale s'acquitte-t-elle aujourd'hui avec régularité, avec efficacité des fonctions qui, dans le mécanisme de notre constitution, lui sont spécialement attribuées? Si elle s'en acquitte mal, à quoi cela tient-il, et que faut-il faire pour la soustraire aux influences pernicieuses qui la paralysent et qui la faussent? Voilà ce qu'il s'agit de rechercher sans parti pris, sans prévention, avec le seul désir de rendre au gouvernement représentatif, dont la loi électorale est le pivot, la puissance qu'il a perdue.

Avant d'aller plus loin, il peut être utile de rappeler dans une courte analyse les dispositions prin-

cipales des lois électorales qui ont régi la France ;
depuis 1789, et des projets qui, à diverses époques,
ont été présentés.

Dans un écrit [1], qui date de 1826 et qui est le résumé de ses opinions à cette époque, M. Guizot remarque avec raison qu'en Angleterre, l'élection directe est née naturellement, nécessairement du droit
qu'avaient les francs-tenanciers d'abord, puis les
bourgeois de prendre part, par eux-mêmes ou par
leurs fondés de pouvoirs, aux affaires publiques.
M. Guizot ajoute que c'est à la suite du suffrage universel et par l'impossibilité manifeste de faire passer
cette théorie dans la pratique que l'élection indirecte
a paru dans le monde. Je doute que cette dernière
observation soit tout à fait exacte. Quand l'assemblée
de 1789 se déclara Assemblée nationale, elle ne
décréta point le suffrage universel et n'eut point à
inventer l'élection indirecte. Bon ou mauvais, ce
mode d'élection était dans les habitudes, dans les
traditions nationales, et c'est ainsi que les députés
du tiers-état avaient eux-mêmes été nommés. Aussi,
le débat s'établit-il, non pas entre l'élection directe et
l'élection indirecte, mais entre les diverses formes
de cette dernière élection. Le comité de constitution
avait proposé trois degrés ; l'assemblée en vota deux
seulement, et le droit d'élire fut conféré, non pas à
tous les citoyens, mais aux citoyens actifs, c'est-à-

---

[1] *Encyclopédie progressive.* — ÉLECTION. — 1826.

dire aux citoyens payant une contribution directe égale à la valeur de trois journées de travail. Les électeurs, ainsi élus par les assemblées primaires, se réunissaient ensuite au chef-lieu de département et nommaient les représentants à l'Assemblée nationale. Le nombre de ceux-ci était fixé, pour chaque département, en raison composée du territoire, de la population et des contributions.

En 1792, l'Assemblée législative, par une mesure provisoire, maintint le système en supprimant tout cens électoral. En 1793, la Convention, à son tour, supprima l'élection départementale, comme tendant au fédéralisme, et le double degré, comme favorable à l'aristocratie. La population fut donc divisée, régulièrement, méthodiquement, en fractions de 39 mille à 41 mille individus, et chaque fraction eut, par le vote direct, un député à choisir. Mais, après avoir proclamé ce qu'elle appelait un grand principe, la Convention eut soin d'en ajourner l'application. Elle échappa ainsi à la nécessité assez pénible d'organiser son système et de lui donner vie ailleurs que sur le papier.

En 1795 (an III), malgré la commission des onze, chargée de préparer la nouvelle Constitution, la Convention abandonna le vote direct et revint au système de 1791. Seulement, prenant un terme moyen entre l'Assemblée constituante et l'Assemblée législative, elle attribua le droit électoral, dans les Assemblées primaires, à tout citoyen payant une contribution directe, foncière ou personnelle. De plus, elle partagea le pouvoir législatif en deux branches et fixa, d'après la population uniquement, le nombre des représentants que les départements devaient envoyer à l'une ou à l'autre.

En l'an viii (1800), il ne s'agissait plus d'organiser le gouvernement représentatif, mais de le supprimer sans qu'il y parût trop: Ce fut alors qu'on inventa ces trois listes de notabilité, qui, partant des Assemblées primaires, s'engendraient l'une l'autre et remontaient ainsi jusqu'au Sénat, électeur unique. Dans ce système, les citoyens, réunis en assemblée primaire, choisissaient le dixième d'entre eux, pour en former une liste dite communale ; les citoyens faisant partie de la liste communale choisissaient, à leur tour, le dixième d'entre eux, pour en former la liste dite départementale ; enfin les citoyens portés sur la liste départementale choisissaient le dixième d'entre eux, pour en former la liste dite nationale. C'était sur la liste nationale, ainsi établie, que le Sénat élisait les législateurs et les tribuns. Pour comprendre toute la beauté du système, il est nécessaire d'ajouter que les listes communales, départementales, nationales, une fois faites, l'étaient pour toujours, et que les notables ne pouvaient en être retranchés que par une délibération formelle et spéciale. Il faut ajouter encore que l'élection ne devait avoir lieu qu'en l'an ix et que, provisoirement, tous les fonctionnaires nommés par le gouvernement faisaient partie nécessaire des listes.

Assurément la combinaison laissait peu à désirer, et le despotisme le plus ingénieux, le plus exigeant pouvait s'en contenter. Il ne s'en contenta pas ; et, le 16 thermidor an x, au moment du Consulat à vie, le Sénat conservateur imagina quelque chose de mieux encore. D'après cette dernière combinaison, les citoyens portés sur la liste de notabilité communale, telle qu'elle existait alors, durent former, par voie d'élection, un collége d'arrondissement et un collége de département, le premier sans condition, le second parmi les six cents plus imposés. Au collége d'arrondissement, qui ne pouvait pas dépasser le nombre de 200, le premier Consul avait le droit d'ajouter dix notables à son choix, pris principalement parmi les chevaliers de la Légion-d'Honneur. Il avait le droit d'en ajouter vingt au collége de département, qui ne pouvait pas dépasser le nombre de 300. Ainsi constitués à vie, ces colléges nommaient des candidats pour le Tribunat, pour le Sénat, pour le Corps législatif ; et, parmi ces candidats, le Sénat choisissait.

On comprend qu'il fut tout à fait inutile de modifier encore cette organisation, quand le Consulat à vie céda la place à l'Empire. Aussi fut-elle maintenue ; mais complétée par l'adjonction obligatoire des officiers de la Légion-d'Honneur au collége départemental et des simples légionnaires au collége d'arrondissement.

Telles sont les lois en vertu desquelles fut élu le Corps législatif de l'Empire, ce Corps législatif qui, à l'exemple du Sénat lui-même, resta fidèle à Napoléon aussi longtemps que la fortune. En 1814, la Charte se borna à dire « que la Chambre des députés serait « composée de députés élus par des collèges électo- « raux, dont la loi déterminerait l'organisation » ; mais, provisoirement, le Corps législatif et les lois de l'Empire se trouvèrent conservés. L'acte additionnel des Cent-Jours porta le nombre des représentants à 629 et en répartit la nomination, d'après une propor- tion déterminée, entre les collèges de départements et les collèges d'arrondissements, tels qu'ils étaient con- stitués par le sénatus-consulte de l'an x. Enfin, après les Cent-Jours, ces excellents collèges furent encore conservés [1] et chargés d'élire 395 députés, d'après une combinaison nouvelle. Au lieu de nom- mer directement un député, chaque collège d'ar- rondissement dut seulement présenter un nombre de candidats égal au nombre total des députés du dé- partement, et les collèges de département durent choisir au moins la moitié des députés parmi ces candidats. De plus [2], les préfets, conformément à l'acte du 16 thermidor an x, furent autorisés à ad- joindre vingt notables, à leur choix, aux collèges de département et dix aux collèges d'arrondissement. C'est ce système qui produisit la fameuse Chambre de 1815, la Chambre *introuvable*, comme l'appelèrent,

[1] Ordonnance du 14 juillet 1815.
[2] Ordonnance du 31 juillet.

à cette époque, ses partisans aussi bien que ses adversaires.

On voit, par cette rapide analyse, que, jusqu'à 1815, l'élection directe était à peu près inconnue en France et que les assemblées primaires, plus ou moins faussées, plus ou moins dénaturées, n'avaient pas cessé d'être la base constante des colléges électoraux. On voit aussi que, depuis l'an x, les colléges étaient à vie, et qu'à vrai dire, le gouvernement représentatif n'existait plus. Ainsi que je l'ai expliqué ailleurs, la lutte des passions royalistes et de la prudence royale lui rendit tout à coup une vie nouvelle, et ses principes trouvèrent, au sein même du parti qui le détestait, des organes inattendus. Il fallut donc en finir avec cette merveilleuse invention du despotisme, les colléges à vie, et un projet de loi fut présenté par M. de Vaublanc, ministre de l'intérieur, qui consacrait encore l'élection à deux degrés. D'après ce projet; il y avait, par chaque canton, un collége électoral, lequel se composait des soixante plus imposés et de certaines catégories de notables, tels que juges, juges de paix, curés, etc. Ce collége avait pour mission de nommer un certain nombre d'électeurs départementaux, auxquels la loi adjoignait d'office: 1° les soixante plus imposés du département parmi les propriétaires; 2° les dix plus imposés parmi les négociants et manufacturiers; 3° les évêques et archevêques; 4° les membres du conseil général; 5° les présidents des consistoires; 6° les présidents des cours royales, les procureurs-généraux et le premier avocat général. Le collége départemental, dont le chiffre ne pouvait être au-dessous de 150 ni au-dessus de 250, étant ainsi composé, nommait ensuite les députés.

Dans d'autres circonstances, un tel projet eût charmé le parti de l'ancien régime. Mais, en 1816, ce parti était de l'opposition, et la création des électeurs de droit lui parut ce qu'elle est en effet, une création monstrueuse. En vain, pour la justifier, M. de Vaublanc soutint-il : en droit, que le pouvoir électoral doit être subordonné et dépendant; en fait, que les personnes désignées étant celles dont tout bon citoyen désirait la nomination, il valait autant que la loi les choisît tout de suite : la commission dont M. de Villèle était rapporteur prit la liberté de trouver les raisonnements de M. de Vaublanc peu concluants, peu constitutionnels, et de proposer un tout autre projet. Celui-ci créait dans chaque canton une assemblée composée de tous les citoyens payant 50 fr. de contributions directes, et chargeait cette assemblée de choisir, parmi les citoyens du département payant 300 fr., un collége électoral de 150 à 300 électeurs. Les députés, au nombre de 402 pour toute la France, étaient nommés par ce collége, au scrutin de liste, et la Chambre se renouvelait intégralement tous les cinq ans.

Après des débats longs, vifs, curieux, le projet de la commission fut adopté dans ses dispositions principales par la Chambre des députés; mais la Chambre des pairs le rejeta, et un projet provisoire intervint, pour donner force de loi aux ordonnances de juillet 1815. Peu de temps après, l'ordonnance du 5 septembre réduisit à 258 le nombre total des députés, tout en dissolvant la Chambre introuvable.

Tel était l'état de la législation quand, à la fin de 1816, après des élections qui avaient enlevé la majorité au parti de l'ancien régime, le gouvernement présenta la loi de février 1817. Dans un moment où, comme au début de la Révolution, la lutte était établie entre l'ancien régime et le nouveau, entre l'aristocratie et les classes moyennes, cette loi était un admirable coup de parti. Par le droit électoral, également conféré à tous ceux qui payaient 300 fr. d'impôt, elle donnait le pouvoir aux classes moyennes. Par l'élection directe, elle mettait l'élu sous l'œil, sous la main de l'électeur et rendait les trahisons difficiles. Par le vote au chef-lieu, elle affaiblissait les influences locales et personnelles, elle fortifiait les influences générales et politiques. Je ne sais si tous ceux qui votèrent la loi de 1817 en aperçurent toute la portée; mais le parti de l'ancien régime ne s'y trompa pas. On le vit donc tout entier combattre la loi de 1817, tandis que le parti libéral, sans s'arrêter à quelques imperfections théoriques, l'adoptait avec vivacité, avec passion, comme le complément naturel de la Charte. Par malheur, le parti libéral était alors peu nombreux dans la Chambre;

mais la loi de 1817 avait d'autres appuis, d'autres défenseurs ; et M. de Richelieu, M. Lainé, M. Decases, comme ministres, M. Cuvier, comme commissaire du roi, M. Pasquier, comme président de la Chambre, parlaient pour elle ou la protégeaient de leur influence, non moins que M. Royer-Collard, M. de Saint-Aulaire et M. Courvoisier. Grâce à cette union passagère du parti libéral et du parti administratif, la loi de 1817 finit par passer, et marqua dans l'histoire du gouvernement représentatif, en France, une ère toute nouvelle.

La Chambre alors, on le sait, se renouvelait annuellement par cinquième. Or, après l'élection des deux premières séries, le parti administratif, débordé, commença à regretter l'adhésion qu'il avait donnée à la loi de 1817. De là, en 1819, l'appui que rencontra dans les deux Chambres, dans la Chambre des pairs surtout, la proposition de M. Barthélemy, tendant à réviser cette loi. Mais le parti libéral était alors beaucoup plus fort qu'en 1817, et le ministère, présidé par M. Dessoles, avait contracté avec ce parti une union fort intime. La proposition de M. Barthélemy, adoptée par la Chambre des pairs, fut donc rejetée par la Chambre des députés, et une création de soixante pairs rétablit l'harmonie entre les pouvoirs de l'État. Malheureusement ce fut pour peu de temps ; et, en 1820, le lendemain même de l'assassinat du duc de Berry, M. Decases, alors premier ministre, proposa une loi d'élection toute nouvelle et dont voici les dispositions principales : les 258 députés alors existant devaient être nommés non plus par les électeurs à 300 fr., réunis au chef-lieu du département, mais par les électeurs à 300 fr., répartis entre 258 colléges d'arrondissement. Ces colléges, en outre, devaient choisir, parmi les électeurs payant 1,000 fr. d'impôt, un collége de département, auquel était attribuée la nomination de 172 députés. Le projet qui portait le nombre des députés à 430 établissait, en outre, bien que d'une manière un peu détournée, le renouvellement intégral et le vote public.

Ce projet, par des raisons diverses, fut mal accueilli de tout le monde, et il fallut bientôt y renoncer. Le ministère qui succéda à M. Decases présenta donc un second projet, d'après lequel le nombre des députés restait fixé à 258. Ces députés étaient nommés par des colléges composés des plus imposés dans chaque département, jusqu'à concurrence du cinquième du nombre total des électeurs à 300 fr. Quant à ceux-ci, réunis dans 258 colléges d'arrondissement, ils n'avaient d'autre droit que celui de présenter au collége de département chacun autant de candidats qu'il y avait de députés à nommer.

Personne n'ignore à quels violents débats, à quels graves événements donna lieu la discussion de cette loi. Pour la gauche comme pour la droite, pour le parti de la France nouvelle comme pour le parti de l'ancien régime, c'était une question de vie ou de mort ; et le gouvernement, qui, par peur de l'un, venait de s'unir à l'autre, sembla, pendant près d'un mois, aussi incapable d'avancer que de reculer. Du 15 mai au 12 juin, la question se débattit ainsi dans la Chambre et sur la place publique, avec une vivacité, avec une persévérance dont rien, aujourd'hui, ne peut donner une idée. Enfin, de cette discussion si agitée, si violente, si tumultueuse, il sortit un troisième projet qui ne ressemblait en rien aux deux projets précédents. On sait que ce projet créait deux sortes de colléges : les colléges d'arrondissement, qui nommaient 258 députés; les colléges de département, qui en nommaient 172. Ces derniers colléges se composaient des électeurs les plus imposés, en nombre égal au quart de la totalité des électeurs du département. Ceux qui faisaient partie des colléges de département n'en votaient pas moins dans les colléges d'arrondissement, ce qui leur assurait un double vote.

Ce fut, en définitive, ce dernier projet qui passa; et ce furent les colléges, ainsi formés, qui, en 1827 et en 1830, nommèrent les deux assemblées dont la fermeté a fait prévaloir, même au prix d'une révolution, les vrais principes du gouvernement représentatif. Assurément, en 1820, on ne pouvait pas s'y attendre. Aussi n'est-il pas douteux que la loi de 1820 n'eût été changée, comme la loi de 1817, par le parti qui l'avait faite, si ce parti eût encore pu mesurer, année par année, le terrain qu'il perdait. Mais, ainsi que je l'ai rappelé plus haut, le parti de l'ancien régime, maître de la majorité en 1824, s'en était servi pour substituer le renouvellement intégral au renouvellement partiel. Il arriva ainsi, les yeux bandés, au bord du précipice; et, quand il s'aperçut de sa faute, elle était irréparable.

On le voit: pendant la Restauration, les électeurs à 300 fr. se montrèrent toujours, excepté en 1824, fidèles à leur origine et défenseurs indépendants, intelligents des libertés et des intérêts du pays. Il était donc naturel qu'après 1830, ceux qui voulaient la réalité du gouvernement représentatif vissent dans les électeurs à 300 fr. l'élément le meilleur, la base la plus solide d'un bon système électoral. Ce n'était sans doute point l'avis des hommes pour qui la monarchie constitutionnelle ne valait guère mieux que la monarchie absolue, ni de ceux qui, fidèles aux idées de 1792 et de 1793, regardaient l'électorat comme un droit universel. C'était l'avis de tous les hommes qui ne désiraient rien au delà de la Charte et de l'établissement nouveau. Aussi, une fois le double vote supprimé, le débat entre le parti du mouvement et le parti de la résistance se renferma-t-il dans un cercle fort étroit. Le ministère dont M. Laffitte était président, dont M. Dupont (de l'Eure) était garde des sceaux, proposa un projet qui, tout en conservant les colléges d'arrondissement, désignait comme électeurs les citoyens les plus imposés, jusqu'à concurrence du double du nombre des électeurs inscrits sur les dernières listes. On obtenait ainsi un chiffre de 180 mille électeurs à peu près, lequel pouvait s'élever à 200 mille, au moyen de certaines adjonctions empruntées à la loi du jury. D'un autre côté, la commission, après avoir admis le cens fixe comme préférable au cens variable, se divisa en deux fractions : l'une, qui proposait le chiffre de 240 fr.; l'autre, qui voulait abaisser ce chiffre jusqu'à 200 fr. Le système des plus imposés ayant été abandonné par le ministère et n'étant repris par personne, ce fut entre ces deux chiffres si voisins que s'agita tout le débat. Chacun sait que le chiffre de 200 fr. l'emporta, malgré la commission, et que ce vote fut regardé par la gauche comme un triomphe éclatant. Personne d'ailleurs ne proposa les deux degrés et les assemblées primaires, si ce n'est M. Berryer, dont l'amendement fut rejeté à la presque unanimité.

Quant au vote au chef-lieu, M. Odilon Barrot dit qu'il en restait partisan, mais qu'il lui paraissait impossible de le faire prévaloir. Il n'y eut donc de discussion qu'entre le projet du gouvernement, qui, attribuant un seul député à chaque collége électoral, fractionnait certains arrondissements administratifs, et un amendement de M. Viennet, qui faisait élire par un seul collége et par un seul vote tous les députés du même arrondissement. Enfin, malgré de vives réclamations contre la répartition des députés entre les départements, cette répartition se fit conformément aux tableaux du gouvernement, tableaux

qui, à peu de chose près, respectaient les proportions établies. Personne d'ailleurs ne se dissimula
qu'une loi aussi rapidement faite ne dût être défec-
tueuse ; et les plus zélés conservateurs, M. Augustin
Périer notamment, reconnurent qu'à une époque
plus paisible, elle pourrait être utilement révisée.
Tout le monde aussi s'empressa de déclarer que le
droit de suffrage devait être donné à tous les citoyens
capables de l'exercer, et que, dans un délai prochain,
il serait juste et convenable d'abaisser encore le cens.
Ainsi, sur les principes de la loi comme sur ses dispositions importantes, il y eut entre les partis parlementaires accord presque complet. Ce ne fut point
l'œuvre de quelques-uns, mais de tous.

Depuis cette époque, quinze ans se sont écoulés,
six élections ont eu lieu, et l'on a eu le temps d'étudier la loi de 1831 dans son action, dans son mécanisme, dans ses résultats. La conséquence, c'est
que les imperfections dont tout le monde convenait,
en 1831, ont entièrement disparu aux yeux des uns,
tandis qu'aux yeux des autres, ces imperfections sont
devenues plus sensibles. Dans les chapitres qui précèdent j'ai suffisamment expliqué pourquoi je me
range au nombre de ces derniers. Je veux pourtant
dire encore sur quel terrain je me place et comment
j'entends la réforme.

Pour ceux qui croient qu'au droit d'être bien gouverné correspond nécessairement, universellement
le droit de participer au gouvernement, les lois élec-

torales sont bonnes ou mauvaises, selon qu'elles se rapprochent plus ou moins du suffrage universel, le seul juste, le seul légitime en ce monde. Pour ceux qui voient dans l'électorat une fonction sociale plutôt qu'un droit personnel, les lois électorales n'ont qu'un but : c'est de placer au faîte de l'État une assemblée qui, élue avec liberté, avec honnêteté, avec discernement, représente, dans de justes proportions, tous les droits et tous les intérêts. Une loi électorale qui approche de ce but est bonne, quels que soient ses défauts théoriques. Elle est mauvaise, quelle que soit sa perfection philosophique, si elle s'en éloigne.

C'est à ce dernier point de vue que, pour ma part, j'examine la loi électorale actuelle. Je ne lui reproche point d'être en contradiction avec certaines théories plus ou moins contestables; je lui reproche de ne point donner au pays le gouvernement représentatif vrai, le gouvernement représentatif tel que nous le voulions tous en 1830; je lui reproche d'agir en sens inverse de son but et de subordonner partout les intérêts généraux aux intérêts locaux, les intérêts locaux aux intérêts personnels; je lui reproche, comme le lui reprochait M. Royer-Collard, en 1824, « de » reléguer tristement chacun au fond de sa faiblesse » individuelle, au lieu d'exciter l'énergie commune; » d'étouffer le sentiment de l'honneur et l'esprit » public, au lieu de nourrir l'un et l'autre. » Pour tout dire en un mot, je lui reproche de créer une représentation mensongère, une représentation vi-

ciée à sa source, faussée dans son action. Or, si,
contrairement à la théorie du suffrage universel, on
peut admettre qu'un échantillon suffise pour con-
naître, pour apprécier exactement les vœux et les
besoins du pays, au moins faut-il que cet échantillon soit bien choisi et qu'il ne soit point frelaté. Je
suis profondément convaincu qu'aujourd'hui l'échantillon n'a rien de sincère, et qu'ainsi, entre le pays
et ceux qui le représentent, il n'y a plus cette ressemblance, cette conformité qui font la force et la
vie des gouvernements libres.

Mais, j'en conviens, ce n'est pas tout de reconnaître le mal dans ses effets, dans ses symptômes extérieurs; il faut encore en distinguer la cause, en découvrir le siége, avant d'en chercher le remède. Or,
n'est-il pas évident que la cause directe du mal réside dans la dépendance mutuelle des électeurs et
des députés et dans les accommodements déplorables qui en résultent? N'est-il pas clair que le siége
principal du mal est dans les colléges peu nombreux,
où cette dépendance est plus étroite, où ces accommodements sont plus profitables? Si l'on ne veut point
imiter ces médecins qui hâtent la fin du malade en le
traitant pour une autre maladie que la sienne, c'est
à détruire, ou du moins à atténuer ce double inconvénient que doit viser toute réforme sérieuse.

Le problème ainsi posé, j'en cherche la solution
et j'examine tout de suite deux idées, deux systèmes qui paraissent, en ce moment, jouir d'une assez

grande faveur. Je veux parler des deux degrés, comme en 1791, et du vote au chef-lieu, comme en 1817.

Quand on étudie la série de nos lois électorales et qu'on lit les débats auxquels ces lois ont donné lieu, on voit que, sur la question du vote direct ou indirect, les opinions ont subi, entre 1816 et 1820, un changement singulier. De 1789 à 1816, le principe des deux degrés était admis presque universellement, presque sans débat, et l'extrême démocratie se rattachait seule au principe contraire. De 1816 à 1820, après une lutte fort vive, le principe de l'élection directe l'emporta définitivement, et, depuis cette époque, il règne en maître. Il ne faut d'ailleurs pas oublier que, pendant la période transitoire, la question du vote direct ou indirect fut le terrain sur lequel la France nouvelle et l'ancien régime se livrèrent les combats les plus acharnés. A tort ou à raison, le parti de l'ancien régime croyait que, dans les assemblées cantonales ou communales, l'influence de la grande propriété serait toujours prépondérante. A tort ou à raison, le parti de la France nouvelle avait la même pensée. Chaque parti d'ailleurs, pour combattre son adversaire, se servait d'armes qui eussent trouvé dans le camp opposé un emploi plus naturel. Ainsi, le parti de l'ancien régime s'indignait qu'on voulût réduire à cent mille le nombre des électeurs et priver ainsi la majorité des Français d'un droit imprescriptible. Le parti de la France

nouvelle, au contraire, étalait les souvenirs sanglants
de la Révolution, et s'étonnait qu'on voulût rouvrir
à l'anarchie la porte des colléges électoraux. Qu'on
lise les débats de 1815, de 1816, de 1817, et partout on remarquera ce contraste entre la pensée et
le langage.

Cependant, il faut le reconnaître, outre les raisons
de convenance et d'utilité actuelle, les partisans de
l'élection directe pouvaient alléguer, à l'appui de leur
opinion, des motifs puissants et péremptoires. « Ce
» que vous appelez élection, disaient-ils, nous l'ap-
» pelons élimination. Que font, en effet, vos assem-
» blées primaires? Elles choisissent entre des citoyens
» dont la loi a précédemment reconnu l'aptitude. Or,
» l'aptitude confère le droit; là où elle existe, elle
» est entière, indivisible, et l'on ne peut rien deman-
» der au delà. Égalité des électeurs, égalité des suf-
» frages, élection directe, c'est une seule et même
» chose. » Puis, après avoir invoqué le droit, les
partisans du vote direct faisaient appel à l'expérience.
« Qui ne sait, disaient-ils, que les assemblées pri-
» maires, passionnées et violentes au milieu des trou-
» bles civils, deviennent, dès que le calme renaît,
» indifférentes et serviles? Encore n'a-t-on jamais
» éprouvé ce que seraient ces assemblées si leur
» mission se bornait à choisir des électeurs. Avant
» la Révolution, ceux que choisissaient les assem-
» blées primaires étaient chargés non-seulement de
» nommer les députés, mais de rédiger des cahiers.

» Pendant la Révolution, les assemblées primaires
» nommaient, outre les électeurs, certains fonction-
» naires publics dont le choix avait pour elles une
» très-grande importance. C'est par là que, soit
» avant, soit pendant la Révolution, les fonctions
» des assemblées primaires avaient quelque vie et
» quelque réalité. Si vous leur donnez seulement des
» électeurs à nommer, vous pourrez, sans danger,
» sans inconvénient, les faire aussi nombreuses qu'il
» vous plaira : la plus petite salle sera toujours assez
» vaste pour les contenir. »

Après avoir, pendant plusieurs sessions consécu-
tives, résisté aux efforts combinés du gouvernement
et du parti de l'ancien régime; après avoir, de 1817
à 1830, obtenu l'appui ferme, énergique, persévérant de l'opinion libérale tout entière; il semblait
que l'élection directe n'eût plus rien à redouter, et
qu'elle eût définitivement gagné sa cause. Cependant
le procès se plaide de nouveau; et, au sein même
du parti libéral, je crois apercevoir en ce moment
quelque hésitation et quelques incertitudes. « Les
systèmes électoraux, dit-on, tout le monde le reconnaît, ne sauraient être les mêmes, à toutes les époques et dans toutes les circonstances; il faut, pour
être bons, qu'ils s'accommodent à l'état des esprits
et des mœurs. Or, il est des temps où il est raisonnable, utile, nécessaire de créer entre l'électeur et
l'élu des rapports immédiats, journaliers, intimes;
il en est d'autres où ces rapports sont mortels pour

13.

la probité de l'un, pour l'indépendance de l'autre, et, par-dessus tout, pour la moralité publique et pour la pureté du gouvernement représentatif. C'est là que nous en sommes venus, et ce sont ces liens funestes qu'il est indispensable de rompre. Or, comment les rompre, tant qu'il y aura, d'une part, des électeurs permanents, qui verront dans leur député le protecteur de leurs intérêts privés; de l'autre, un député temporaire, dont la réélection dépendra de certaines familles, de certaines personnes à lui connues? Qu'on augmente le nombre des électeurs, qu'on transporte le vote du chef-lieu d'arrondissement au chef-lieu de département: on pourra diminuer le mal, on ne le supprimera pas. Le seul moyen de le supprimer, c'est que, pendant toute la durée de la législature et jusqu'au dernier moment, le député ne connaisse pas l'électeur et que l'électeur ne se connaisse pas lui-même; c'est, en d'autres termes, qu'au moment où l'élection vient d'avoir lieu, la délégation disparaisse et que le collège électoral s'évanouisse. Sans doute ce système a ses défauts; mais il ne faut point, dans les choses humaines, espérer la perfection. De quel côté est la plus grande somme d'avantages, la plus grande somme d'inconvénients? voilà toujours la question. Eh bien! cette question doit se résoudre non par des principes absolus, mais par une appréciation juste et saine du mal auquel il s'agit de porter remède. Aujourd'hui, le mal, c'est la corruption, la corruption qui naît des relations habituelles entre l'électeur et l'élu. Donc ce sont ces relations qu'il faut détruire, si l'on ne veut pas qu'un jour le gouvernement représentatif s'éteigne, en France, dans l'avilissement et dans la honte. »

Je l'avoue sincèrement : en présence des scandales qui ont eu lieu et de ceux qui se préparent, ces raisons ont beaucoup de force à mes yeux. Elles n'avaient point, d'ailleurs, échappé à la commission de 1831, et je les trouve exposées avec beaucoup de netteté dans le remarquable rapport de M. Bérenger.

« Avec l'élection à deux degrés, dit M. Bérenger,
» on évite la permanence des colléges électoraux, qui
» est nécessaire, indispensable dans l'élection di-
» recte, afin de prévenir les fraudes ; mais qui, avec
» le temps, peut avoir ses dangers, c'est-à-dire fa
» voriser des coalitions dans le but de protéger ou
» de défendre certains intérêts qui seraient contraires
» aux intérêts généraux. Cette permanence des col-
» léges offre aussi l'inconvénient de mettre le député
» dans une dépendance trop grande de ceux qui
» l'ont élu ; car pourra-t-il oublier qu'à l'expiration
» de son mandat, les mêmes hommes seront appelés
» à l'élire de nouveau? Cette pensée ne le préoccu-
» pera-t-elle pas assez pour lui inspirer le désir de
» ménager leur susceptibilité, de les favoriser exclu-
» sivement dans le partage des emplois pour la dis-
» tribution desquels il peut avoir quelque influence?
» de telle sorte que, par une réciprocité de bons

» offices, il est conduit à leur sacrifier jusqu'à ses
» propres devoirs.

» Tous ces inconvénients disparaissent avec l'élec-
» tion à deux degrés : ici, point de permanence, ou,
» pour mieux dire, point de corps électoral; les élec-
» teurs nommés par les citoyens se réunissent en as-
» semblée qui n'a plus d'existence, ou plutôt qui
» s'évanouit aussitôt que l'élection est terminée;
» ceux qui en ont fait partie ne sont point assurés
» d'entrer dans la composition de l'assemblée qui
» suivra; toute coalition devient donc impossible;
» tous suffrages préparés d'avance le deviennent éga-
» lement. Le député élu n'a plus d'autre intérêt que
» celui de remplir honorablement son mandat; il sent
» que, pour lui, le meilleur moyen de témoigner sa
» reconnaissance à ceux qui l'ont nommé, c'est de
» se livrer tout entier aux soins qu'exigent les affai-
» res générales du pays; et, comme il ignore quels
» seront ceux qui seront appelés à le nommer de
» nouveau, il ne trouve dans la prévision de l'avenir
» aucun motif personnel de se ménager une clientèle
» et de favoriser des ambitions privées. »

Je suis fort loin de nier ce qu'il y a de vrai, de
grave dans ces observations, et je ne voudrais pas
m'engager à repousser toujours, quoi qu'il arrive, le
vote à deux degrés. Mais, d'une part, l'opinion publique est peu favorable à ce vote; de l'autre, il ne
me paraît nullement démontré que ses avantages sur-
passent ses inconvénients. Je ne veux point me re-

jeter dans la philosophie politique de 1820, ni rechercher si le droit d'élire est de ceux qui puissent se déléguer, et si les capacités sont ou non indivisibles. Je m'en tiens à des motifs plus simples, plus humbles, plus pratiques. Or, dans le système de l'élection indirecte, il est indubitable que, pour l'électeur du premier degré, le résultat est si éloigné, si incertain, qu'un grand intérêt ne saurait s'y attacher. Il est indubitable que presque toujours la première opération, celle de laquelle dépend la seconde, s'accomplit au milieu de la plus parfaite indifférence. Au lieu d'un droit considérable et qui s'exerce dans toute sa plénitude, avec tout son effet, on a ainsi un droit divisé, mutilé, dont l'exercice est plus apparent que réel. Au lieu d'une machine simple, puissante, efficace, on a une machine compliquée, embarrassée, improductive. L'élection à deux degrés serait d'ailleurs une ridicule parodie, si le droit de voter dans les assemblées primaires ne s'étendait pas à presque tous les citoyens. On tombe alors dans cette singulière contradiction, de créer un corps électoral peu indépendant, peu éclairé, et de lui confier une opération difficile, complexe, une opération qui suppose autant de réflexion que de prévoyance. N'est-ce pas mettre ce corps électoral à la discrétion, à la merci de toutes les influences, de toutes les passions locales et personnelles? N'est-ce pas en faire un instrument aveugle et servile tantôt des factions, tantôt du pouvoir, selon les temps?

A ces raisons, souvent produites contre le vote à deux degrés, j'en ajoute une qui me paraît fort grave : ce que nous déplorons par-dessus tout, c'est que, chaque jour, la pensée politique tende à disparaître des colléges électoraux; rendre aux opérations électorales le mouvement politique, qui s'arrête, la vie politique, qui s'éteint, voilà notre désir et notre but; or, ce mouvement et cette vie, où trouveront-ils place, dans l'élection à deux degrés? Ce qui constitue le mouvement et la vie politique, ce n'est point le fait d'écrire isolément et silencieusement sur un bulletin un ou plusieurs noms, connus ou inconnus : ce sont les réunions où les électeurs, arrachés, pour quelques jours, à l'égoïsme de la vie privée, se communiquent, se transmettent leurs impressions, leurs sentiments, leurs idées; ce sont surtout les assemblées où, en présence des électeurs, les candidats viennent, comme en Angleterre, exposer leurs principes, débattre leurs opinions, justifier leurs votes. Quand auront lieu ces réunions, ces assemblées dont il importe tant aux vrais amis du gouvernement représentatif d'étendre l'usage, de consacrer l'habitude? Ce ne sera point, ce ne peut pas être au premier degré d'élection, au chef-lieu du canton ou de la commune. Ce sera donc au second degré, quand les électeurs se réuniront au chef-lieu de département, pour nommer les députés. Mais, qu'on y prenne garde : l'élection, alors, sera à peu près faite. Si l'élection primaire conserve encore quelque chose de politique, chaque électeur, en effet, aura été choisi dans l'intérêt de tel ou tel candidat, avec tel ou tel mandat positif. A quoi serviront, dès lors, si ce n'est à amuser l'auditoire, les questions des électeurs, les explications des candidats?

De tout cela je conclus que, loin d'arracher la France à l'indifférence politique, l'élection indirecte aurait probablement pour effet de l'y plonger davantage, et qu'ainsi elle pourrait aggraver le mal au lieu de le guérir. Je comprendrais peu, dès lors, que, pour la faire prévaloir, on se mît en lutte contre l'opinion publique, qui, depuis trente ans, la repousse.

Si les deux degrés sont impopulaires depuis trente ans, depuis trente ans, au contraire, le vote au chef-lieu jouit, en France, d'une certaine popularité. C'est par ce vote que le parti libéral, de 1817 à 1820, reprit force et s'approcha du pouvoir; c'est ce vote que le parti rétrograde s'empressa de supprimer en 1820, quand, à la suite de tristes défections et d'une déplorable catastrophe, l'ascendant lui fut rendu. Il est naturel que, sans examiner si la situation est la même, le parti libéral conserve pour le vote au chef-lieu beaucoup d'affection et de reconnaissance. Le vote au chef-lieu a, d'ailleurs, des mérites évidents, incontestables, et qui, aujourd'hui comme en 1817, doivent frapper les bons esprits.

« La réunion de tous les électeurs d'un départe-
» ment pour la nomination des députés, disait

» M. Lainé, en 1817, tend à élever les élections, à
» les soustraire à l'esprit des petites localités et à
» diriger les choix vers les hommes les plus con-
» nus, les plus considérés, dans toute l'étendue du
» département, par leur fortune, leurs vertus, leurs
» lumières. L'intrigue et la médiocrité peuvent réus-
» sir dans un cercle étroit; mais, à mesure que le
» cercle s'étend, il faut que l'homme s'élève, pour
» attirer les regards et les suffrages. On arrête ainsi
» l'effet des petites et obscures influences, pour as-
» surer celui des influences grandes et légitimes, et
» on garantit d'avance à la nation que la Chambre
» des députés ne sera composée que d'hommes vrai-
» ment considérables, effectivement revêtus de la
» confiance de leurs concitoyens, et vraiment dignes
» et capables, par leurs talents, leur existence et leur
» caractère, de concourir à la confection des lois. »

« La première et la plus indispensable condition
» de la meilleure élection, disait M. Royer-Collard,
» en 1819, c'est le rapprochement des électeurs et
» leur réunion dans le même collége. Voulez-vous
» que l'électeur voie tout ce qu'il doit voir pour bien
» choisir, et qu'il ne voie rien de plus? dégagez-le de
» l'atmosphère locale, élevez-le, agrandissez son ho-
» rizon. Voulez-vous qu'il soit fort contre le pouvoir
» et contre les partis? donnez-lui des compagnons,
» mettez les forces en commun, formez des masses.
» Les masses seules résistent; seules elles ont de la
» dignité, de l'autorité, et ce vif sentiment des in-

» térêts généraux, sans lequel il n'y a pas de gou-
» vernement représentatif; seules enfin elles repré-
» sentent véritablement la nation. L'objection de
» l'intrigue est trop forte. Là où l'intrigue serait
» rendue impossible, il n'y aurait plus d'élection,
» parce qu'il n'y aurait plus de liberté. La plus fa-
» tale des intrigues serait celle qui livrerait les élec-
» teurs, dispersés et désarmés, aux séductions du
» pouvoir et à la tyrannie des partis. »

« Des changements articulés, disait M. de Serre,
» à la même époque, le plus funeste serait celui
» qui briserait les colléges de département en sec-
» tions siégeant dans les chefs-lieux d'arrondisse-
» ment. On détruirait ainsi tout esprit public, c'est-
» à-dire le principe vital de tout état bien constitué.
» Les électeurs, réunis au chef-lieu, se confondent
» dans des intérêts généraux. Séparés par arron-
» dissements, leurs sentiments et leurs votes se res-
» serreraient avec leur sphère. Les choix, au lieu de
» s'élever vers l'homme en possession d'une in-
» fluence, d'une considération qui domine le dé-
» partement, s'abaisseraient vers les influences de
» localité. »

Quand, aujourd'hui, après bientôt trente années,
on relit ces passages, on est frappé de les trouver si
vrais, si précis, si concluants; tout ce que pré-
voyaient M. Lainé, M. Royer-Collard, M. de Serre,
nous l'avons vu; tout ce qu'ils disaient, nous sommes forcés de le répéter, beaucoup moins bien,

mais avec une conviction plus forte encore, puisqu'elle repose sur l'expérience. Il faut même reconnaître avec tristesse que la sagacité des grands orateurs, des grands penseurs de 1817 et de 1819
n'avait pas tout aperçu. Ils avaient prévu qu'en
descendant du département à l'arrondissement, l'é-
lection descendrait de la sphère large et pure des
intérêts généraux à la sphère étroite et trouble des
intérêts locaux; ils n'avaient pas prévu qu'elle descendrait encore davantage et que les intérêts locaux trouveraient, à leur tour, une concurrence redoutable dans les intérêts privés; ils n'avaient pas
prévu que, dans une foule de colléges, l'électorat,
ce droit si noble, cette fonction si sainte, deviendrait ainsi l'occasion et le moyen des plus misérables trafics.

Placer l'élection sur un terrain élevé, où les intérêts généraux dominent à la fois les intérêts locaux
et les intérêts privés; transporter la lutte électorale
des petits aux grands centres de population, et lui
donner ainsi le caractère politique qui lui manque;
rendre plus rares, plus difficiles les relations personnelles de l'électeur et de l'élu, tels sont aujour-
d'hui, comme en 1817, les avantages visibles, évidents du vote au chef-lieu. Comme en 1817 aussi,
ses inconvénients sont ceux qui résultent du scrutin
de liste et de l'éloignement des électeurs.

Je n'hésite pas à le dire : si nous étions encore
dans les conditions électorales de 1817, et si, comme

alors, 90,000 électeurs seulement devaient nommer
258 députés, ni les inconvénients du scrutin de
liste, ni ceux de l'éloignement ne pourraient m'arrêter. Mais, depuis 1817, il s'est opéré dans notre
législation des changements considérables et dont il
faut tenir compte. Ainsi, nous avons 240,000 électeurs, au lieu de 90,000, 459 députés, au lieu de
258. On ne peut nier que ces deux circonstances ne
rendent la question plus difficile et n'ajoutent beaucoup à la force des anciennes objections. Peu de
mots suffiront pour le prouver.

Quel est le vice essentiel du scrutin de liste? le
voici, ce me semble, tel qu'on l'a toujours signalé :
quand chaque électeur doit écrire un seul nom sur
son bulletin, il choisit naturellement, nécessairement celui des candidats qui lui convient le mieux ;
mais qu'au lieu d'un seul nom, l'électeur en ait plusieurs à écrire, et il est impossible que, dans son
choix, il y ait le même discernement, la même indépendance ; il est impossible qu'entre ses opinions
et ses affections, entre ses devoirs et ses intérêts il
ne s'opère pas, à son insu même, de funestes compromis. Presque toujours, d'ailleurs, chaque électeur
a un candidat qu'il préfère à tous les autres et dont
il désire avant tout le succès. Pour faire passer ce
candidat, il est prêt à entrer en négociation, en arrangement avec quiconque peut offrir un appoint.
De là une porte ouverte à tous les calculs et à toutes
les intrigues ; de là, non-seulement entre les partis,

ce qui pourrait être légitime, mais entre les personnes, des transactions mystérieuses, des pactes secrets, qui vicient la sincérité de l'élection; de là aussi ces combinaisons étranges, imprévues qui placent quelquefois à la tête de la liste le candidat dont, au fond, personne ne voulait. Si, comme M. Guizot le disait, en 1826, « le principe fonda- » mental, en cette matière, est que l'électeur fasse » ce qu'il veut et qu'il sache ce qu'il fait, » ce principe est violé à double titre. L'électeur ne fait pas ce qu'il veut et ne sait pas ce qu'il fait.

Cependant, tout réels, tout graves qu'ils sont, ces inconvénients se trouvent considérablement atténués quand le nombre des candidats à élire ne dépasse pas trois ou quatre, et quand ceux qui doivent les élire sont assez voisins pour avoir les uns avec les autres des rapports continus. L'élection alors se prépare, se discute entre eux longtemps à l'avance, et il y a chance que les calculs personnels soient dévoilés et déjoués. Mais supposez qu'au lieu de trois ou quatre noms à écrire, il y en ait huit, dix et même douze; supposez que ceux qui doivent les écrire, au lieu d'être voisins, se réunissent une fois tous les quatre ans, tous les cinq ans, de tous les points d'un vaste territoire, et soient appelés à remplir précipitamment, presque sans préparation, une mission aussi difficile; supposez, en un mot, que les candidats leur soient inconnus pour la plupart et qu'ils se connaissent à peine les uns les autres; ne comprenez-vous pas quelle confusion aveugle dans les opérations électorales et quelle bizarrerie dans leurs résultats? C'est un combat où l'organisation et la discipline l'emporteront presque inévitablement sur le nombre; c'est une partie de jeu, dont les chances pourront varier, au gré du hasard ou du bien joué, · mais qui tournera rarement en faveur de la vraie majorité. Il est possible que, dans ce conflit d'intrigues et de ruses diverses, les véritables élus de l'opinion publique se trouvent complétement écartés; il est possible qu'à la place des représentants sérieux, considérables, significatifs de tous les partis, on voie surgir quelques-uns de ces hommes indécis, insignifiants, inoffensifs, qui ont le triste avantage de ne déplaire à personne; il est possible, au contraire, que, par des coalitions subites, les hommes modérés de toutes les nuances se voient remplacés par les représentants extrêmes des opinions les plus opposées. A vrai dire, tout est possible, si ce n'est que l'élection soit véritablement sincère et libre.

Que l'on compare maintenant 1847 à 1817, et que l'on dise si le scrutin de liste ne serait pas aujourd'hui bien plus fâcheux qu'à cette époque. En 1817, deux à trois mille électeurs tout au plus venaient nommer six députés à Rouen, cinq à Bordeaux, huit à Lille. Aujourd'hui, il faudrait rassembler à Lille 8,500 électeurs pour nommer douze députés; à Bordeaux, 5,600 électeurs pour nommer neuf députés; à Rouen, 7,300 électeurs pour nommer onze députés. N'est-il pas évident qu'avec cette masse d'électeurs, avec cette masse de candidats, le scrutin de liste deviendrait une vraie loterie? N'est-il pas évident qu'il n'y aurait plus, de la part des électeurs, acte de jugement, acte de volonté?

Voilà pour le scrutin de liste. Je viens à l'éloignement des électeurs. Ici la différence entre 1817 et 1847 est encore plus frappante et plus décisive. Déjà, en 1817, on trouvait quelque difficulté à réunir au chef-lieu, des points les plus éloignés du département, 2 à 3 mille électeurs, et l'on se plaignait que, retenus par la distance, par la dépense, beaucoup d'entre eux se dispensassent d'accomplir leur devoir. Or, dans quinze départements, le nombre des électeurs varie aujourd'hui de 4 à 9 mille. Que serait-ce quand, à un jour donné, il faudrait que, des extrémités mêmes du département, ils vinssent tous voter au chef-lieu? Ne craint-on pas, sans supprimer ainsi la corruption actuelle, d'en créer une toute nouvelle? Ne craint-on pas d'encourager les candidats à transporter les électeurs à leurs frais, à louer des logements, à tenir table ouverte? Déjà ces funestes pratiques tendent à s'introduire dans certains colléges, et l'on n'a oublié ni l'élection de Langres, en 1842, ni celle d'Altkirch, en 1846. Veut-on y pousser, et rendre, en France comme en Angleterre, l'élection à peu près inaccessible aux fortunes médiocres? Veut-on, d'un autre côté, priver, en fait, de leur droit les électeurs peu zélés, peu riches, mais trop honnêtes pour accepter une indemnité honteuse? Pour ma part, je suis loin de redouter les grandes réunions d'électeurs et le mouvement qui doit s'ensuivre. Ce que je redoute, c'est que ces réunions et ce mouvement n'aient lieu qu'à des conditions qui enlèvent au corps électoral toute liberté et toute moralité.

Il faut d'ailleurs qu'on y songe : en supposant qu'après tout, le cens électoral actuel fût assez élevé et le nombre des électeurs assez modéré pour que la réunion au chef-lieu fût possible, ne cesserait-elle pas de l'être, le jour où le cens électoral serait abaissé, le jour où le nombre des électeurs augmenterait notablement? Je crois ce jour très-prochain, et ceux qui demandent le vote au chef-lieu sont pour la plupart de cet avis. Qu'ils prennent garde de proposer deux réformes contradictoires et d'annuler les uns par les autres les vœux qu'ils forment, les opinions qu'ils soutiennent. Ce n'est certes pas aller bien loin que de supposer le nombre des électeurs porté de 240,000 à 400,000. Dès lors, ce ne serait plus d'une impossibilité morale qu'il s'agirait, mais d'une impossibilité matérielle. Je tiens donc pour certain qu'entre le vote au chef-lieu et l'augmentation du nombre des électeurs il y a incompatibilité radicale, absolue. Je tiens pour certain que demander l'un, c'est repousser l'autre, et qu'il faut choisir entre les deux.

A la vérité, pour échapper à un choix qui contrarie, on a emprunté à quelques ministres de 1819 une combinaison singulière. D'après cette combinaison, tous les électeurs d'un département seraient appelés à en nommer tous les députés; mais, au lieu de se réunir au chef-lieu, ils se réuniraient à l'arrondissement ou au canton. Du canton ou de l'arrondissement, la boîte du scrutin serait envoyée au chef-lieu de département, où le dépouillement aurait lieu. Je remarque d'abord que cette combinaison a les inconvénients sans les avantages du vote au chef-lieu. L'inconvénient principal du vote au chef-lieu, c'est le scrutin de liste; le scrutin de liste est maintenu. L'avantage essentiel du vote au chef-lieu, c'est le rapprochement des électeurs dans un grand centre de population et de richesse, c'est le mouvement que ce rapprochement produit et l'enseignement qu'on y puise; le rapprochement des électeurs est supprimé. Il faudra donc que, sans réunion qui les mette en rapport, sans assemblée préparatoire qui les éclaire, les électeurs viennent, au sortir de leurs maisons, écrire huit, dix et jusqu'à douze noms. Peut-on imaginer quelque chose de moins raisonnable, quelque chose qui ôte davantage à l'élection tout sérieux et toute réalité?

Mais il est, en outre, contre la combinaison dont il s'agit un argument péremptoire, un argument sans réplique. D'après notre législation électorale, l'élection n'a lieu qu'à la majorité absolue, du moins aux deux premiers tours de scrutin. C'est une question de savoir si l'on ne pourrait pas supprimer un de

ces deux tours et abréger ainsi l'opération ; mais
personne jusqu'ici n'a proposé de les supprimer tous
les deux. Or, qu'arriverait-il quand, les électeurs votant au chef-lieu de canton ou d'arrondissement, le
dépouillement aurait lieu au chef-lieu de département? Il arriverait qu'ayant de savoir si un nouveau
tour de scrutin est nécessaire, les électeurs devraient
attendre le retour du courrier un jour, deux jours,
quelquefois trois jours. Pense-t-on qu'ils poussassent
jusque-là la patience ; et, s'ils s'éloignaient une fois,
pense-t-on qu'ils revinssent ? Quelques-uns sans
doute ; la plupart, non certainement. Il semble, en
vérité, que les auteurs de ces beaux projets aient
toujours vécu dans les grandes villes et qu'ils n'aient
pas la plus faible idée de ce que sont, de ce que
font les électeurs des campagnes et des petites villes.
On ne sait pas combien on a souvent de peine,
même pour une élection prompte et décisive, à les
détourner de leurs occupations, à les amener au
chef-lieu. Qu'on en soit certain : après le premier
tour, la moitié des électeurs présents disparaîtrait, et
on ne la reverrait pas.

Il suit de là que le système dont il s'agit n'est praticable qu'à une condition : celle de substituer, comme
en Angleterre, la majorité relative à la majorité absolue. Ainsi, il y aurait un seul tour de scrutin, et
tout serait terminé en un jour. Mais qui ne comprend
que ce serait ôter l'élection des mains des électeurs
pour la mettre dans celles du ministère? Le minis-

tère n'a d'ordinaire qu'un candidat, soutenu par toutes les forces de l'administration, porté par tous ceux qui sont favorables à la politique ministérielle. En France, où la discipline politique est si rare, où la bonne entente des minorités s'établit avec tant de peine, il arrive presque toujours que l'opposition a plusieurs candidats, appartenant à des nuances diverses, et qui font, au premier tour, l'essai de leurs forces respectives. Substituez la majorité relative à la majorité absolue, et l'opposition perd la moitié de ses chances. La majorité légale, d'ailleurs, pour peu que les votes se divisent, peut être très-inférieure à la majorité réelle. Dans ce cas, grâce à une meilleure discipline, c'est la minorité qui l'emporte.

Voici, en définitive, comment je résume mon opinion sur le vote au chef-lieu : avec les 90,000 électeurs et les 258 députés de 1817, je crois le vote au chef-lieu bon en principe, désirable en fait, malgré les inconvénients du scrutin de liste. Avec les 240,000 électeurs et les 459 députés de 1847, je le crois contestable en principe, et, en fait, d'une application très-difficile. Avec un corps électoral plus nombreux, je le crois mauvais en principe, inexécutable en fait. Pour qu'il soit praticable, dans ce dernier cas, une seule combinaison se présente, celle qui sépare le vote du dépouillement. Or, cette combinaison aggrave les inconvénients du vote au chef-lieu, en même temps qu'elle en supprime les avantages. De plus, elle n'est elle-même applicable qu'à condition de substituer la majorité relative à la majorité absolue et de rendre, par là, possible et probable le triomphe de la minorité.

Je voudrais qu'au lieu de se borner à faire valoir, après M. Lainé, après M. Royer-Collard, après M. de Serre, les mérites incontestables du vote au chef-lieu, les partisans de ce vote voulussent bien descendre de la théorie à la pratique et examiner sans prévention les objections que je leur soumets. S'ils pouvaient les détruire, je m'en réjouirais, pour ma part, et je m'empresserais de reconnaître mon erreur. Jusqu'à présent ils ne sont point parvenus à résoudre le problème, et, tout examen fait, je doute qu'ils y parviennent.

Il est une considération d'un ordre tout différent, mais qui a aussi sa valeur : depuis vingt-six ans, l'élection d'arrondissement est établie en France, et, depuis quinze ans, les colléges actuels sont en possession du droit d'élire chacun un député. Croit-on qu'ils y tiennent peu et qu'ils se résignassent facilement à le perdre? Je pense, pour ma part, tout le contraire, et je suis convaincu que, si le vote au chef-lieu faisait partie nécessaire du programme de l'opposition, la majorité, la grande majorité des colléges d'arrondissement s'en inquiéterait sérieusement. Je suis convaincu que, sur cette question, les candidats de l'administration auraient, pour la plupart, un grand avantage sur les nôtres. Nul doute qu'avant tout la réforme électorale ne doive être sérieuse et

efficace ; si elle ne l'était pas, il vaudrait autant ; il
vaudrait mieux ne rien faire ; mais, pour que la réforme arrive à bon port, il faut que, non-seulement
dans la presse, mais dans le pays, elle réunisse la
majorité des suffrages. La réunira-t-elle jamais, si
l'on se plaît à contrarier ; sans nécessité, toutes les
habitudes, à porter gratuitement atteinte à tous les
intérêts?

On voit que je joue cartes sur table et que je n'entends rien dissimuler. Il est possible d'ailleurs qu'auprès de quelques esprits forts, la considération du
succès paraisse bien mesquine et bien basse. J'avoue,
en toute sincérité, en toute humilité, que je la trouve
très-grave. J'ajoute que je ne suis pas le seul et que
d'autres en ont été frappés avant moi. J'ai sous les
yeux, en ce moment, deux projets de réforme électorale ; qui, hormis en un point, se ressemblent beaucoup : celui que la gauche constitutionnelle avait pré-
paré, en 1839, et celui que les directeurs de la presse
libérale, dans les départements, ont rédigé à Paris, au
commencement de 1846. Dans le premier, tout en
regrettant le vote au chef-lieu ; on le déclare impossible. Dans le second, on l'admet. Pourquoi cette différence? Ne tiendrait-elle pas à ce que les directeurs
et rédacteurs des journaux de l'opposition, placés
pour la plupart dans les grandes villes ; connaissent
moins bien que les députés l'esprit des arrondissements?

Il faut s'expliquer franchement. Si, comme quel-

ques personnes semblent le penser, il s'agit seulement
d'une question à débattre et d'une manifestation à
faire, peu importent les difficultés ; les impossibilités
morales ou matérielles. Pour une discussion comme
pour une manifestation, le suffrage universel vaut
les plus imposés , les deux degrés valent le vote au
chef-lieu. Mais, si l'on veut que tout cela aboutisse
à un projet réel, sérieux et qui ait chance d'être
adopté ; si l'on trouve le mal assez grave, le danger
assez pressant pour qu'il ne suffise plus d'en parler ;
si, en un mot, on entend se mettre à l'œuvre avec
énergie, avec persévérance, par les seuls moyens
que fournit la constitution, alors on est tenu de chercher, de provoquer dans la majorité du pays , dans
la majorité du corps électoral, un assentiment actif et
des sympathies efficaces ; alors on est tenu d'éviter
tout ce qui pourrait refroidir ces sympathies, retarder
cet assentiment. Si c'est là ce qu'on appelle de la tactique, c'est du moins une tactique que l'intérêt du
pays conseille et que le bon sens avoue. C'est une
tactique, qui, loin de chercher sa force dans le silence
et dans l'ombre, peut et doit se produire et se proclamer publiquement.

Je n'hésite donc pas à le dire : plus je crois la réforme nécessaire ; plus je désire qu'elle respecte ,
autant que possible ; les habitudes établies, les idées
dominantes , les positions faites et tout ce qu'on
nomme les droits acquis. Plus je crois la réforme ur-
gente, plus il me parait sage de la rattacher aux prin-

cipes, au système de la loi actuelle et à ses dispositions principales. En un mot, à une tentative audacieuse, mais qui échouerait certainement, je préfère
une tentative modeste, mais qui puisse réussir.

J'écarte donc toutes les réformes qui détruiraient,
qui ruineraient de fond en comble la loi électorale
actuelle; et, me plaçant au cœur même de cette loi, je
me demande quels sont les principes sur lesquels elle
est censée reposer. Les voici, ce me semble, tels
qu'on les a toujours définis.

La Chambre des députés doit être, dans de justes
proportions, la représentation fidèle des droits, des
intérêts, des opinions du pays.

Le droit d'élire n'est ni un droit universel que
tous puissent réclamer, ni un privilége créé au profit
de quelques-uns. C'est un droit que la capacité confère, que la loi reconnaît et qui s'exerce au profit
de la société tout entière.

Pour que l'attribution du droit électoral aux uns
plutôt qu'aux autres se justifie aux yeux de la raison, de la justice, de la morale, il faut que ceux
qui s'en trouvent investis y voient une fonction sociale
à exercer, non une propriété privée à exploiter, et
que l'élection soit toujours libre et pure.

Il suit de là : 1° que les colléges électoraux doivent
être distribués de telle sorte que la minorité ait sa
place dans la Chambre, mais que le gouvernement
appartienne à la majorité; 2° que toute capacité électorale doit être admise par la loi, à quelque signe

qu'elle se manifeste; 3° que des moyens efficaces doivent être pris pour mettre l'électeur à l'abri de la corruption comme de l'intimidation, de la fraude comme de la violence, et pour assurer ainsi contre le gouvernement, comme contre les partis, la sincérité, la pureté, la liberté du vote.

Tels sont les principes, très-vrais selon moi, sur lesquels le législateur a voulu établir la loi électorale; telles sont les conséquences très-sensées qui découlent naturellement de ces principes. Examinons jusqu'à quel point les principes ont été respectés et leurs conséquences réalisées.

Je lisais dernièrement, dans une revue radicale, que le meilleur système électoral, s'il était praticable, serait celui où tous les électeurs nommeraient tous les députés, de sorte que la Chambre tout entière fût bien évidemment la représentation et l'organe du pays tout entier. A mon sens, c'est ne pas comprendre la destination véritable du gouvernement représentatif, de ce gouvernement qui, au lieu de conférer le pouvoir suprême à une seule opinion, place toutes les opinions sur un théâtre élevé où elles se rencontrent, où elles se débattent, où elles luttent, comme dans la société elle-même. Or, dans le système d'un seul collége pour toute la France, pour toute la Chambre, les minorités seraient muettes et opprimées. A quoi bon, dès lors, 459 députés? Autant vaudrait, mieux vaudrait nommer un seul homme et l'investir de la dictature.

Mais, si c'est là une erreur grave, c'en serait une plus grave encore que de combiner la loi électorale de telle sorte que la majorité de la Chambre fût choisie par la minorité des électeurs, par la minorité des droits et des intérêts généraux. Or, dans un écrit fort curieux, qui a paru l'an dernier, M. Charles Lesseps démontre par des chiffres positifs qu'il en est ainsi en France. Il démontre que, sur les 220,000 électeurs dont se composait, en 1845, le corps électoral, 92,000 nommaient 284 députés, tandis que 128,000 n'en nommaient que 173. Il démontre que, sur les 405,637,693 francs formant le total de quatre contributions directes, la somme de 208,411,820 fr. est payée par la portion du territoire qui nomme 181 députés, et celle de 197,425,873 fr. par la portion du territoire qui en nomme 278. Il démontre que, dans cette répartition singulière, les grands centres de richesse, d'instruction, d'intelligence sont particulièrement maltraités. Il démontre enfin qu'il n'a pas été plus tenu compte de la population que des autres éléments. Sa conclusion, c'est que la majorité de la Chambre ne correspond ni à la majorité du nombre; ni à la majorité de la richesse, ni à la majorité de l'intelligence.

Sans avoir beaucoup de goût pour la géométrie politique; on ne peut s'empêcher d'être frappé d'un tel résultat. Je le répète : il est nécessaire, il est indispensable que les minorités soient représentées dans la juste proportion de leur force numérique et de leur importance. Mais il est tout aussi nécessaire, tout aussi indispensable que la vraie majorité sorte du creuset électoral et qu'elle se manifeste, qu'elle se produise dans la majorité de la Chambre élective. Si cette dernière majorité ne correspond ni à la majorité du nombre, ni à la majorité de la richesse, ni à la majorité de l'intelligence, on ne sait trop à quoi elle correspond ni quelle est sa raison d'être.

Quand on y regarde de près, il n'est pas d'ailleurs fort difficile de comprendre comment se sont introduites toutes ces anomalies. La Constituante, on le sait, avait réparti les députés entre les départements, en raison composée du territoire, des contributions et de la population. Sous la Convention, l'élément du territoire disparut, comme aristocratique, l'élément des contributions, comme bourgeois. En l'an III, en l'an VIII, en l'an X, on revint à l'élément des contributions, auquel on adjoignit encore l'élément du territoire, non plus en raison de son étendue géométrique, mais en raison de son fractionnement administratif. Sous la Restauration enfin, en 1820, la répartition se trouva encore modifiée par de pures combinaisons de parti. C'est de tous ces remaniements successifs, de toutes ces combinaisons contradictoires qu'est sortie la répartition de 1831. Faut-il s'étonner qu'elle ne soit ni régulière ni logique?

Si l'on avait à faire entre les départements actuels une répartition toute nouvelle, il faudrait sans doute ne

négliger aucun des trois éléments de la Constituante ;
mais, pour rester fidèle à l'esprit de notre loi électorale, il deviendrait indispensable d'en ajouter un quatrième, celui du nombre des électeurs. Dans le système de notre loi électorale, il faut le répéter sans
cesse, la capacité confère le droit et les capacités
sont égales. Il est donc juste et légitime que, là où
elles sont plus nombreuses, elles aient un plus grand
nombre de représentants. Il est juste et légitime que,
dans la balance parlementaire, 3,000 électeurs pèsent plus que 150. Aujourd'hui, il n'en est point
ainsi, et les 3,000 électeurs du deuxième arrondissement de Paris nomment un seul député, absolument comme les 150 d'Embrun et de Bourganeuf.
N'est-ce pas une injustice criante?

Je ne pense pourtant point qu'il soit nécessaire
d'enlever à ceux-ci pour donner à ceux-là. D'une
part, ce serait nuire à des populations pauvres, peu
nombreuses et dont la voix doit aussi se faire entendre à la Chambre ; d'autre part, ce serait troubler
des positions faites. Mais, pour ramener la répartition
de 1831 à une certaine égalité proportionnelle, il y
a un autre moyen : c'est d'opérer, en sens inverse,
comme on a opéré, comme on veut opérer encore en
matière de contributions directes.

Pour dégrever les départements surimposés, sans
charger les autres, on commence par réduire la
somme totale des contributions, et on applique aux
premiers seuls la totalité du dégrèvement. Il s'agi-

rait ici d'augmenter le nombre des députés et d'attribuer aux colléges nombreux l'augmentation tout
entière. Au-dessus d'un certain chiffre d'électeurs,
chaque collége aurait deux nominations à faire ; et
ainsi, sans dommage pour aucun des colléges exis-
tauts, se trouverait introduit dans la répartition générale un élément important. Si l'on examine la liste
des colléges auxquels s'appliquerait l'augmentation,
on voit d'ailleurs que tous, ou presque tous sont
placés dans de grandes villes, au milieu de populations riches, laborieuses, éclairées. On aurait donc le
double avantage de réparer une inégalité choquante
et de placer dans la sphère vraiment politique cinquante ou soixante élections nouvelles ; de faire une
part plus convenable à l'intelligence, au travail, à la
richesse, et de favoriser, là seulement où elle peut
être active et réelle, la lutte des opinions. J'ai
déjà cité lord Chatham qui, pour combattre la corruption et pour retremper le Parlement, proposait,
en 1770, d'augmenter le nombre des membres de
la Chambre élective et d'attribuer la nomination des
membres nouveaux soit aux comtés, soit aux grandes villes. Je puis citer également son fils, William
Pitt, qui, en 1782 et 1783, présentait, dans le même
but, un plan tout à fait analogue. Selon Pitt, à cette
époque, « on avait raison de poursuivre dans le Par-
» lement, dans l'administration, dans les finances,
» l'influence corruptrice de la couronne ; mais il
» fallait la poursuivre aussi dans la loi électorale, si

» l'on voulait qu'elle ne pût pas revivre et qu'elle ne
» vint pas de nouveau souiller le noble édifice de
» la constitution. Or, les choses en étaient venues à
» ce point qu'on avait vu une Chambre des com-
» munes assez basse, assez vile pour nourrir elle-
» même l'influence qui servait à l'asservir; de telle
» sorte qu'elle était à la fois mère et fille de la cor-
» ruption. Si cela pouvait se renouveler, la Cham-
» bre des communes, gardienne naturelle des droits
» du peuple, ne serait plus qu'un instrument de ty-
» rannie, et la constitution anglaise, jadis l'orgueil et
» l'admiration du monde, en deviendrait la risée et
» l'opprobre. Pour prévenir un tel malheur, il était
» indispensable de remettre les représentants en rap·
·» port avec les représentés. C'est dans ce but qu'il
» convenait d'ajouter cent membres au moins à la
» Chambre des communes et de faire élire ces cent
» membres par les grandes populations du royaume.
» Ainsi, sans toucher aux droits acquis, une vie
» nouvelle ne pouvait manquer de se répandre dans
» l'organisation politique du pays. »

Il est bon de remarquer qu'en 1783, lorsque Pitt
faisait cette proposition, il venait d'être ministre, et
qu'en 1785, il la renouvela, avec certaines modifications, comme chef d'un cabinet conservateur.

Ce premier point vidé, j'en viens au second, et
je cherche jusqu'à quel point la loi électorale actuelle est fidèle au principe de la capacité.

Entre le principe aristocratique, qui attribue à la

propriété foncière seule l'exercice des droits politiques, et le principe démocratique, qui les donne à
l'individu, la législation française, depuis 30 ans,
a placé un autre principe, le principe rationnel, qui
confère, qui distribue les droits politiques selon les
aptitudes : « Partout où se rencontre la présomption
» d'un jugement libre et éclairé, disait M. Royer-
» Collard, en 1817, elle déclare l'aptitude person-
» nelle; et l'aptitude est le fondement unique du
» droit, elle est le droit lui-même. » M. Royer-Collard en concluait que, si la loi excluait sciemment
une seule aptitude, elle était injuste et tyrannique.
« C'est la capacité qui confère le droit, écrivait
» M. Guizot, en 1826 ; et la capacité elle-même est un
» fait indépendant de la loi, que la loi ne peut ni
» créer ni détruire, mais qu'elle doit s'appliquer à
» reconnaître avec exactitude, pour reconnaître en
» même temps le droit qui en découle. Et pourquoi
» la capacité confère-t-elle le droit? parce que le
» droit est inhérent à la raison, et seulement à la rai-
» son. La capacité n'est autre chose que la faculté
» d'agir selon la raison. » M. Guizot ajoutait qu'au
milieu d'une société nombreuse et civilisée, la capacité politique se révèle à des signes divers, à des
signes variables, et qu'on doit tous les admettre.

Voilà donc le principe de notre législation électorale bien fixé, bien défini. La capacité confère
le droit, et ce n'est point à un seul signe, mais à
plusieurs que la présomption de la capacité doit être

attribuée. Quelqu'un oserait-il prétendre que la loi
électorale soit, dans ses dispositions fondamentales,
conforme à ce principe? En 1831, on le sait, le gouvernement et la commission avaient essayé d'introduire dans la loi électorale une clause qui, selon les
conseils de M. Guizot, en 1826, plaçait la présomption
légale de la capacité ailleurs que dans la propriété.
Cette clause fut rejetée, et, depuis, toutes les fois
qu'on l'a reproduite, la Chambre ne lui a pas même
fait l'honneur de la prendre en considération. Assurément, l'admission au droit électoral de la seconde liste du jury était, en elle-même, une réforme bien insignifiante, bien inoffensive; et, quand
l'opposition avait la bonté de s'en contenter, il semblait qu'on dût la prendre au mot. On n'en a rien
fait, et il n'est pas certain que, malgré le dernier
programme de Lisieux, on ose encore porter aussi
loin l'audace et l'esprit d'innovation.

Pourquoi cela? le voici, selon moi : on s'est servi,
on se sert encore du principe de l'aptitude, de la
capacité pour combattre le principe démocratique;
mais, au fond, on ne déteste guère moins l'un que
l'autre. Ce n'est donc point telle ou telle application
du principe qu'on repousse; c'est le principe lui-
même, qui, une fois introduit dans notre législation,
saurait bien y faire son chemin. Il serait puéril de
croire, en effet, que, le jour où la porte s'ouvrira,
ce sera seulement pour la seconde liste du jury, et
que d'autres aptitudes, tout aussi légitimes, tout

aussi certaines pourront être longtemps écartées.
« Qui dira, écrivait encore M. Guizot en 1826, qu'un
» avocat, un notaire, un médecin ont moins de lu-
» mières et d'indépendance que tout homme qui
» paye pour ses champs 300 fr. d'impôt? La science,
» d'ailleurs, la situation sociale sont aussi des signes
» de fortune, et, si la richesse est nécessaire à la ca-
» pacité politique, les professions industrielles et li-
» bérales la donnent aussi bien que la propriété du
» sol... La capacité politique est un fait, il faut la
» prendre partout où on la rencontre et la recon-
» naître à tous les signes par lesquels elle se mani-
» feste. Le législateur peut être aveugle ou fermer
» les yeux, mais les faits qu'il ne peut point ou ne
» veut point voir n'en subsistent pas moins, des ca-
» pacités méconnues n'en restent pas moins réelles
» et actives, et il y a à leur refuser le droit qui leur
» appartient autant d'imprudence que d'injustice, un
» grand malaise pour la société, un grand péril pour
» le pouvoir. »

Il ne s'agit donc plus d'accepter de confiance, sur
parole, une vieille liste rédigée, dans d'autres circonstances, pour un autre usage. Il s'agit d'appliquer sérieusement, largement un principe souvent
proclamé, jamais réalisé, un principe qui jusqu'ici
a figuré au sommet de nos lois électorales sans y pénétrer. Il s'agit de faire ainsi à nouveau, d'après les
lumières du bon sens, d'après les règles de la prudence, le catalogue des signes divers auxquels l'ap-

titude, la capacité politique peut être reconnue. Puis, ce catalogue terminé, il s'agit de lui donner droit de cité. Je n'ai point la prétention d'en écrire ici tous les articles. Je crois, pourtant, que les professions industrielles et libérales n'y doivent pas seules être comprises, et qu'il convient d'y placer également certaines fonctions électives, toutes les fois qu'elles supposent, chez celui qui les confère, comme chez celui à qui elles sont conférées, un degré suffisant d'indépendance et de discernement. Je comprendrais peu, par exemple, que, pour l'élection des députés, comme pour l'élection des conseils généraux, on donnât le droit électoral aux maires et adjoints des villes populeuses sans le donner, en même temps, à tous les membres du conseil municipal. Dans les villes dont la population agglomérée s'élève à 2 ou 3,000 âmes, les éligibles sont assez nombreux, les intérêts assez considérables pour que le choix électoral discerne et indique suffisamment la capacité politique. Or, MM. Royer-Collard et Guizot l'ont dit, là où la capacité apparaît, le droit apparaît avec elle.

Quoi qu'il en soit, il me paraît établi que la loi électorale de 1831 n'a pas plus respecté le principe de la capacité que le principe d'une juste répartition. Voyons si, du moins, elle a fait tout ce qu'elle devait faire pour assurer la pureté, la liberté du vote et la sincérité de l'élection.

Dans tous les pays libres on a eu recours, pour empêcher la corruption électorale, à deux sortes de moyens : des lois contre la brigue, une organisation des colléges électoraux qui la rendit plus rare et plus difficile. Quant aux lois contre la brigue, il y a dans notre législation lacune presque complète. En 1844, l'opposition s'était efforcée de combler cette lacune en présentant un projet rédigé avec soin, et qui pouvait atteindre quelques-uns des faits les plus habituels et les plus condamnables. La commission chargée d'examiner ce projet, imagina de le convertir en une mesure contre le mouvement politique, contre les réunions électorales, contre le vote public, et, grâce à cette habile transformation, il tomba abandonné par tout le monde. Reste l'organisation des colléges électoraux, qui, on doit le reconnaître, peut être beaucoup plus efficace que les lois contre la brigue. Or, ici, deux dangers sont à éviter. On peut, comme dans certaines villes d'Angleterre, donner le droit électoral à une multitude aveugle, ignorante, grossière, toujours disposée à vendre son vote à qui veut et peut l'acheter. On peut le concentrer dans un petit nombre d'électeurs et en faire, pour ainsi dire, la propriété, le patrimoine de quelques hommes et de quelques familles. De ces deux dangers, le premier est loin d'exister en France. En est-il de même du second, et n'y a-t-il aucun collége où le nombre des électeurs soit si restreint, si resserré, que l'élection perde presque nécessairement tout caractère général et politique? On peut en juger par les chiffres suivants. D'après les dernières listes, il y a 61 colléges qui ont plus de 800 électeurs, 139 qui en ont de 800 à 500, 87 qui en ont de 500 à 400, 95 qui en ont de 400 à 300, 77 enfin qui en ont moins de 300 [1]. Sur 459 colléges, en voilà donc 258 dont le chiffre n'atteint pas 500 votants; en voilà 172 dont le chiffre n'atteint pas 400; en voilà 77 entre 150 et 300. Voilà par conséquent, en s'arrêtant à la dernière catégorie, 77 colléges dont nécessairement l'élection dépend d'un très-petit nombre de familles, toujours les mêmes, et qui, pour la plupart, outre les intérêts locaux, ont des intérêts personnels à faire valoir. Placez maintenant à côté de ces familles, pendant quelques années, une autorité quelconque armée de toutes les forces de la centralisation, dispensatrice de toutes les faveurs administratives, et dites si la tentation ne sera pas presque toujours irrésistible; dites si, comme M. de Beaumont le remarquait justement à propos d'Embrun, les colléges dont il s'agit ne sont pas tous destinés à devenir nécessairement, fatalement, des bourgs pourris ministériels? Il suffit pour cela d'avoir quelque habileté, peu de scrupule et d'y mettre le temps.

Qu'on fasse juger cette question par des hommes de bonne foi, de bon sens, et dont aucun intérêt local ou personnel ne trouble l'esprit, et je suis certain qu'il n'y aura point deux avis parmi eux.

[1] Appendice E.

« Je regarde comme admis, disait encore M. Gui-
» zot en 1826, qu'il est à désirer qu'en général l'é-
» lection des députés ne soit pas l'œuvre d'un petit
» nombre d'électeurs. Quand les réunions électora-
» les sont fort resserrées, non-seulement l'élection
» manque de ce mouvement, de cette énergie qui
» entretiennent dans la société la vie politique, et
» font ensuite, en partie du moins, la force du dé-
» puté lui-même; mais les intérêts généraux, les
» idées étendues, les sentiments publics cessent d'en
» être le mobile et le régulateur. Des coteries se for-
» ment; au lieu de brigues politiques, on a des in-
» trigues personnelles; la lutte s'établit entre des
» intérêts, des sentiments et des rapports presque
» individuels. L'élection n'est pas moins disputée,
» mais elle est beaucoup moins nationale... Partons
» donc de ce point que les réunions électorales doi-
» vent être assez nombreuses pour que les considé-
» rations individuelles n'y dominent pas si aisé-
» ment. »

M. Guizot pense-t-il que les intérêts généraux,
les idées étendues, les sentiments publics soient aujourd'hui le mobile et le régulateur des colléges de
150 électeurs? pense-t-il que dans ces colléges il y
ait beaucoup de vie politique et que les considérations individuelles n'y soient pas dominantes?

C'est là, je le dis sans hésiter, le vice principal de
la loi, celui qui demande un prompt remède. Or,
quand on a repoussé les deux degrés et qu'on n'a-

dopte pas le vote au chef-lieu, je ne vois plus qu'une chose à faire, c'est d'augmenter notablement le chiffre nécessaire pour constituer un collége, et de le porter au moins à 400. Mais ici s'élève une grave question. Pour que le nombre des électeurs ne soit dans aucun collége au-dessous de 400, il y a deux moyens : on peut, laissant le cens à 200 fr., élever simplement le minimum fixé par la loi de 1831, et, comme aujourd'hui, demander aux plus imposés les électeurs supplémentaires; on peut, en abaissant le cens, faire en sorte que, par l'effet de la loi commune et sans mesure exceptionnelle, tous les colléges, la plupart des colléges au moins, arrivent au chiffre de 400. De ces deux moyens lequel est le meilleur, le plus sage, le plus conforme à l'intérêt public et au développement plein et régulier de nos institutions constitutionnelles? Voilà ce qu'il s'agit d'examiner.

Il me paraît, d'abord, démontré qu'en règle générale, le système du cens fixe est très-supérieur au système du cens variable et des plus imposés. Dans le système du cens variable, le nombre des électeurs conserve toujours le même rapport avec la population, quelles que soient la richesse, l'intelligence, tout ce qui constitue l'aptitude électorale. Il suit de là que dans certains colléges l'aptitude, une aptitude réelle et constatée, ne confère pas le droit, tandis qu'ailleurs le droit précède l'aptitude; il suit de là que dans les grands foyers de lumière, dans les grands centres d'activité commerciale et industrielle, il faut payer un cens trois fois, six fois, dix fois plus élevé que dans les localités les plus ignorantes et les plus pauvres; il suit de là, en un mot, que, dans les Basses-Alpes, 50 ou 25 fr. suffisent peut-être pour faire un électeur, et que, dans tel collége de Paris, 500 fr. ne suffisent pas. Cela est directement contraire au système qui fait découler le droit de l'aptitude. Il n'en est pas de même quand le cens fixe est la règle, et que le cens variable vient seulement à titre exceptionnel, et dans un petit nombre de colléges, empêcher que le nombre des électeurs ne tombe à un chiffre ridicule.

Maintenant si, tout en conservant le cens fixe à 200 fr., on élève au chiffre de 400 électeurs le minimum nécessaire pour former un collége, il est à craindre que l'exception ne devienne presque la règle. D'après les dernières listes, il y a 172 colléges qui devraient recourir aux plus imposés, de telle sorte que dans ces colléges comparés aux 287 autres se produirait l'inégalité et l'injustice que je signalais tout à l'heure.

La conséquence que j'en tire, c'est que, dans le système de notre législation actuelle, l'élévation du minimum entraîne, par une conséquence nécessaire, l'augmentation générale du nombre des électeurs. Est-ce donc un si grand mal, et faut-il aujourd'hui reculer d'effroi devant une mesure que, libéraux et conservateurs réunis, signalaient en 1831 comme désirable et prochaine. Je persiste à croire, quant à moi, que, dans l'organisation politique d'un pays, le nombre n'est pas l'élément principal, et qu'un corps électoral très-restreint peut produire une représentation bonne, sincère, complète. Mais, si le grand nombre a son fanatisme, le petit nombre peut aussi avoir le sien. Or est-il possible de nier que, toutes choses égales d'ailleurs, il ne soit désirable d'appeler à la vie politique une portion plus considérable de la population? Est-il possible de nier que cela n'ait le double avantage de rendre la corruption de l'électeur plus difficile et d'augmenter l'autorité morale de l'élu? Voici comment, en 1817, s'exprimait à cet égard l'adversaire permanent, le contempteur passionné de la force et du nombre, M. Royer-Collard :

« Il suit de là, disait-il, avec la dernière évidence
» que la Chambre élective remplira d'autant mieux
» la destination qui lui est assignée dans l'État,
» qu'elle sera investie d'une plus grande confiance;
» et il n'est pas moins évident que cette confiance
» sera d'autant plus étendue que le nombre de ceux
» qui la lui auront donnée sera plus considérable. Il
» n'est donc pas indifférent que le nombre des élec-
» teurs des députés soit plus grand ou moindre,
» puisque l'autorité morale de la Chambre, qui est
» une si grande partie de son autorité politique, et
» son aptitude à ses fonctions constitutionnelles crois-
» sent et décroissent dans la même proportion. »

Il est bon d'ajouter qu'en 1846, après quinze ans, le nombre des électeurs en France n'atteint pas le chiffre auquel l'évaluaient en 1831 les ministres et les membres de la commission. D'après leurs conjectures, d'après leurs calculs, le cens de 200 fr. devait tripler subitement le chiffre total du corps électoral et donner à Paris 36,000 électeurs. Le chiffre total du corps électoral a seulement doublé, et Paris, au lieu de 36,000 électeurs, n'en a que 16,000.

La question est donc celle-ci : En 1831, sans autre pensée que celle d'appeler à la vie politique une portion plus considérable de la société française, on voulait tripler le nombre des électeurs, et on annonçait que bientôt on l'augmenterait encore. On est aujourd'hui fort en deçà de la limite fixée en 1831, et aux raisons qui déterminaient, alors, la Chambre il se joint d'autres raisons plus puissantes encore, puisqu'elles touchent à la moralité même de l'élection. Ce qui, en 1831, était juste, opportun, prochainement réalisable, est-il, quinze ans après, injuste, intempestif, dangereux? S'il en était ainsi, il faudrait avouer que depuis quinze ans la civilisation a fait peu de progrès en France et le gouvernement poussé peu de racines.

S'il faut dire toute ma pensée, il se pourrait qu'il en fût de l'abaissement du cens électoral comme de certaines réformes commerciales dont on s'exagère la portée, et qui, le lendemain de leur adoption, trompent à la fois les espérances et les craintes qu'elles avaient suscitées. Je n'attacherais donc pas à l'abaissement du cens électoral une très-grande importance si cette mesure se présentait isolément. Mais ceux qui tiennent à la pureté des élections ne doivent pas oublier que les petits colléges, les colléges de 150 électeurs, sont aujourd'hui ou deviendront bientôt des foyers de corruption. Il est donc nécessaire, indispensable d'agrandir ces colléges. Or, cela est difficile, presque impossible si, en même temps, par une mesure générale, on n'augmente pas dans tous les colléges le nombre des électeurs. L'abaissement du cens se présente ainsi, non comme une mesure isolée, mais comme le corollaire d'une autre mesure, d'une mesure sans laquelle la sincérité des élections ne saurait être rétablie. A ce titre surtout, je vois dans l'abaissement du cens une partie essentielle de la réforme et un moyen non pas de détruire la loi de 1834, mais de la ramener à son principe.

Je n'entends point d'ailleurs me prononcer définitivement sur le chiffre. Mais il y a, ce me semble, d'utiles considérations à présenter sur la manière d'établir ce chiffre et de le compter. La propriété est, à grande raison, selon moi, considérée comme un des signes principaux de la capacité politique ; mais il est difficile de mesurer directement la propriété. De là la nécessité d'un signe intermédiaire, visible pour tous, et qui ne puisse pas prêter à l'arbitraire. Dans l'état actuel de notre législation, ce signe est l'impôt qui manifeste la propriété, de même que la propriété manifeste l'aptitude. Si l'impôt maintenait avec le revenu un rapport invariable et permanent, rien ne serait mieux imaginé. Mais il n'en est pas ainsi. Aujourd'hui, des centimes additionnels de toute nature viennent augmenter l'impôt; demain, ces centimes cessent d'être perçus, et l'impôt diminue en conséquence. Le revenu augmente-t-il et diminue-t-il dans la même proportion? Tout au contraire. Quand l'impôt augmente, le revenu diminue de tout le montant de l'augmentation; quand l'impôt diminue, le revenu augmente de tout le montant de la diminution. Or, comme l'impôt, non le revenu, détermine en fait les droits électoraux, il en résulte cette singulière conséquence qu'on acquiert ou qu'on perd le droit électoral en raison inverse de l'augmentation et de la diminution de son revenu. Dans la théorie, le revenu reste le signe de l'aptitude. Dans la pratique, il cesse de l'être, et le principe reçoit chaque jour un éclatant démenti.

Cette anomalie n'avait point échappé aux écrivains politiques de la Restauration. Ils l'avaient signalée, et, en 1831, la Chambre des pairs s'efforça d'y remédier. Le moyen était simple. Dans toute cote de contributions directes, il y a plusieurs éléments faciles à séparer et que l'on sépare habituellement; le principal, qui est fixe et dont le rapport avec le revenu est immuable; les centimes additionnels permanents et variables, ordinaires et extraordinaires, dont la quotité subit chaque année, dans chaque lo-

calité, des variations incessantes. Le chiffre total de
l'impôt étant donné, il suffisait de le ramener au
chiffre du principal et de prendre ce dernier pour
signe du revenu. C'est ce que voulut faire la Chambre des pairs par un amendement à la loi électorale.
Mais elle eut un tort grave et qui perdit son amendement. La Chambre des députés avait admis le cens
de 200 fr. Bien que ce cens lui parût beaucoup trop
bas, la Chambre des pairs n'osait guère le relever
ostensiblement. La question de la forme sembla venir à propos pour réagir sur la question du fond,
sans qu'il y parût trop. La Chambre des pairs établit
donc par d'excellentes raisons que le principal de
l'impôt était le vrai signe, le signe naturel du revenu.
Puis, en vertu de calculs plus ingénieux qu'exacts,
elle fixa à 150 fr., en principal, le droit électoral. C'é-
tait reprendre indirectement le chiffre de 240 fr., ce
chiffre proposé par la commission de la Chambre des
députés et repoussé par la majorité.

La Chambre des députés rejeta donc, presque sans
débat, l'amendement de la Chambre des pairs. Mais
la question de forme reste entière et peut être reprise. Il ne faut pas qu'on s'abuse. La propriété foncière, chargée outre mesure de centimes départementaux, communaux, spéciaux, plie aujourd'hui
sous le faix, et demande un prompt soulagement.
Que ce soulagement lui soit accordé, et voilà quarante, cinquante mille électeurs peut-être qui, tout
en devenant plus riches, perdent leur aptitude et leur

droit. N'est-ce pas absurde? Il est très-fâcheux en outre que le remaniement des impôts entraîne de telles conséquences, et que ; soit le ministère, soit l'opposition, puisse y voir une occasion de gain ou de perte politique. Je me souviens, quant à moi, de la loi des patentes et des confidences que j'ai reçues après coup. Je me souviens aussi du dégrèvement de M. de Villèle et des résultats qu'il produisit. En prenant le principal pour signe, toutes ces petites manœuvres deviennent impossibles.

J'ai voulu me rendre compte du rapport moyen qui existe, dans un arrondissement du centre de la France, entre le principal des contributions directes, urbaines ou rurales, et les centimes de toute espèce. Ce rapport est de 120 à 80 pour les villes et de 99 à 101 pour les communes rurales. Il est en moyenne de 102 à 98. Si l'on voulait, dans le système actuel, substituer le cens de 150 fr. au cens de 200 fr., on pourrait donc l'établir à peu près à 80 fr. en principal.

Je crois avoir démontré que la loi de 1831 est infidèle aux trois principes sur lesquels elle repose, et que, pour la ramener à ces principes sans brusquerie, sans violence, il doit suffire : 1° d'augmenter de cinquante à soixante le nombre des membres de la Chambre et d'attribuer ces cinquante à soixante nominations aux colléges les plus nombreux ; 2° de faire une liste sérieuse et complète de toutes les aptitudes électorales, à quelque signe qu'elles se manifestent; 3° de fixer à un minimum beaucoup plus élevé que 150 par collége le nombre obligatoire des électeurs et d'abaisser par une mesure générale le cens électoral. Il ne m'appartient point d'ailleurs de décider, à moi seul, jusqu'où doit et peut aller la réforme. J'indique seulement dans quelle voie, à mon sens, il faut entrer et quelle méthode il convient d'employer. Quand, en 1831, l'opinion publique, pesant fortement sur les whigs, leur fit comprendre la nécessité, un peu oubliée par eux, de réviser, de réformer sérieusement les vieilles lois électorales, les whigs ne s'avisèrent pas de tout jeter à bas pour tout reconstruire ensuite. Prenant pour bons les principes, pour solides les bases de leur législation, c'est au contraire à une simple réparation qu'ils bornèrent leurs efforts. Ils avaient des bourgs où, par un abus traditionnel, le droit électoral appartenait au propriétaire de deux ou trois maisons en ruines : ils les supprimèrent. Ils en avaient d'autres où le droit électoral restait concentré, renfermé dans la main d'un petit nombre de personnes : ils les ouvrirent. Ils avaient enfin de grands centres de population, de richesse, d'intelligence qui n'avaient point leur juste part dans la représentation nationale : ils la leur donnèrent. Partout d'ailleurs ils étendirent ou régularisèrent le droit électoral. A l'exception des bourgs sans électeurs, qui n'existent point en France, nous avons à peu près les mêmes abus à corriger, les mêmes réformes à opérer. Pourquoi serions-nous moins hardis que les whigs, et pourquoi ce qui leur a réussi ne nous réussirait-il pas à notre tour?

Parmi les objections que l'on fait, non pas à telle ou telle partie, mais à l'ensemble même de notre système électoral, il en est pourtant une qui me frappe et qui me touche. On dit que, dans son uniformité, ce système ne se prête pas suffisamment aux variétés sociales, aux diversités politiques, et qu'en fait il doit, à la longue, bannir de la Chambre les minorités, celles du moins que séparent du gouvernement actuel des dissentiments profonds et permanents. Il faut à cet égard s'expliquer très-nettement. Je n'appartiens ni à la minorité radicale ni à la minorité légitimiste, mais je reconnais qu'elles tiennent l'une et l'autre une place importante dans la société française, et je crois juste et bon qu'elles aient entrée à la Chambre. Je crois que, si elles en étaient exclues par le fait de la législation, la représentation des droits et des intérêts serait incomplète et mutilée. Mais je ne pense pas que, pour la première au moins de ces minorités, pour la minorité radicale, il y ait aucun danger. La minorité radicale a dans le corps électoral des adhérents nombreux, ardents, et qui sauront toujours la faire respecter. Il est d'ailleurs inévitable que dans l'avenir, comme dans le passé, plus que dans le passé, il s'établisse entre les diverses fractions de l'opinion libérale un accord, une entente, dont la minorité radicale profitera comme les autres. A une certaine époque, la minorité radicale s'était fait grand tort dans le corps électoral, parce qu'elle annonçait le dessein de faire triompher ses idées par la force. Qu'elle renonce à ce dessein, et qu'elle demande son succès à la raison publique. Le corps électoral alors ne lui fera pas défaut.

La position de la minorité légitimiste est plus grave, et les dernières élections lui ont fait subir de grandes pertes. Mais, il serait inutile de le nier, la minorité légitimiste, comme parti homogène, organisé, discipliné, existe à peine aujourd'hui. Elle existera moins encore quand un événement inévitable lui aura enlevé ses dernières espérances, ses dernières illusions. Le temps d'ailleurs ne s'écoule pas en vain, et il est impossible qu'une classe riche, éclairée, influente, se résigne à émigrer pendant vingt ans à l'intérieur, et à rester systématiquement étrangère au gouvernement de son pays. Dès lors il arrivera ce qui arrive déjà : c'est que la minorité légitimiste voudra rentrer dans les affaires. Pour cela deux voies lui sont ouvertes, celle des antichambres et celle des corps électifs, celle des fonctions salariées et celle des fonctions gratuites. On verra donc les uns se précipiter vers la cour ou vers l'administration, et transporter, purement et simplement, d'une dynastie à l'autre l'ardeur de leur zèle et la plénitude de leur dévouement. On verra les autres briguer l'honneur de défendre dans les assemblées électives les libertés publiques, les intérêts généraux, la dignité nationale. C'est ainsi que les choses se sont passées dans le dernier siècle, én Angleterre, où la moitié des jacobites pliait déjà le genou devant la maison de Hanovre, tandis que l'autre moitié résistait aux empiétements de cette maison, au nom des-principes mêmes de la révolution.

De ces deux manières de se rallier, il est inutile de dire laquelle est la plus digne, la plus noble, la plus honorable. Quoi qu'il en soit, il ne faut avoir nul souci de ceux qui adopteront la première. Le jour où ils frapperont à la porte des Tuileries ou des hôtels ministériels, on ouvrira les deux battants. Quant aux seconds, l'opposition se manquerait à elle-même si, se souvenant de leur origine, épiant leurs regrets, elle refusait de les compter parmi les siens. Ce serait tout simplement déclarer à la minorité légitimiste que la faveur royale ou ministérielle est la seule qu'elle puisse ambitionner et que la liberté est plus exclusive que le pouvoir. Comme candidats du gouvernement ou comme candidats de l'opposition, les membres de la minorité légitimiste, selon qu'ils pencheront d'un côté ou de l'autre, trouveront des colléges pour les élire.

Je ne sais trop d'ailleurs par quel moyen, plus ou moins artificiel, on pourrait faire, d'une manière certaine et permanente, la part légitime des minorités. J'ai bien vu dans le principal organe du parti légitimiste un système où les électeurs se grouperaient d'après leur opinion; mais ce système, ingénieux en théorie, est inapplicable dans la pratique et romprait,

s'il pouvait être appliqué, la grande unité nationale.
Il faut le dire : la prépondérance des intérêts privés
sur les intérêts généraux, la corruption, voilà l'ennemi commun de toutes les minorités, voilà l'obstacle
contre lequel elles se brisent les unes et les autres.
Qu'elles s'unissent pour abattre cet ennemi, pour
renverser cet obstacle, et elles auront beaucoup fait.

Je ne dis plus qu'un mot. La sincérité du vote
électoral peut être faussée de deux façons : par la
violence extérieure, par là corruption intérieure.
Aux dernières élections, la violence extérieure a fait
apparition sur deux ou trois points du territoire ;
mais la force publique l'a bientôt réprimée, et nulle
part elle n'a triomphé. Partout, au contraire, la corruption s'est déployée à son aise, en toute liberté,
et l'on compterait difficilement les élections qu'elle a
faites. Je sais, dans la majorité de la Chambre, des
hommes honorables, honnêtes, qui avouent le fait
et s'en affligent, mais qui croient le remède impossible. Ils se trompent : le remède est inévitable. L'u-
nique question est celle de savoir s'il sera tel que la
raison l'indique, tel que la morale le conseille, tel
que la loi le permet. On est certes maître de voir les
progrès de la corruption, sans s'en inquiéter, sans
s'en émouvoir, sans essayer d'y mettre obstacle ; on
est maître de s'endormir ainsi dans une sécurité coupable et de profiter du mal, tout en le blâmant ; mais
la France n'est pas tombée assez bas pour supporter
toujours un tel régime. J'aperçois, quant à moi, le

moment où, à la veille d'une élection générale, la corruption verra tout à coup surgir en face d'elle un rival redoutable, la violence. Entre ces deux forces, également irrégulières, également condamnables, ce sera alors un duel terrible, un combat acharné, où, quel que soit le vainqueur, la liberté périra. Que la responsabilité de ce combat et de ses suites retombe tout entière sur ceux qui auront pu et qui n'auront pas voulu l'empêcher!

CHAPITRE VI.

———

Le gouvernement représentatif n'existe véritablement qu'à trois conditions :

1° Que la couronne, couverte par un ministère *qui gouverne*, reste toujours dans la haute sphère où la constitution l'a placée ;

2° Que la Chambre élective, indépendante et jalouse de sa prérogative, soit, en fait comme en droit, le centre réel du gouvernement et le pouvoir prépondérant ;

3° Que les élections soient libres et pures, et qu'elles produisent ainsi une assemblée qui représente, dans de justes proportions, les droits, les intérêts, les opinions du pays.

Hors de ces trois conditions, on peut avoir l'apparence du gouvernement représentatif ; on n'en a pas la réalité.

Je crois avoir établi que pas une des trois ne se rencontre aujourd'hui. Je crois avoir indiqué en outre quelques-uns des moyens à l'aide desquels on peut les faire revivre.

Mais, pour que, d'une part, ces moyens pénètrent dans la législation; pour que, de l'autre, ils produisent les bons effets qu'on doit en attendre, il faut qu'ils trouvent dans l'opinion publique, dans l'opinion du dehors un énergique auxiliaire. La citadelle qu'il s'agit de réduire est bien fortifiée, bien défendue, et ne se rendra certes pas à la première sommation. Les intérêts qu'il s'agit de vaincre sont des intérêts considérables, fortement organisés, habilement disciplinés. A mesure que le temps marche, ces intérêts, d'ailleurs, se groupent et s'entre-mêlent de manière à s'appuyer les uns les autres et à doubler, à tripler ainsi leur force de résistance. C'est donc une campagne longue, difficile, laborieuse que le parti libéral doit entreprendre; et tout le monde, dans le parti libéral même, n'aime pas ces sortes de campagnes.

Mettre dans la défense de l'intérêt général la même activité, la même persévérance, le même accord que d'autres mettent dans la défense des intérêts privés, voilà la loi qu'une nécessité absolue nous impose. Si nous prétendons réussir promptement et sans peine, il vaut mieux donner notre démission et attendre des temps meilleurs.

Malheureusement, je le sais, la France a toujours été plus renommée pour l'attaque que pour la défense, pour l'enthousiasme que pour la persévérance; si elle voit en face d'elle un ennemi à combattre, un obstacle à renverser, elle se jette dans la lutte avec

un élan admirable; mais cet élan dure peu. Victorieuse, elle s'endort; vaincue, elle se décourage : de
sorte que trop souvent ses efforts les plus généreux,
les plus héroïques restent sans résultat et sans fruit.
Si cette disposition est toujours fâcheuse, combien
ne le devient-elle pas davantage quand l'ennemi se
déguise, quand l'obstacle se dissimule, quand, en
un mot, au lieu de se battre en rase campagne,
on est condamné à marcher lentement, pénible-
ment à travers un fourré épais ou de profonds ma-
récages! La victoire alors n'est point au plus brave,
mais au plus patient, et la fougue française n'y peut
rien.

Encore une fois, si on se sent incapable d'une telle
lutte, qu'on ne l'entreprenne pas. Si on l'entreprend,
au contraire, qu'on ne s'en retire pas au premier
échec.

Cela dit, voyons quelles sont les forces du gouvernement, les forces de l'opposition, et quel usage
on peut faire des unes et des autres.

Les forces du gouvernement, tout le monde le sait,
sont considérables. Une administration puissamment
organisée, qui s'étend, comme un réseau, sur toute la
France et qui, soit par un côté, soit par l'autre, en-
lace toutes les localités et tous les individus ; la dis-
pensation arbitraire, journalière d'emplois sans nombre et de faveurs sans limites, ce sont là, dans un
temps où l'esprit du lucre étouffe l'esprit politique,
des forces immenses, incomparables, telles, qu'à au-

cune époque, aucun gouvernement n'en a possédé de pareilles. Quant à l'usage qu'on en fait, je l'ai dit et n'y veux pas revenir. Tout le monde sait d'ailleurs que, depuis plusieurs années, il n'y a pour le gouvernement qu'une question importante, celle des élections. Tout le monde sait qu'auprès de cette question, unique, dominante, exclusive, pâlissent et s'effacent toutes celles qui touchent à la grandeur, à la prospérité, à la liberté de la France. Préparer de bonnes élections, c'est-à-dire des élections qui donnent la majorité à la politique ministérielle, c'est là le but suprême, le but vers lequel on tend par toute espèce de moyens.

Les forces de l'opposition sont bien moindres. Cependant elles ont aussi leur valeur et leur puissance. C'est d'abord, et avant tout, la justice de sa cause, dont la plupart de ses adversaires ont conscience, au fond du cœur. Ce sont ensuite les fautes du gouvernement, qui, de temps en temps, éclatent avec assez d'évidence pour que les moins clairvoyants les aperçoivent. Il y a, d'ailleurs, dans les idées de liberté, d'égalité, de dignité nationale quelque chose qui remue les âmes, qui agite les esprits à travers l'égoïsme général ; et ces idées, l'opposition est maîtresse, par la parole et par la presse, de les faire pénétrer dans toutes les parties du pays. Elle est maitresse enfin, malgré quelques entraves, d'opposer à l'organisation officielle du gouvernement une organisation officieuse et de manifester l'esprit qui l'anime partout où l'élection intervient. Telles sont les forces de l'opposition, inférieures à celles du gouvernement, mais considérables encore. Comment en use-t-elle?

Il faut le dire : elle en use à peine, et là surtout est le mal. Quinze jours, un mois avant les élections, elle se réveille, elle s'agite, elle fait grand bruit; mais, le jour des élections passé, elle retombe presque entière dans son sommeil, dans son repos, dans son silence. C'est tout au plus si elle consent, dans l'intervalle, à surveiller la révision des listes électorales, cette opération si importante, si décisive, et qui, dans tous les États constitutionnels, excite la sollicitude continuelle de tous les partis. D'ailleurs, point d'associations, point de réunions, rien de ce qui tient l'opinion publique en éveil, en haleine; rien de ce qui fortifie, de ce qui endurcit, de ce qui prépare à la lutte. Entre deux adversaires dont l'un sort de son repos tous les quatre ans, tandis que l'autre ne se repose jamais, est-il bien étrange que le second soit vainqueur?

En Angleterre, les choses se passent autrement. La lutte entre les opinions, entre les intérêts, entre les partis est permanente, et s'engage dans toutes les occasions, sur tous les terrains. Pas une question grave qui, avant de se débattre au Parlement, ne se débatte publiquement dans tous les comtés, dans tous les bourgs. Pas une loi importante qui ne fasse naître, d'un côté comme de l'autre, une foule de pétitions. Pas une élection locale où les deux drapeaux, celui du ministère et celui de l'opposition, ne se trouvent en présence. Aussi, en Angleterre, y a-t-il une opinion publique qui pèse sur tous les pouvoirs, avec laquelle tout le monde compte, et qui remporte quelquefois des victoires inattendues. C'est cette opinion qui imposait, en 1831, la réforme parlementaire au ministère whig; en 1846, la réforme commerciale au ministère tory. C'est cette opinion qui prépare aujourd'hui d'autres réformes dans l'organisation sociale du pays. Quelquefois sans doute elle s'enivre, elle s'égare, et les hommes d'État s'honorent en lui résistant. Ce n'en est pas moins une puissance réelle, visible, dont l'appui est recherché par tous, et qui donne à ceux qu'elle favorise autant de confiance que de force.

Qu'on dise où est, en France, cette puissance, et par quels signes elle se manifeste! Je n'en connais que deux exemples depuis quinze ans : l'hérédité de la pairie, la dotation. Mais le premier est voisin de la révolution de juillet, et le second n'a qu'une importance médiocre.

Mais si, en France, l'opposition parlementaire ne trouve pas dans l'opposition du dehors tout l'appui, toute l'assistance qu'elle aurait droit d'en attendre, n'a-t-elle elle-même aucun reproche à se faire, et ne peut-elle pas, en grande partie au moins, s'attribuer ce triste résultat? Que font, en Angleterre, après les sessions, les principaux membres de l'opposition parlementaire, ceux qui parlent et ceux qui écrivent? Assurément leur vie de château, cette vie si splendide, si animée, si séduisante, est bien faite pour les retenir, et ils y trouvent des plaisirs auxquels il est toujours difficile de s'arracher. Ils s'y arrachent pourtant, pour parcourir les comtés, pour présider les réunions publiques, pour assister aux banquets politiques; ils s'y arrachent, pour éclairer, pour ranimer toujours et partout l'opinion publique; ils s'y arrachent, pour soutenir leurs amis, pour combattre leurs adversaires. C'est dans cette double action, dans cette action réciproque du pays sur le Parlement, du Parlement sur le pays, que s'entretient l'esprit politique, que se retrempe l'opinion publique, que s'élabore la pensée nationale. Si Robert Peel, vaincu en 1831 et en 1834, eût attendu paisiblement, dans son cabinet ou dans ses champs, que la fortune lui revînt, croit-on qu'il eût reconstitué le grand parti qui vient de se dissoudre, mais qui, pendant cinq ans, a gouverné l'Angleterre? Si O'Connell, pendant le cours de sa longue vie, fût resté muet et oisif, croit-on qu'il eût arraché aux préjugés, à l'orgueil anglais l'émancipation catholique d'abord, et bientôt sans doute l'égalité des deux peuples? Si Villiers, Cobden, Bright se fussent bornés à quelques discours en plein Parlement, croit-on qu'ils eussent fait capituler le ministère et soumis, réduit l'aristocratie territoriale? La lutte politique n'est pas plus que les autres luttes exempt de soucis et de fatigues, et le succès appartient à ceux qui savent le conquérir à la sueur de leur front.

Dernièrement, au reste, l'Angleterre nous a offert un exemple bien plus curieux, bien plus frappant encore de ce que doit être la vie politique et de ce qu'elle est chez un peuple qui la comprend. Trahi par ses chefs naturels, par ceux-là mêmes qu'il avait portés au pouvoir, le parti *protectioniste* voit tout à coup ses généraux qui lui manquent et la majorité qui lui échappe. Qui ne croirait que, dans une telle situation, il va s'abandonner lui-même et ouvrir son cœur au découragement? Eh bien! non : le parti *protectioniste* rassemble ses forces, serre ses rangs, et de son sein sort tout à coup un homme de grande famille, à peu près étranger aux affaires, connu seulement comme grand parieur, comme grand chasseur, dont personne ne soupçonnait la capacité politique, et qui, depuis vingt ans au moins, n'avait pas fait un discours. Poussé par la nécessité, inspiré par la nouveauté de sa position, cet homme, rival improvisé des ministres passés et présents, parle avec talent, avec succès, et son parti, d'une voix unanime, lui décerne le commandement. Aussitôt le parieur renonce aux courses, le chasseur vend sa meute, l'homme étranger aux affaires se plonge dans toutes les difficultés de la statistique, de la politique, et le voilà qui, non content d'accomplir ses devoirs parlementaires, va de comté en comté, relevant le drapeau *protectioniste*, ranimant les fer-

miers, promettant à ses amis une revanche prochaine; le voilà qui, d'accord avec d'autres membres
des deux Chambres, reforme ainsi une nouvelle armée, un nouveau parti, le lendemain même de la
défaite! Ce sont là les vraies mœurs, les vraies habitudes du gouvernement représentatif. Ces mœurs,
ces habitudes sont-elles les nôtres, à nous, qui n'a-
vons pas même su opposer nos banquets d'opposition
aux banquets ministériels de MM. Guizot, Duchâtel
et Lacave-Laplagne?

Je ne veux point vanter l'Angleterre à nos dépens. Elle a ses qualités, nous avons les nôtres. Ce
qu'il y a de fâcheux, c'est que les nôtres ne sont pas
les plus propres à garder entre l'insurrection et la
soumission, entre la révolte et l'obéissance, le milieu
qui seul maintient et vivifie les institutions libres.
C'est beaucoup de conquérir la liberté par un effort
prompt et sublime; c'est plus encore, de la conserver par des efforts obscurs et journaliers. Aujour-
d'hui, ces efforts-là sont ceux dont la cause libérale
a besoin.

Après la persévérance vient le bon accord, non
moins difficile à obtenir. Qu'on ne puisse sans beaucoup de soins, sans beaucoup de bonne volonté, sans
beaucoup de tolérance réciproque, réunir, même pour
quelques jours, des partis dont les vues sont vraiment divergentes, cela est tout naturel. Ce qui l'est
moins, c'est qu'on se donne autant de peine, chez
nous, pour faire apparaître des dissidences imaginai-

res, qu'on s'en donne, ailleurs, pour en effacer de réelles ; c'est que chaque parti, si petit qu'il soit, tende sans cesse à se diviser en deux ou trois partis, lesquels, à peine formés, tendent à se subdiviser de nouveau ; c'est qu'ainsi l'esprit de coterie remplace l'esprit de parti, et que toute action concertée, toute action commune et puissante devienne à peu près impossible. N'est-ce pas là ce qu'on a vu trop souvent, en France, depuis quelques années? Il faut dire toute la vérité : si, pour beaucoup de membres de la majorité ministérielle, il n'y a dans la vie politique qu'une · question, faire son chemin ; pour quelques membres de l'opposition, en revanche, il n'y a qu'une affaire, se distinguer de ses collègues. Or, quand on n'a pas la taille très-haute, on a plus de chance d'être vu dans un petit groupe que dans la foule. Ajoutez qu'il n'apparaît pas, dans la Chambre, ou dans la presse une dissidence quelconque, sans qu'il se trouve des mains complaisantes pour la recueillir, pour la cultiver, pour la faire fleurir et fructifier.

Je ne dirais rien de ces misères, si elles n'avaient fait plus de tort peut-être à la cause libérale que l'indifférence des uns, l'avidité des autres et toutes les manœuvres ministérielles. Si l'on veut n'être d'un parti qu'à la condition d'aimer tous ceux qui appartiennent à ce parti et d'approuver tout ce qu'ils font, tout ce qu'ils disent, tout ce qu'ils pensent, autant vaut renoncer à la politique et se réfugier dans la solitude. Être d'un parti, c'est mettre en

commun une certaine somme d'idées et de desseins,
avec l'engagement tacite de ne point se séparer avant
que ces desseins soient accomplis et ces idées réalisées. Cela n'empêche et ne doit empêcher, sur tout le
reste, ni les penchants divers ni les vues séparées.

Je prie qu'on ne cherche dans mes paroles aucune
application personnelle. Ce n'est pas tel ou tel de mes
collègues que j'attaque, c'est une maladie fort commune que je décris, une maladie dont, en Angleterre même, le gouvernement représentatif a souffert
plus d'une fois.

« Quand les hommes sont liés ensemble et forment
» un parti, écrivait Burke, en 1770, ils peuvent ai-
» sément s'avertir, se donner mutuellement l'alarme,
» au moment même où les mauvais desseins appa-
» raissent. Ils peuvent en outre sonder ces desseins
» en commun et s'y opposer avec toutes leurs forces
» réunies. Quand, au contraire, ils sont dispersés,
» sans concert, sans ordre, sans discipline, les com-
» munications sont incertaines, l'accord difficile, la
» résistance impossible. Tant que les hommes igno-
» rent quels sont leurs principes, tant qu'ils n'ont
» pas, par des efforts communs, fait l'épreuve de
» leurs talents, de leurs dispositions, de leurs habi-
» tudes réciproques, il est évident qu'ils ne peuvent
» jouer un rôle public avec uniformité, avec persé-
» vérance, avec efficacité. Dans une association,
» l'homme le moins considérable, en augmentant le
» poids total, a sa valeur et son utilité. Dans l'état

» de division, les plus grands talents deviennent
» inutiles au public. Aucun homme, s'il n'est égaré
» par le délire de l'amour-propre, ne peut se flatter
» que ses efforts isolés, passagers, non systémati-
» ques aient jamais le pouvoir de déjouer les trames
» habiles et les intrigues combinées de quelques ci-
» toyens ambitieux. Quand les méchants se liguent,
» il faut que les bons s'associent, autrement ils tom-
» beraient un par un, victimes peu dignes de pi-
» tié, dans une lutte méprisable..... Pour l'homme
» qui a reçu de ses concitoyens une mission im-
» portante, ce n'est pas assez de vouloir le bien
» de son pays; ce n'est pas même assez de pouvoir
» dire qu'on n'a jamais commis une mauvaise ac-
» tion, mais qu'on a toujours voté, parlé selon sa
» conscience et résisté à tous les actes qu'on regar-
» dait comme nuisibles. Le devoir oblige non-seule-
» ment à voir le bien et à le montrer, mais à faire
» tous ses efforts pour le faire prévaloir; non-seule-
» ment à signaler le mal et à le combattre, mais à
» ne rien négliger pour en venir à bout. Quand
» l'homme public refuse ou néglige de se mettre
» dans une position où il puisse faire son devoir
» avec effet, il manque à son devoir presque autant
» que s'il le trahissait. Ce n'est certes pas une con-
» duite sensée que de suivre la ligne droite, mais en
» s'y prenant de telle sorte que les efforts que l'on
» fait ne puissent avoir aucun résultat utile. »

Quand Burke écrivait ces lignes remarquables, il

y avait un parti dont j'ai déjà parlé, le parti des. amis
du roi, qui, dans un dessein facile à comprendre,
faisait tous ses efforts pour diviser l'opposition, et
qui déjà n'y avait pas mal réussi.

A mon sens, les conseils de Burke sont aussi
bons, meilleurs peut-être en France qu'en Angleterre ; et il me paraît insensé de croire qu'une
guerre de guérillas puisse venir à bout d'une armée
bien organisée, bien nourrie, d'une armée qui reçoit tout entière le même mot d'ordre et dont une
seule pensée dirige tous les mouvements. Dans l'opposition, sans doute, les choses ne peuvent pas se
passer ainsi. C'est dans des conférences, dans des délibérations en commun que la direction doit être arrêtée, le conseil exécutif choisi, le mot d'ordre donné.
Mais, une fois cela fait, l'opposition ne doit pas oublier que, pour vivre, les démocraties n'ont pas moins
que les monarchies besoin d'ordre et de discipline.

Est-il vrai d'ailleurs qu'entre les diverses fractions de l'opinion libérale il soit difficile d'arriver, je
ne dis pas à un accord complet, mais à une alliance
utile et honorable? On en doute quand on lit certains journaux où, dans la vivacité d'une polémique
quotidienne, les dissentiments grossissent et s'enve-
niment. Mais, en Angleterre aussi, les journaux
whigs et les journaux radicaux sont souvent en querelle, ce qui n'empêche point le parti whig et le parti
radical de marcher d'accord dans le Parlement et
dans les élections. Il est d'abord deux fractions de

l'opposition libérale, les plus nombreuses, qui, également dévouées aux institutions de 1830, n'ont jamais différé que sur les circonstances, sur les moyens, sur les personnes. Aujourd'hui, ces différences sont à peu près effacées, et, pendant tout le cours de la dernière session, la bonne entente a été complète. Dans un temps où les institutions se jugent non par le sentiment, mais par la raison, on ne peut attendre que la monarchie constitutionnelle soit, comme fut jadis une autre monarchie, l'objet d'une idolâtrie aveugle et d'un culte intolérant. Il est donc possible qu'à gauche et au centre gauche, tout le monde ne voie pas dans cette forme de gouvernement la forme définitive des gouvernements libres ni l'idéal éternel des sociétés humaines. Mais, sans contester à l'avenir ses espérances indéfinies, les deux grandes fractions de l'opposition constitutionnelle sont également convaincues que la forme dont il s'agit, favorable au maintien de l'ordre, se prête, en outre à tous les développements de la liberté, à toutes les améliorations dont l'organisation sociale est susceptible. Elles veulent donc que l'expérience se fasse sincèrement, complétement, et elles croient qu'ainsi faite, l'expérience réussira.

Les radicaux croient le contraire, et, chaque jour, autant du moins que la loi le leur permet, ils essayent d'en dire les motifs. Est-ce pourtant une raison pour qu'ils s'isolent, pour qu'ils se tiennent à l'écart, pour qu'ils fassent obstacle aux efforts de ceux qui, plus confiants qu'eux, regardent la monarchie et le gouvernement représentatif vrai comme parfaitement compatibles? Pour la plupart, les radicaux n'en jugent pas ainsi, et, soit dans le Parlement, soit dans les colléges électoraux, il est rare qu'ils se soient séparés de l'opposition constitutionnelle. Pourquoi s'en sépareraient-ils en effet? Les radicaux pensent, avec certains royalistes, que, dans une société démocratique comme la société française, le pouvoir royal et le pouvoir parlementaire ne peuvent exister à la fois, et que l'un doit nécessairement tuer l'autre; ils pensent, dès lors, que la monarchie constitutionnelle doit périr, non par les tentatives violentes de ses ennemis, mais par ses propres fautes, par ses propres imperfections, par ses propres impossibilités. Les constitutionnels nient qu'il en soit ainsi et soutiennent que, sans dépouiller le pouvoir royal de ses justes prérogatives, le pouvoir parlementaire, une fois établi, une fois constitué, peut très-bien prendre sa place et se faire respecter. Il y a là, entre les constitutionnels et les radicaux, une question dont l'avenir seul est juge. Mais, pour qu'elle puisse se juger, il est une condition préliminaire : c'est que le pouvoir royal n'absorbe pas le pouvoir parlementaire, et que celui-ci se ranime au sein d'une majorité indépendante et libérale. Constitutionnels et radicaux ont donc provisoirement le même intérêt et doivent avoir le même but.

Ce n'est pas sérieusement d'ailleurs qu'on prétend

refuser aux oppositions diverses le droit de suspen-
dre leurs querelles quand l'intérêt commun l'exige
et de réunir leurs efforts. J'ai fait partie, avec
MM. Guizot et Duchâtel, de deux eoalitions : celle de
1827, celle de 1839. M. Guizot oserait-il dire que,
dans le comité dont il était président, en 1827, toutes
les opinions se renfermassent dans le cercle de la
constitution établie, et que MM. Bastide et Cavaignac,
ses collègues, eussent pour la forme monarchique
beaucoup d'affection et de respect? Oserait-il dire
qu'en 1839, quand il donnait une main à M. Berryer,
l'autre à M. Garnier-Pagès, il leur communiquât, par
le seul contact, l'amour de la dynastie et des institutions actuelles? Oserait-il dire que, dans ces deux
graves épisodes de sa vie politique, il ne sût pas qu'il
s'associait à des hommes, à des partis dont les vœux
n'étaient pas ses vœux, dont le but était fort au delà
de son but? A mon sens, en 1839 comme en 1827,
MM. Guizot et Duchâtel avaient raison. En 1839
comme en 1827, ils savaient que la dynastie avait
plus à craindre ses amis que ses ennemis, ses flat-
teurs que ses détracteurs, et que les institutions me-
naçaient ruine, au sommet plutôt qu'à la base. En
hommes sensés et prévoyants, ils allaient au plus
pressé, et s'alliaient à qui voulait défendre avec eux
la constitution menacée. Quand, de 1831 à 1835,
l'émeute grondait dans la rue, je ne sache pas qu'on
demandât à ceux qui prenaient un fusil pour la combattre s'ils préféraient, au fond de l'âme, la bran-

che aînée à la branche cadette, la forme monarchique
à la forme républicaine. Pourquoi le demanderait-on
à ceux qui combattent aujourd'hui pour la liberté
contre l'oppression, pour la moralité publique contre
la corruption, pour la dignité nationale contre l'a-
baissement systématique? La cause de l'ordre est
sans doute une grande et noble cause; celle de la
dignité nationale, de la moralité publique, de la
liberté n'est pas moins belle et ne mérite pas de
moindres sacrifices.

Dans cette Angleterre, que l'on admirait tant, il y
a peu de mois, et où l'on était tant admiré, ce sont là
des vérités élémentaires. Allez reprocher aux whigs
d'avoir les radicaux pour alliés, aux radicaux de
voter avec les whigs, et personne ne vous comprendra. Entre les vrais whigs et les vrais radicaux la distance est pourtant fort grande, puisqu'il ne s'agit de
rien moins que de maintenir ou de détruire la vieille
constitution du pays. Ici d'ailleurs le présent s'appuie
et s'autorise de l'exemple du passé : Pulteney, pour
combattre Walpole, s'entendait cordialement avec
Wyndham, avec Bolingbroke; et Shippen lui-même,
Shippen, le chef reconnu du parti jacobite, était admis sans difficulté aux conseils de l'opposition.

Tout cela, il faut qu'on le sache, est une pure comédie, une comédie dont ceux-là mêmes qui la jouent
sont les premiers à se moquer, une fois rentrés dans
la coulisse. Le parti conservateur semble d'ailleurs
beaucoup moins rigoriste, beaucoup moins exclusif

dans sa conduite que dans son langage; et l'appui des opinions extrêmes, quand il peut l'obtenir, ne lui paraît nullement à dédaigner. Ne lui a-t-on pas prouvé par des listes authentiques, par des calculs incontestables, qu'il se compose, au moins pour moitié, d'hommes dont la fierté nationale se révoltait quand la France prenait Ancône, dont l'amour de l'ordre sommeillait quand on se battait dans les rues, dont la passion pour la liberté débordait quand la liberté était armée et menaçante, mais dont la fierté nationale s'est calmée, dont l'amour de l'ordre s'est réveillé, dont la passion pour la liberté est rentrée dans son lit, depuis qu'Ancône est rendue, que les rues sont paisibles, que la liberté est vaincue? Ne lui a-t-on pas démontré qu'il y a dans ses rangs, aujourd'hui encore, des hommes qui sont, comme ils le disent eux-mêmes, pour le ministère et contre la dynastie; des hommes qui servent volontiers le gouvernement actuel, mais qui en serviraient un autre avec beaucoup plus de plaisir? Ce sont là des conversions, des transactions très-opportunes sans doute, et dont l'opposition est loin de se plaindre. Tout ce que l'opposition demande, c'est, chez ceux qui s'en honorent, chez ceux qui en profitent, un peu plus de modestie et d'indulgence.

Au surplus, à la peine qu'on prend pour empêcher entre elles tout bon accord, les diverses fractions de l'opposition doivent comprendre combien cet accord est nécessaire; si elles ne le comprennent pas, ou si, le comprenant, elles hésitent encore, elles justifieront tous les reproches qu'on leur adresse, elles mériteront la défaite commune qui les attend.

Ma conclusion, c'est qu'au lieu de s'abandonner au cours des événements et des fantaisies personnelles, l'opposition, dès le début de la législature actuelle, doit adopter un plan de réforme et un plan de conduite dont elle ne dévie point ; c'est que, par sa persévérance et par son bon accord, elle doit relever les courages abattus, déjouer les manœuvres souterraines, comprimer les dissidences artificielles ; c'est enfin qu'elle doit, par tous les moyens dont elle dispose, créer dans chaque département un centre d'activité politique, et faire ainsi parvenir sur tous les points du territoire ses intentions et sa pensée. A ce prix, la lutte légale est possible. Elle cesserait de l'être, s'il plaisait à l'opposition de rester inactive et divisée.

Je le répète, en terminant cet écrit : le mal est grand ; si grand, que des hommes graves, et dont je respecte l'opinion, doutent qu'il puisse être guéri. Je prie ces hommes de se rappeler que le mal n'était pas moindre ; en Angleterre, vers le milieu du dernier siècle, en France, de 1824 à 1827. Dans un journal dont je m'honore d'avoir été un des rédacteurs sous la Restauration, dans le *Globe*, je relisais dernièrement quelques lignes écrites par un de mes amis les plus chers, par le seul avec qui, depuis vingt ans, j'aie eu le bonheur de rester constamment en communauté d'opinions et de sentiments :

« Il n'est rien, écrivait M. de Rémusat, en 1829,
» que n'excuse maintenant, même aux yeux de tous
» les partis, la crainte de se compromettre. La crainte
» de ce danger s'avoue sans honte ; la prudence est
» devenue la première vertu ; la timidité même est
» excusée. Une opinion toute pleine de lâcheté s'est
» répandue ; elle a gagné jusqu'aux âmes honnêtes.
» Elle a dit à tous : Ménagez votre position. Triste
» effet de l'ébranlement donné à tous les carac-
» tères et à toutes les convictions, par quarante an-
» nées de vicissitudes politiques ! Triste effet de cet
» amollissement moral que commencèrent la Terreur
» et l'Empire, et que viennent d'achever les préjugés
» de cour et les doctrines jésuitiques ! De là est ré-
» sulté un esprit de servilité dont je ne connais pas
» d'autre exemple, parce qu'il s'allie avec le bon
» goût et les belles manières, avec l'esprit, la vanité,
» l'honneur même ; c'est un mélange de respect
» pour la force et pour les convenances ; c'est le pro-
» duit de l'intérêt qui calcule et de la raison qui
» doute, de la peur qui se ménage et de la médio-
» crité qui s'humilie ! Et, chose étrange, un tel avi-
» lissement n'a ni l'allure, ni la renommée d'un vice.
» Tout au contraire, on en fait cas, c'est un devoir
» que le père recommande à son fils. L'expérience
» le prêche à la jeunesse ; l'indulgence seule excuse
» parfois ceux qui y manquent, et le courage a be-
» soin d'apologie et de pardon. »

Deux ans après l'époque où M. de Rémusat traçait ce triste tableau, la France libérale, ranimée, rajeunie, se relevait, se redressait et faisait, dans les colléges électoraux, preuve d'intelligence et de courage. Cinq ans après, elle en faisait preuve sur la place publique, et le gouvernement représentatif, corrompu d'abord, puis violemment attaqué, sortait vainqueur de la lutte.

Pourquoi, avec de la persévérance, avec de l'accord, ne ferions-nous pas aujourd'hui ce qu'ont fait l'Angleterre dans le dernier siècle, la France dans le siècle actuel? A côté des âmes basses, que toute puissance possède, il est, je le sais, des esprits faibles, auxquels le succès est nécessaire, et qui, s'il se fait trop attendre, se dépitent et se rebutent. Jamais de grandes choses ne se sont faites ainsi. Ce qui croît vite périt vite, et la nature, dans toutes ses créations, mesure le temps à l'importance de l'œuvre. Le gouvernement représentatif, dans ses conditions normales, est né en 1814 seulement, et ceux qui l'avaient mis au monde ont peu fait pour qu'il grandît et pour qu'il se développât. Il a grandi pourtant, il s'est développé malgré eux, et, en s'échappant de leurs mains, il a fait acte de puissance. Depuis ce moment, il s'agite, il se débat au milieu des tentations, des corruptions qui l'assiégent, et, dans cette lutte stérile et dégradante, ses forces se consument et s'épuisent. Je crois sincèrement qu'il dépend de nous de les lui rendre.

APPENDICE.

APPENDICE A.

Il ne sera pas sans intérêt de trouver ici deux des articles que M. Thiers écrivit, à cette époque, dans *le National*, sur la grande question dont il s'agit. Ces articles, on ne doit pas l'oublier, étaient écrits sous un roi convaincu de son droit, jaloux de sa prérogative; sous un roi qui croyait sincèrement, religieusement que Dieu seul lui avait donné la couronne et qu'il n'en devait compte qu'à Dieu; ils étaient écrits en présence d'un parquet ombrageux et avec la perspective presque certaine d'un procès en police correctionnelle. Qu'on voie pourtant avec quelle netteté, avec quelle hardiesse la question est posée et résolue. Si ces articles paraissaient aujourd'hui, pour la première fois, dans *le Constitutionnel* ou dans *le Siècle*, nul doute que la presse ministérielle tout entière ne lançât contre eux les foudres royalistes; nul doute que, dans un certain monde, l'auteur n'en fût signalé comme un ennemi du roi et de la monarchie.

Premier article.

LE ROI RÈGNE ET NE GOUVERNE PAS.

« Nous voici encore aux prises avec les publicistes ministériels, sur la forme de notre monarchie et sur la limite du pouvoir royal et du pouvoir parlementaire. Ces messieurs ont fait un aveu que nous nous empressons de recueillir : c'est qu'en Angleterre, le ministère est *constamment choisi dans la majorité des Chambres et ne reçoit sa mission que des Chambres*; c'est que les Chambres, en Angleterre, *choisissent les ministres.* Nous citons l'expression textuelle de messieurs les publicistes ministériels. Ils se hâtent d'expliquer pourquoi cela est ainsi : c'est parce que, disent-ils, en Angleterre, les Chambres ont l'initiative des lois, et qu'*initiative et choix des ministres sont deux facultés dont l'une suppose l'autre.*

» La monarchie anglaise n'est donc point, suivant eux, la monarchie française; et, de cette manière, ils se sauvent des conséquences de leur aveu. Resterait alors à prouver qu'il n'y a, sous le rapport des attributions royales et parlementaires, aucune différence entre la France et l'Angleterre. C'est ce que nous croyons, en effet, et cela très-sincèrement. Nous pensons qu'il n'y a qu'une seule forme de monarchie représentative possible; que la différence entre l'Angleterre et la France est uniquement dans l'état social, tout féodal, tout aristocratique encore dans un pays, et complétement révolutionnaire dans l'autre; mais que les attributions des pouvoirs y sont identiquement les mêmes, parce qu'ils ne peuvent pas varier, parce que la monarchie représentative, établie en Espagne, en Italie, en Allemagne, en Russie, se trouverait partout la même, quoique dans un milieu différent. C'est un système dont toutes les parties sont nécessaires et ne sauraient changer.

» L'espace et le temps nous obligent de remettre à demain cette question si grave; mais nous allons répondre à trois objections principales des écrivains ministériels, qui nous paraissent un peu plus nouvelles que celles dont ils ont fait habituellement usage jusqu'ici.

» Nous allons les présenter avec tout le soin et toute la clarté possibles, et on jugera, aux efforts que nous allons faire pour les bien exposer, si ces objections nous embarrassent beaucoup.

» Les ministres n'ont encore rien fait, rien absolument :

c'est donc la préférence du roi qu'on attaque dans une adresse improbative; c'est son droit de choisir, c'est sa prérogative qu'on envahit.

» Le roi n'est plus alors *chef suprême de l'État*, comme le veut l'article 14; il n'est même plus *premier fonctionnaire public*, car jamais on ne donna à un chef d'administration un aide malgré lui-même : « un esprit de convenance, à défaut » de loi écrite, a introduit dans tous les établissements civils » et militaires, quelle que soit leur nature, que les subalternes » doivent être agréables à leurs chefs. »

» Il résulte de là encore que l'administration passe dans les mains d'un pouvoir incapable d'administrer : ce sont les Chambres. Si elles nomment les ministres, elles nommeront aussi les préfets, les maires, etc. Le roi perdra ainsi toutes ses attributions. On lui conteste déjà le droit de paix et de guerre, on lui conteste la nomination des ministres : on le dépouillera successivement de son pouvoir tout entier.

» Sauf les lamentations d'usage, voilà, nous le croyons, les objections de messieurs du ministère.

» Reprenons-les une à une.

» Il est vrai que les ministres n'ont rien fait, rien du tout, qu'altérer la magistrature et augmenter le nombre des inamovibles de leur choix, autant que les mortalités de l'hiver le leur ont permis. Ce ne sont pas leurs actes que nous attaquons, cela est vrai. — Vous contrôlez donc, nous dira-t-on, les préférences du roi? — Ce ne sont pas ses préférences que nous contrôlons, car elles ne nous regardent pas; mais le choix d'hommes que la notoriété publique, suffisante en cette matière, désigne comme ennemis de nos institutions. — Mais, ajoute-t-on, vous vous trompez : ils ne sont pas ennemis de ces institutions. — Si nous nous trompons, c'est un malheur; mais, *quand tout le monde a tort, tout le monde a raison*. D'ailleurs, ces hommes entendent nos institutions autrement que nous, et la manière de les entendre est aujourd'hui la question tout entière. Enfin, ils ont dit : « Plus de concessions, » quand il reste à nous donner encore une loi des communes, une loi des gardes nationales et une foule d'autres. Par toutes ces raisons, nous tenons pour fait tout ce que ces messieurs voudraient faire, et nous les repoussons.

» Mais, dans l'attente de ce qu'ils feront, vous devez respecter le choix du roi, c'est-à-dire son droit de nommer.

» Ce droit, nous le répétons pour la millième fois, ne peut pas s'exercer d'une manière absolue. Dans tout acte écrit, le sens d'une clause ne résulte jamais de cette clause isolée, mais de cette clause combinée avec d'autres. Or, du droit de choisir les ministres, appartenant au roi, combiné avec le droit de leur refuser les moyens d'exister, appartenant aux Chambres, résulte pour celles-ci une participation incontestable au choix des ministres.

» Mais, dira-t-on, dans toute administration, les subalternes doivent être du choix du chef.

» On a raison. En administration, en guerre, il en doit être ainsi ; mais le cas dont il s'agit est seul excepté.

» *Le roi n'administre pas, ne gouverne pas : il règne.* Les ministres administrent et gouvernent, et ne peuvent avoir un seul subalterne contre leur gré ; mais le roi peut avoir un ministre contre son gré, parce que, encore une fois, il n'administre pas, il ne gouverne pas : il règne.

» Régner est quelque chose de fort élevé, de fort difficile à faire comprendre à certains princes, mais que les rois anglais entendent à merveille. Un roi anglais est le premier gentilhomme de son royaume ; il est, au plus haut point, tout ce qu'un Anglais de haute condition peut être. Il chasse, il aime les chevaux, il est curieux du continent et va le visiter, quand il est prince de Galles ; il est même philosophe, quand c'est l'usage des grands seigneurs ; il a l'orgueil anglais, l'ambition anglaise au plus haut degré ; il souhaite les triomphes du pavillon ; il est le cœur le plus joyeux d'Angleterre, après Abou-

kir et Trafalgar; il est, en un mot, la plus haute expression
du caractère anglais; il est trois cents fois ce qu'est un lord de
la Grande-Bretagne. La nation anglaise respecte, aime en
lui son représentant le plus vrai; elle le dote, l'enrichit et
veut qu'il vive dans un état conforme à son rang et à la richesse du pays. Ce roi a des sentiments de gentilhomme; il a
ses préférences, ses antipathies. Tandis qu'un lord n'a que
le trois-centième du *veto* de la Chambre haute, il a le *veto* de
la royauté tout entier, il dissout une chambre, il refuse un
bill, quand les choses lui semblent aller dans un sens trop
contraire au sien. Mais il ne gouverne pas, il laisse le pays se
gouverner. Il suit rarement ses goûts dans le choix de ses ministres; car il prend Fox, qu'il ne garde pas, mais il prend
Pitt, qu'il garde; il prend M. Canning, qu'il ne renvoie pas,
mais qui meurt au pouvoir. Plus anciennement, le monarque
anglais reçoit des réponses comme la suivante : Chatham le
père, sorti du ministère, était l'homme nécessaire, au gré des
Communes. Le roi lui envoie M. le secrétaire d'État Fox,
pour lui offrir le ministère : « Allez dire à Sa Majesté, répond
» Chatham, que, lorsqu'elle m'enverra un messager plus digne
» d'elle et de moi, je répondrai à l'honneur de son message. » Le
messager plus digne fut envoyé, et Chatham devint le fonda-
teur d'une dynastie de ministres désagréables à leurs rois et
maîtres du pays, un demi-siècle. Régner n'est donc pas gouverner : c'est être l'image la plus vraie, la plus haute, la plus
respectée du pays. Le roi, c'est le pays fait homme.

» La comparaison qu'on fait du roi et d'un chef d'administration est donc fausse ; et c'est ainsi que le roi peut avoir des
aides qui ne soient pas suivant ses goûts.

» Mais, dit-on encore, de la nomination des ministres les
Chambres arriveront à la nomination de tous les employés,
et alors l'administration passe dans les mains d'un corps collectif, ce qui est anomalique, inadmissible, etc.

» On a raison : un corps collectif ne peut administrer et ne le doit pas. Il ne faut pas de délibération dans l'exécution ; elle n'est bonne que dans la formation de la volonté. Il faut délibérer pour vouloir, ne jamais délibérer pour agir. Cela est métaphysiquement vrai pour l'individu, et politiquement vrai pour les États.

» Mais nous ferons une seule observation : on nous accorde qu'en Angleterre, les ministres sont nommés par les Chambres, ce qui veut dire sous leur influence. En résulte-t-il que l'administration soit devenue anarchique, désordonnée et conduite sans vigueur ? Comment cela s'est-il fait ? Cela s'est fait de la manière la plus naturelle, et cela se fera, il faut l'espérer, de la même manière chez nous.

» Le ministère, une fois nommé par l'influence de la Chambre, a la prérogative royale, qui a été faite pour concentrer le pouvoir dans les mains exécutives ; il fait la paix, la guerre ; il perçoit, il paye, il compose le personnel de l'administration, il rend la justice par les juges de son choix, il gouverne, en un mot ; et, comme il a la confiance des Chambres (car il n'existerait pas sans cela), il ne fait que des choses qu'elles approuvent ; mais il les fait avec unité, tandis qu'elles, dans leur diversité et avec leurs cent yeux, l'observent, le critiquent et le jugent. Ainsi, le roi règne, les ministres gouvernent, les Chambres jugent. Dès que le mal gouverné commence, ou le roi ou les Chambres renversent le ministre qui gouverne mal, et les Chambres offrent leur majorité comme liste de candidats.

» Voilà comment les ministres peuvent être au choix des Chambres, sans désordre, sans anarchie dans l'administration. »

Deuxième article.

« *Le roi règne et ne gouverne pas,* avons-nous dit il y a peu de temps : c'est là la seule question nouvelle qu'on puisse reprocher à la presse. Cette question deviendra, un jour, ce qu'elle pourra : une question de personnes, si un système insensé l'emporte ; mais, aujourd'hui, elle n'est qu'une question de choses.

» Le gouvernement des sociétés appartient à qui en est capable. Lorsque, dans des pays peu avancés encore, les cours sont seules éclairées, elles gouvernent seules ; et personne ne leur conteste ce droit, fondé sur la capacité. Mais il en est autrement dans tous les pays où les nations sont assez avancées pour se gouverner elles-mêmes. Alors elles le veulent, parce qu'elles le peuvent. En Russie, par exemple, sous une administration civilisatrice, on laisse gouverner la cour, parce qu'elle en sait plus que le pays. En Prusse, on peut déjà se gouverner soi-même, mais on se confie encore dans un gouvernement dont on connaît les intentions parfaites et les lumières supérieures. En France, le pays en sait plus que la cour et veut se gouverner lui-même. En Angleterre, c'est déjà fait depuis longtemps : la royauté s'est livrée au pays ; et, loin de se perdre, elle est devenue la plus tranquille, la plus honorée de la terre.

» Tel est le fait. La France veut se gouverner elle-même, parce qu'elle le peut. Appellera-t-on cela un esprit républicain ? Tant pis pour ceux qui aiment à se faire peur avec des mots. Cet esprit, républicain, si l'on veut, existe, se manifeste partout, et devient impossible à comprimer.

» Il y a deux formes de gouvernement, aujourd'hui employées, dans le monde, pour satisfaire cet esprit : la forme anglaise et la forme américaine. Par l'une, le pays choisit quelques mandataires, lesquels, au moyen d'un mécanisme fort simple, obligent le monarque à choisir les ministres qu'ils préfèrent, et obligent ceux-ci à gouverner à leur gré. Par l'autre, le pays choisit ses mandataires, ses ministres et le chef de l'État lui-même, tous les quatre ans.

» Voilà les deux moyens connus pour arriver au même but. Des esprits vifs et généreux préféreraient le second ; mais la masse a une peur vague des agitations d'une république. Les esprits positifs, calculant la situation géographique et militaire de la France, son caractère, les troubles attachés à l'élection d'un président, les intrigues de l'étranger le jour de cette élection, la nécessité d'une portion de stabilité au milieu de la mobilité du régime représentatif, les esprits positifs repoussent la forme républicaine. Ainsi, la peur vague des uns, la réflexion des autres composent une préférence pour la forme monarchique.

» On devrait être heureux, ce nous semble, de cette disposition des esprits. Mais cette disposition, incertaine, souvent combattue, a besoin d'être secondée, et il n'y a qu'un moyen de la seconder : c'est de prouver que la forme monarchique renferme une liberté suffisante, qu'elle réalise enfin le vœu, le besoin du pays, de se gouverner lui-même. Avec le mouvement des esprits, si on ne produit pas cette conviction, ou poussera les imaginations bien au delà de la Manche, on les poussera au delà même de l'Atlantique.

» Si la Charte, par exemple, ne contenait pas cette forme de gouvernement qui permet au pays de se gouverner lui-même, oh ! sans doute, il faudrait ou y renoncer et se taire, ou déclarer positivement que la loi fondamentale est mauvaise, s'élever aussi bien contre elle que contre ceux qui l'exécutent. Mais le gouvernement du pays par le pays est dans la Charte, dans cette Charte rédigée avec des intentions si étroites; et ce n'est pas merveille qu'il y soit : il est dans toute constitution qui institue une Chambre élective et lui donne le vote de l'impôt. On peut toujours l'en faire sortir, avec un peu d'intelligence et de courage.

· » Sur trois voix, le pays n'en a qu'une ; mais, avec l'usage habile de cette voix, il *empêche* ; il empêche, jusqu'à ce qu'on le laisse *faire* ; et alors il gouverne, non pas de ses mains, ce qui serait une confusion, mais par celles des ministres de son choix.

» Tout cela, nous sommes assez heureux pour pouvoir le faire sortir de la Charte ; et c'est là cette question de choses qui a été récemment et hardiment posée. Qui comprend nos opinions sur une telle question comprend qu'il en résulte une parfaite indifférence pour les personnes. Ce système n'a même été inventé que pour qu'elles fussent indifférentes, pour qu'un mauvais prince pût succéder à un bon, sans danger pour l'État. Ce système n'est que l'hérédité et l'élection se corrigeant mutuellement. L'hérédité fait succéder le méchant au bon, l'élection agite le pays. Grâce à ce système combiné, on corrige un inconvénient par l'autre. Un prince quelconque succède à un prince quelconque ; mais il ne gouverne pas ; on lui impose ceux qui gouvernent pour lui. On a ainsi l'immuable pour éviter le trouble, et le variable pour atteindre le mérite.

» Une telle combinaison est, pour les personnes, l'indifférence systématisée. La France d'ailleurs doit être bien désenchantée des personnes : elle a aimé le génie, et elle a vu ce que lui a coûté cet amour ! Des vertus simples, modestes, solides, qu'une bonne éducation peut toujours assurer chez l'héritier du trône, qu'un pouvoir limité ne saurait gâter, voilà ce qu'il faut à la France, voilà ce qu'elle souhaite, et cela, encore pour la dignité du trône beaucoup plus que pour elle : car le pays, avec ses institutions, bien comprises et bien pratiquées, n'a rien à craindre de qui que ce soit.

» La question est donc uniquement dans les choses. Elle pourrait être, un jour, dans les personnes, mais par la faute de ces dernières. Le système est indifférent pour les personnes ; mais, si elles n'étaient pas indifférentes pour le système, si elles le haïssaient, l'attaquaient, alors la question deviendrait question de choses et de personnes à la fois. Mais ce seraient les personnes qui l'auraient posée elles-mêmes. »

APPENDICE B.

Les seize années qui se sont écoulées depuis 1830 peuvent, à vrai dire, se partager en trois périodes.

Pendant la première (de 1830 à 1836), la prérogative royale et la prérogative parlementaire avaient un ennemi commun à combattre, un danger commun à éviter, une œuvre commune à faire. Au lieu de se quereller entre elles, il leur importait de s'unir et de s'appuyer l'une sur l'autre. C'est ce qui eut lieu, en effet, dans toutes les circonstances graves. Loin que les droits et le pouvoir de la Chambre fussent alors contestés, on les proclamait bien haut, on les bénissait, on s'en faisait un rempart. Néanmoins, dès cette époque, il existait entre les deux prérogatives une lutte sourde et qui, de temps à autre, se faisait jour. De là la faveur plus que médiocre dont jouissait Casimir Perrier et les difficultés qu'il rencontrait ailleurs qu'à la Chambre. De là, après sa mort, la tentative de constituer un cabinet purement royal, en dehors de toutes les notabilités parlementaires. De là, cette entreprise ayant échoué, tant d'efforts pour séparer les trois hommes dont l'entente assurait l'indépendance du cabinet : M. de Broglie, M. Thiers, M. Guizot. De là le ministère des trois jours, signalé par M. Fonfrède lui-même comme un ministère de camarilla et qui, on le disait ouvertement, devait affranchir la couronne d'un joug intolérable. De là enfin, au commencement de 1835, la fameuse brochure écrite par M. Rœderer, et dans laquelle il était tout doucement établi qu'il y a, d'après la Charte, des ministres, point de ministère, et qu'au roi seul peut et doit appartenir la présidence de son conseil. Mais la gravité des événements et l'union du parti parlementaire étouffaient dans leur germe, sans pourtant les détruire entièrement, toutes ces velléités ultra-monarchiques, et, peu de jours après la brochure Rœderer, M. de Broglie, devenu président du conseil, prononçait, en plein Parlement, les paroles que voici :

« J'ai reçu du roi, j'ai reçu de la confiance et de l'amitié de
» mes collègues l'honorable mission d'imprimer au cabinet,
» autant qu'il dépend de moi, cet ensemble, cette unité de
» vues, de principes et de conduite, cette régularité dans
» l'ordre des travaux, dans la distribution des affaires, sans
» laquelle la vraie responsabilité ministérielle, la responsabi-
» lité collective, ne devient qu'un vain mot, et qui fait la force
» et la dignité des gouvernements. »

C'était une réponse directe aux doctrines dont M. Rœderer avait bien voulu se faire l'éditeur, et qui avaient, depuis quelque temps, si grand crédit à la cour.

La seconde période embrasse cinq années, du commencement de 1836 à la fin de 1840. L'émeute alors est vaincue, les associations sont supprimées, la cause de l'ordre a triomphé. A dater de ce moment, la lutte s'engage visiblement, ostensiblement entre les deux prérogatives, et les tristes divisions, depuis si longtemps fomentées, éclatent avec force au sein du parti parlementaire, qu'elles affaiblissent et qu'elles paralysent. On a commencé par séparer M. Thiers de M. Guizot; on sépare M. Guizot de M. de Broglie; et, ballottés au gré du vent qui souffle à la cour, les ministères tombent les uns sur les autres, jusqu'au jour où sur les ruines du parti parlementaire s'élève le ministère du 15 avril. Mais bientôt le parti parlementaire s'aperçoit que ses discordes intestines l'ont perdu et que les grands principes dont il est le représentant lui commandent d'y mettre un terme. Le parti parlementaire, dans toutes ses nuances, oublie donc de vieilles querelles et forme la coalition. Alors on peut voir le chemin qu'on a fait depuis deux ans et tout le terrain que la prérogative royale a conquis sur la prérogative parlementaire. Ce ne sont plus les insinuations polies, modérées, doucereuses de M. Rœderer.

C'est M. Fonfrède, vrai tribun royal, niant avec emportement les droits de la Chambre, donnant raison à Charles X contre les 221, déclarant qu'au roi seul appartient le droit de gouverner, le droit de choisir les ministres, et que la Chambre, quand elle en veut sa part, est usurpatrice et factieuse.

Ce sont les publicistes habituels du ministère et de la cour entassant brochure sur brochure pour prouver que le roi doit régner et gouverner, que la prérogative royale est supérieure à toutes les autres, que les ministres sont purement et simplement les agents de la couronne et les exécuteurs de sa volonté.

Ce sont les journaux ministériels eux-mêmes dénonçant la théorie qui donne le dernier mot à la Chambre élective comme une théorie coupable, et établissant cette singulière doctrine que, d'après la Charte de 1830, la majorité légale, la majorité constitutionnelle, en France, est celle de deux pouvoirs contre un, et, par conséquent, que le roi et la Chambre des pairs réunis doivent toujours l'emporter sur la Chambre élective[1].

C'est enfin, dans la Chambre elle-même, une exaltation royaliste qui se manifeste par des clameurs plus encore que par des discours, et contre laquelle M. Guizot est obligé de lutter avec une admirable énergie, avec une énergie qui, plus que M. Thiers, plus que M. Barrot lui-même, le rend odieux au parti de la cour.

Cependant, victorieuse dans les colléges électoraux, la prérogative parlementaire se laisse vaincre dans la Chambre, et la prérogative royale, un moment étourdie, un moment déconcertée, ne tarde pas à reprendre son ascendant. La prérogative parlementaire lutte pourtant encore sous le ministère du 12 mai et regagne, pour quelques mois, le pouvoir, sous le ministère du 1er mars. C'est la fin de la seconde période.

La troisième commence au 29 octobre 1840 et dure encore.

_____

[1] *Presse*. 19 juillet 1838.

C'est celle du triomphe complet, absolu, incontesté de la prérogative royale. Quand finira-t-elle? Il est difficile de le dire. D'une part, en effet, la prérogative royale a su prendre à son service quelques déserteurs éminents de la cause parlementaire. De l'autre, elle a obtenu du pays une Chambre qui ne met à son dévouement ni conditions ni limites, une Chambre qui paraît redouter sa propre prérogative autant qu'elle aime la prérogative rivale. Dans l'état actuel des esprits et des cœurs, cela peut mener loin. Il m'est pourtant impossible de croire qu'un jour ou l'autre, le pays ne se réveille pas, et que les idées de 1789 et de 1830 soient pour toujours oubliées. Il m'est impossible de croire que la prérogative parlementaire ait abdiqué définitivement. En supposant que le Parlement soit mort, le pays ne l'est pas, et les événements, si je ne me trompe, se chargeront bientôt de le tirer de sa torpeur. Dieu veuille alors qu'on ne passe pas d'un extrême à l'autre !

APPENDICE C.

J'entends toujours dire avec étonnement qu'en Angleterre la royauté est plus respectée qu'en France, et qu'aucun parti ne se permet jamais, quoi qu'elle puisse faire, de la prendre personnellement à partie. La vérité, c'est qu'il n'est jamais arrivé à la royauté anglaise de dévier, même légèrement, de la ligne constitutionnelle, sans qu'un orage violent éclatât aussitôt dans la presse comme dans le Parlement. Un coup d'œil sur les huit règnes qui se sont succédé depuis 1688 en fournira la preuve évidente.

Guillaume était un grand homme, et qui n'avait point attendu, pour se faire le défenseur du parti parlementaire, que la révolution fût achevée. C'est de sa personne, à la tête d'une armée, qu'il s'était jeté dans la lutte et qu'il en avait décidé le résultat. Quand Guillaume voulait avoir sa bonne part dans le gouvernement, il semblait donc qu'il revendiquât un droit incontestable, le droit de la conquête. Qu'arriva-t-il pourtant? La révolution avait été faite par l'union de deux partis : le parti whig, parti parlementaire, au nom de la liberté menacée; le parti tory, parti royal, au nom de l'Église mécontente. De ces deux partis, le premier plaisait à Guillaume par son dévouement à la dynastie nouvelle; le second, par ses principes et par ses tendances. Mais, fidèle à la vieille maxime de diviser pour régner, il chercha à les tenir en échec l'un par l'autre et à fonder sur leurs querelles sa puissance personnelle. La conséquence, c'est que, pendant presque tout le cours de son règne, Guillaume se vit successivement, quelquefois même simultanément, en butte aux attaques, aux outrages des deux partis. Je ne parle pas des jacobites, qui lui imputaient journellement tous les crimes et toutes les infamies. Je parle des whigs et des tories ralliés, que l'on vit souvent, dans leurs discours comme dans leurs pamphlets, unir contre lui leurs griefs et leurs plaintes. On lui reprochait sa hauteur, sa froideur, ses habitudes militaires, son penchant pour les Hollandais. On l'accusait de corrompre le Parlement, afin de rétablir à son profit le despotisme qu'il avait renversé, et on regrettait de n'avoir pas, à son avénement, pris contre lui des précautions suffisantes. Dans un pamphlet célèbre, et qui se trouve parmi les *somer's-tracts*, ou alla même jusqu'à prétendre qu'il manquait de courage sur le champ de bataille : calomnie absurde, mais qui prouve jusqu'où allaient contre Guillaume la virulence des partis et les attaques personnelles.

Après Guillaume vint la reine Anne, qui fit, par faiblesse et par caprice, ce que Guillaume avait fait par calcul et par politique. Son sexe obtint-il grâce pour elle, et eut-elle le privilége d'être mieux respectée? Loin de là. Pendant les premières années de son règne, les whigs, qui tenaient le pouvoir, et les tories, qui espéraient le prendre, avaient un égal intérêt à ménager la reine et s'entendaient assez bien pour la flatter; mais, quand madame Masham l'eut définitivement emporté sur la duchesse de Marlborough, et Harley sur Godolphin, ce fut, de la part du parti vaincu, un déchaînement aussi violent que prolongé contre ces misérables intrigues de boudoir et d'antichambre. Toutes les faiblesses, toutes les petitesses de la reine furent alors exposées publiquement, et ses affections, ses goûts, ses penchants devinrent l'objet d'une ardente polémique. Dans l'*Examiner*, journal des tories, Swift s'en plaignait amèrement, et cherchait sans succès à obtenir que les whigs respectassent la reine, au moins dans ses habitudes personnelles. A cela les whigs répondaient qu'il fallait bien attribuer les événements politiques à leur véritable cause, et que, si cette cause était dans l'antichambre ou dans le boudoir de la reine, il était impossible de ne point aller l'y saisir.

La mort put seule mettre un terme à cette polémique, et George Ier, qui, plus encore que la reine Anne, tenait ses droits du pays et du Parlement, s'empressa, aussitôt après son avénement, de congédier les tories et de rendre aux whigs le pouvoir. Personne, d'ailleurs, n'ignore quel fut, sous George Ier comme sous George II, le terrain habituel des diverses oppositions. George Ier et George II étaient assez disposés à gouverner constitutionnellement. Par malheur, ils avaient pour leurs États du continent un penchant invincible, qui faisait le désespoir de leurs ministres, mais auquel ceux-ci ne pouvaient guère, sans se briser, opposer une résistance efficace. C'est ce penchant tout personnel que l'opposition exploitait sans cesse, à tout propos, et qui faisait sa puissance dans le pays. Elle exploitait aussi ce qu'il y avait d'étroit et de mesquin dans leurs idées, dans leurs sentiments, notamment leur avarice. Et ce n'était pas seulement dans des pamphlets, c'était en plein Parlement que tout cela se disait. Voici, par exemple, quelques passages d'un discours que William Wyndham prononça, en 1734, dans une discussion sur la septennalité, Walpole étant premier ministre :

« Supposons, dit-il, qu'un caprice de la fortune ait élevé à
» la situation de premier ministre un homme médiocrement
» riche et de basse origine, étranger à toutes les notions
» d'honneur et de vertu, n'ayant d'autre but que son propre
» agrandissement; supposons que cet homme n'entende rien
» aux intérêts du pays et qu'il emploie, dans toutes les tran-
» sactions avec l'étranger, des hommes encore plus ignorants
» que lui; supposons l'honneur de la nation terni, son impor-
» tance politique perdue, son commerce insulté, ses mar-
» chands pillés, ses marins périssant au fond des donjons, et
» tout cela pallié ou négligé, de peur de mettre l'administra-
» tion en danger. Puis, supposons que ce ministre soit pos-
» sesseur d'une fortune immense, la dépouille d'une nation
» appauvrie, et que cette fortune, il l'emploie à acheter dans
» le Sénat national des places pour ses confidents et pour ses
» favoris. Supposons, dans un tel Parlement, tous les efforts
» pour examiner sa conduite constamment dominés, annulés
» par une majorité corrompue, par une majorité qu'on ré-
» compense de sa trahison envers le pays au moyen des places
» et des pensions qu'on lui distribue avec une honteuse pro-
» fusion. Supposons que le ministre dont il s'agit se place
» insolemment au-dessus de tous les hommes qui se distin-
» guent par le bon sens, par la fortune, par la naissance,
» et que, n'ayant point lui-même de principes honnêtes,
» il les tourne en ridicule chez les autres et cherche par-
» tout à les détruire, à les souiller. Avec un tel ministre et
» un tel parlement, placez maintenant sur le trône un prince
» sans instruction, aussi ignorant des intérêts de ses peu-
» ples que de leurs penchants, faible, capricieux, et gou-
» verné par deux seules passions : l'ambition et l'avarice; ne

» pensez-vous pas que le plus grand fléau qui puisse désoler
» un pays, c'est un tel prince conseillé par un tel ministre,
» et ce ministre soutenu par un tel parlement? » L'histoire dit
que cette sanglante apostrophe de Wyndham fut accueillie
par de vifs applaudissements.

Vers la fin de sa vie, George II, qui s'était successivement
accommodé de Walpole, de Carteret et de Pelham, s'avisa de
regarder comme son ennemi personnel le grand ministre qui
devait illustrer les dernières années de son règne. Après avoir
subi William Pitt pendant quelques mois, il le congédia donc,
sans cérémonie, pour reprendre le vieil équipage qu'il espérait
conduire à son gré. Mais l'opinion publique, dont Pitt était
le favori, le soutint si énergiquement contre le roi, que personne n'osa le remplacer, et qu'il revint triomphalement au
pouvoir. Comme, dans cette crise, l'action personnelle du roi
avait été visible, c'est, en dépit de la fiction constitutionnelle,
au roi lui-même qu'on s'en était pris.

En 1760, George III succéda à George II. Pour celui-ci,
né en Angleterre, et, à ce titre, très-populaire, au jour de son
avénement, c'était le gouvernement personnel incarné. Au
moment où il hérita de la couronne, l'Angleterre voyait avec
orgueil, avec joie à la tête de ses affaires un des plus grands
ministres qui aient existé. Monté au pouvoir malgré la couronne, en 1756, quand l'inquiétude et le désordre étaient
partout, quand le drapeau britannique reculait sur tous les
points du globe, William Pitt avait su, en quatre années,
rétablir l'ordre et la confiance, enlever à la France le Canada,
la Guadeloupe, les Indes, remporter de grandes batailles na-
vales, venger enfin sur le continent la défaite du duc de
Cumberland, et opposer avec succès l'alliance de la Prusse
et de la Grande-Bretagne à celle de l'Autriche et de la France.
Mais William Pitt, comme il le dit lui-même plus tard, n'é-
tait point homme à se contenter de l'apparence du pouvoir et
à céder, soit au roi lui-même, soit à son favori, lord Bute, le

gouvernement de l'Angleterre. Il tomba donc, et, livrée pendant vingt ans au gouvernement personnel, l'Angleterre assista tristement au déclin de sa grandeur et de sa liberté. Pendant cette déplorable période, imagine-t-on qu'elle ne sût pas à qui s'en prendre, ou qu'elle n'osât pas le dire? J'ai cité plusieurs discours parlementaires très-sévères, très-concluants, et qui prouvent le contraire. Mais, dans le Parlement, certaines convenances pesaient nécessairement sur les orateurs et les empêchaient d'exhaler tout ce qu'ils avaient dans le cœur. C'est à la presse qu'il faut demander l'expression complète de l'opinion publique, à cette époque. Pour en donner une idée, j'emprunterai quelques passages, non pas au *vrai Breton de Wilkes*, pamphlet grossier et blâmé de tous, mais aux lettres de Junius, qui, chacun le sait, jouirent, à cette époque, d'une popularité sans exemple, et qui sont restées au nombre des livres classiques. Voici d'abord comment se termine la fameuse lettre au roi, cette lettre qui fut traduite devant le jury et acquittée par acclamation :

« Le peuple anglais est fidèle à la maison de Hanovre, non » par une vaine préférence pour une famille sur l'autre, mais » par la conviction que l'établissement de cette maison est » nécessaire pour le maintien de ses libertés civiles et reli- » gieuses. C'est là, sire, un principe de fidélité aussi solide » que rationnel, un principe de fidélité digne que le peuple » anglais l'adopte et que Votre Majesté l'encourage. Nous ne » pouvons pas être trompés longtemps par des distinctions » nominales. Le nom des Stuarts est méprisable en lui-même. » Les principes des Stuarts, armés de l'autorité suprême, » sont redoutables. Le prince qui imite leur conduite doit » être averti par leur exemple; il doit, tandis qu'il se vante » de l'excellence de son titre à la couronne, ne pas oublier » que, si ce titre a été acquis par une révolution, il peut être » perdu par une autre. »

On croit peut-être qu'après son procès, Junius, averti, devint plus prudent, plus respectueux pour la couronne. Qu'on en juge par les deux passages qui suivent, et que j'extrais de deux lettres au duc de Grafton, l'une de juin, l'autre de septembre 1771.

« MILORD,

» Le profond respect que je porte au gracieux prince qui » gouverne ce pays avec autant d'honneur pour lui-même » que de satisfaction pour ses sujets, et qui vient de vous rap- » peler au pouvoir sous son drapeau, vous évitera de ma » part une multitude de reproches. L'attention que j'aurais » portée sur vos fautes est involontairement attirée sur la » main qui les récompense ; et, bien que ma partialité pour le » jugement royal n'aille pas jusqu'à dire que la faveur d'un » roi peut faire disparaître des montagnes d'infamie, elle » sert au moins à diminuer le fardeau en le divisant. Quand » je me rappelle tout ce qui est dû à *son* caractère sacré, je » ne puis plus, sans injustice et sans inconvenance, voir en » vous le dernier et le plus bas coquin du royaume. Je pro- » teste, milord, que je n'ai pas de vous cette opinion. Dans » l'espèce de réputation vers laquelle vous avez jusqu'ici si » heureusement dirigé votre ambition, vous aurez un rival » dangereux, aussi longtemps qu'il existera un homme qui » vous croira digne de sa confiance et propre à tenir une » place quelconque dans son gouvernement. J'avoue que » vous avez un grand mérite intrinsèque, mais prenez garde » de l'évaluer trop haut. Considérez quelle part de ce mérite » eût été perdue pour le monde, si le roi n'y eût gracieusement » apposé son cachet, et s'il ne l'eût mis en circulation parmi » ses sujets. S'il est vrai qu'un homme vertueux, luttant con- » tre l'adversité, soit un spectacle digne des dieux, certes la » glorieuse rivalité entre vous et le meilleur des princes mé- » rite un auditoire aussi attentif et aussi respectable. Il me

» semble déjà voir sortir de la terre des dieux d'une autre
» espèce pour le contempler....

» Il y a certes quelque chose de singulièrement bienveillant
» dans le caractère de notre souverain. Du moment qu'il est
» monté sur le trône, il n'y a point de crime qui n'ait paru
» véniel à ses yeux. Aux yeux d'un autre prince, le honteux
» abandon où vous l'avez laissé, au milieu des difficultés que
» vous aviez créées vous-même, eût effacé le souvenir de vos
» services antérieurs. Mais Sa Majesté est pleine de justice et
» comprend la doctrine des compensations. Elle se rappelle
» avec gratitude combien vite vous avez su accommoder vo-
» tre morale aux nécessités de son service; combien joyeuse-
» ment vous avez, pour lui plaire, rompu les engagements
» de l'amitié privée et abjuré les déclarations publiques les
» plus solennelles. Le sacrifice de lord Chatham n'a point été
» perdu auprès d'elle. Même la lâcheté et la perfidie de votre
» dernière désertion ne vous ont fait aucun tort dans son es-
» time. L'événement était douloureux, mais le principe était
» bon.

» D'autres princes, avant Sa Majesté, ont eu entre les
» mains le moyen de corrompre; mais ils en ont usé avec
» modération. Autrefois la corruption était considérée par le
» gouvernement comme un auxiliaire étranger, et qu'on de-
» vait appeler seulement dans les circonstances extraordinai-
» res. La piété sincère et la sainteté connue de George III lui
» ont appris à donner aux forces civiles de l'État une organi-
» sation toute nouvelle. La corruption brille à l'avant-garde,
» rassemble et maintient une armée permanente de merce-
» naires, et, au même moment, appauvrit et asservit le pays.
» Les prédécesseurs de Sa Majesté (excepté cette digne fa-
» mille dont vous descendez certainement) avaient quelques
» qualités généreuses, mêlées, j'en conviens, à des vices nom-
» breux. C'étaient des rois ou des gentilshommes, point des
» hypocrites ou des cagots. Ils étaient à la tête de l'Église,

» mais ils ne connaissaient pas toute la valeur de leur situa-
» tion. Ils disaient leurs prières sans cérémonies et avaient
» trop peu l'esprit prêtre pour accommoder les formes saintes
» de la religion à la ruine complète de la moralité publique.
» Milord, ce sont là des faits, point des déclamations. Avec
» toute votre partialité pour la maison de Stuart, vous devez
» avouer que même Charles II eût rougi de ces encourage-
» ments ouverts, de ces caresses tendres et lascives qui, à
» Saint-James, accueillent toute espèce de vice privé et de
» prostitution publique. La malheureuse maison de Stuart a
» été traitée avec une dureté qui, si l'on peut voir une dé-
» fense dans la comparaison, semble toucher à l'injustice. Ni
» Charles ni son frère n'étaient aptes à soutenir le système
» de mesures nécessaires pour changer le gouvernement et
» pour renverser la Constitution. L'un était trop vraiment
» dévoué à ses plaisirs, l'autre à sa religion. Mais le danger
» devait se manifester clairement, le jour où monterait sur le
» trône un prince dont la simplicité apparente pourrait met-
» tre ses sujets hors de leur garde; un prince qui ne serait
» pas libertin dans sa conduite, mais qui n'aurait pour se re-
» tenir aucun sentiment d'honneur; un prince qui, tout juste
» avec assez de religion pour imposer à la multitude, n'aurait
» aucun scrupule de conscience pour agir sur sa moralité.
» Avec ces honorables qualités et l'avantage décisif de la
» situation, une fourberie basse et l'art de mentir sont les
» seuls talents dont on ait besoin pour détruire la sagesse des
» siècles et pour déshonorer le plus bel édifice que la politi-
» que humaine ait élevé. Je connais un *tel* homme. Milord, je
» vous connais tous les deux, et, avec l'aide de Dieu (car moi
» aussi je suis religieux), le peuple anglais vous connaîtra
» bientôt comme je vous connais. »

. Enfin, en réunissant ses lettres pour en faire un volume,
Junius crut devoir exposer sa théorie sur la maxime : « le roi
ne peut mal faire. » Voici ses explications sur cette grave
question :

« On peut maintenant attendre que je m'explique sur un
» point délicat pour l'écrivain et hasardeux pour l'imprimeur.
» Quand le caractère et la conduite du premier magistrat sont
» mis en question, il faut que le lecteur comprenne plus que
» l'écrivain ne peut dire avec quelque sûreté. Si c'est une
» partie réelle de notre constitution et non un simple *dictum*
» légal, que *le roi ne peut pas mal faire*, c'est le seul exemple,
» dans la plus sage des institutions humaines, où la théorie
» soit en contradiction avec la pratique. Que le souverain de
» ce pays ne puisse être traduit légalement devant aucun tri-
» bunal, cela est indubitable ; mais cette exemption de tout
» châtiment est un privilége singulier attaché à la personne
» royale, et qui n'exclut point la possibilité de le mériter.
» Combien de temps et jusqu'à quel point un roi d'Angleterre
» peut-il être protégé par la forme de la constitution, quand
» il en viole l'esprit ? Cela mérite considération. Une erreur
» sur cette question est devenue fatale à Charles et à son fils.
» Pour ma part, loin de penser que le roi ne puisse mal
» faire, loin de me laisser effrayer ou imposer par la forme,
» quand elle est en contradiction avec la vérité, si j'avais le
» malheur de vivre sous le triste règne d'un prince dont toute
» la vie se passât dans une lutte basse et méprisable contre
» l'esprit libre de ses peuples, ou dans la détestable tentative
» de corrompre leur moralité, je n'hésiterais pas à lui dire :
» — « Sire, vous êtes seul l'auteur des maux de votre peuple
» et des vôtres. Au lieu de régner sur le cœur de vos sujets,
» au lieu d'obtenir de leur affection la libre disposition de
» leur vie et de leur fortune, n'est-il pas vrai que le pouvoir
» de la couronne, qu'on l'appelle influence ou prérogative,
» ne s'est manifesté, ne s'est déployé, pendant onze ans, que
» pour soutenir un système de gouvernement étroit, pitoyable,
» qui se ruine lui-même, et qui, en définitive, ne vous donne
» ni puissance réelle, ni profit, ni satisfaction personnelle ?
» Avec le plus grand revenu dont jouisse aucun prince en
» Europe, ne vous a-t-on pas vu réduit à une détresse vile et

» sordide, à une détresse qui eût conduit tout autre qu'un
» roi en prison? Avec une grande force militaire et la plus
» grande force navale qu'il y ait au monde, ne vous êtes-
» vous pas laissé insulter impunément et à plusieurs reprises
» par les nations étrangères? N'est-il pas notoire que les vastes
» revenus arrachés au travail et à l'industrie de vos sujets, et
» qui, remis entre vos mains, devraient être employés pour
» l'honneur de la nation et pour le vôtre, se dépensent hon-
» teusement à corrompre les représentants du pays? N'êtes-
» vous pas un prince de la maison de Hanovre, et n'excluez-
» vous pas de vos conseils tous les principaux whigs du
» royaume? Ne faites-vous pas profession de gouverner selon
» la loi, et, malgré cela, ne réservez-vous pas toute votre con-
» fiance et toute votre affection pour les hommes qui, bien que
» détachés peut-être de la cause désespérée du prétendant,
» sont connus dans le pays par un attachement héréditaire
» aux principes du despotisme? N'êtes-vous pas assez infatué
» pour juger des sentiments de votre peuple par le langage de
» vos ministres ou par les clameurs d'une foule notoirement
» payée pour entourer votre voiture ou pour vous accompa-
» gner au théâtre? Et, si tout cela est vrai, pensez-vous que,
» pour satisfaire votre peuple, il suffise de lui répondre que
» parmi vos domestiques vous êtes de bonne humeur, que
» vous êtes fidèle à une seule femme, que vous êtes pour vos
» enfants un père indulgent? Sire, l'homme qui vous parle
» ainsi est votre meilleur ami. Il risquerait volontiers sa vie
» pour défendre votre titre à la couronne, et si le pouvoir est
» votre but, il vous montrerait comment un roi d'Angleterre
» peut, par les moyens les plus nobles, devenir le prince le
» plus absolu en Europe. Vous n'avez d'autres ennemis, sire,
» que ceux qui vous persuadent de tendre au pouvoir sans
» droit et qui croient vous flatter en vous disant que le ca-
» ractère de la royauté rompt la relation naturelle entre le
» crime et le châtiment. » —

» Je ne crois pas qu'il y ait un cœur assez endurci ou une
» intelligence assez dépravée pour ne point écouter un tel dis-
» cours et pour n'en pas comprendre la force. Mais où est,
» parmi ceux qui ont accès dans le cabinet royal, l'homme
» assez résolu, assez honnête pour le prononcer? La liberté
» de la presse est notre seule ressource. »

Quelques années plus tard, dans son pamphlet « sur les
circonstances actuelles, » Burke, à son tour, remontait à la
source du mal et flagellait d'une main impitoyable « le parti
» des amis du roi, » ce parti qui, « comme les janissaires,
» puise dans la servitude même une sorte de liberté. »

Ancien ami, ancien compagnon de Fox et de Sheridan,
George IV était beaucoup plus disposé que son père à laisser
gouverner ses ministres et à prendre tout simplement ceux
que lui désignait la majorité du Parlement. Ce serait se tromper sans doute que d'attribuer à cette disposition le parti
qu'il prit, comme régent, en 1811, de rompre avec ses amis
personnels et de conserver un cabinet qui, en limitant outre
mesure sa prérogative, venait de le blesser au fond de l'âme.
On ne peut douter pourtant que la crainte de mécontenter
les majorités parlementaires n'entrât pour quelque chose dans
sa détermination. Malheureusement pour George IV., sa vie
privée se mêla à sa vie politique, et certaines circonstances
le mirent en scène personnellement. On sait alors de quelles
attaques, de quelles injures George IV fut assailli. Je visi-
tais l'Angleterre pour la première fois, en 1820, pendant
le procès parlementaire de la reine, au milieu de l'effervescence que cet étrange événement avait produite. Est-ce que,
par hasard, on s'en prenait à lord Castlereagh et à lord Li-
verpool, qui, constitutionnellement, étaient responsables du
procès? Non certes. On savait que, dans cette affaire, les ministres ne faisaient qu'exécuter la volonté royale, et c'est sur
le roi lui-même que tombaient les outrages. Chaque jour voyait
paraître une caricature ou un pamphlet qui, publiquement

étalés, appelaient sur le persécuteur de Caroline le mépris et la haine. Un de ces pamphlets, je m'en souviens encore, contenait une suite de gravures sur bois qui montraient le roi dans les situations les plus odieuses et les plus ridicules. Dans la dernière de ces gravures, on voyait George IV mort et couché dans une brouette, avec cette hideuse inscription : *cat's meat* (viande pour les chats). Je ne pense pas qu'à aucune époque, le chef d'un État ait été aussi publiquement, aussi impunément outragé.

Guillaume IV, au début de son règne, se montra le plus constitutionnel des rois ; et ce fut, on le sait, sans difficulté qu'il se sépara, en 1830, du duc de Wellington et qu'il appela lord Grey. Ce fut aussi sans difficulté qu'il accorda à son ministère la dissolution de 1831, celle qui décida le succès du bill de réforme. Plus tard il commença à trouver qu'on allait un peu vite et un peu loin, et il manifesta quelque désir de s'arrêter ou de revenir sur ses pas. Jusqu'en 1834 pourtant, il laissa gouverner son ministère. Mais, à cette époque, une assez forte réaction en faveur des tories s'étant manifestée, il crut le moment venu de rappeler les tories et de faire appel au pays. Ce n'était point sortir de son rôle constitutionnel ; mais on sut que la reine, dévouée aux tories, avait eu une très-grande part dans la détermination de la couronne. On sut que les ambassadeurs, dans leur haine pour lord Palmerston, s'en étaient mêlés secrètement ; et cela suffit pour soulever contre l'action personnelle de Guillaume IV un orage violent. Déçu dans son espoir, Guillaume d'ailleurs se soumit sans résistance au jugement du pays, et ne songea plus jusqu'à sa mort à se défaire de ses ministres ou à les gêner dans leur action. Était-il revenu à ses sentiments de 1831 ? Persévérait-il dans ceux de 1834 ? Ses amis le savaient sans doute, et il pouvait en percer quelque chose ; ostensiblement, publiquement, rien ne l'indiquait.

Quand, en 1837, la reine Victoria monta sur le trône, il y

eut un changement de scène fort marqué. Elle avait 18 ans alors, et c'est des whigs que la rapprochaient ses habitudes et ses affections d'enfance. Elle n'hésita donc pas à manifester sa sympathie pour les whigs, et ceux-ci, fort ébranlés à cette époque, s'efforcèrent d'en tirer bon parti. Tout se borna néanmoins à dire, dans les journaux, dans les meetings, sur les hustings électoraux, que la reine avait confiance dans les whigs et qu'il serait fort dur de lui enlever, le jour même de son avénement, ceux qu'elle regardait comme ses meilleurs amis. Assurément, si un tel usage du nom de la reine était peu constitutionnel, peu convenable, surtout de la part du parti libéral, il n'avait rien qui dût exposer une jeune femme de 18 ans à la colère, aux invectives des partis. Ni ces colères, ni ces invectives ne manquèrent pourtant à la reine, et, pour cette fois, ce furent les tories, les conservateurs qui prirent la personne royale à partie. A les entendre, la cour était devenue « un lieu de débauche où se vautraient des familiers cor- » rompus, un lieu pestilentiel dont l'ordre devait dégoûter » tous ceux qui savaient distinguer la vertu du vice et la pu- » reté de l'impureté. » A les entendre encore, « la reine était » une nouvelle Jésabel, qui avait déclaré la guerre au protestan- » tisme et à l'aristocratie territoriale; » mais l'Angleterre n'é- tait plus celle du temps d'Élisabeth, « et ne voulait pas se laisser » gouverner par les caprices d'une femme. » En 1840, les tories, dans une de leurs publications du dimanche, allèrent jusqu'à déplorer le sort du prince Albert, « victime infortunée d'un » caractère trop violent pour être retenu par le jugement, par » la politesse, ou même par les affections privées ; prince mal- » heureux, dont les attentions pour sa royale maîtresse dé- » truisaient, à vue d'œil, le bien-être moral et matériel. » C'était faire cruellement payer à la jeune reine quelques paroles imprudentes et l'abus qu'on avait fait de son nom.

Il est probable que la reine Victoria n'a rien oublié, et qu'aujourd'hui, comme en 1840, elle préfère les whigs aux

tories. Mais depuis 1840 elle est rentrée, complétement rentrée dans la sphère d'impartialité, de neutralité constitutionnelle où la couronne, sans effort et sans sacrifice, obtient le
respect, reçoit les hommages de tous les partis. Le jour où sir
Robert Peel est devenu premier ministre, ce n'est point de la
maison royale seulement qu'il a pu disposer, mais de la maison du prince Albert, et pendant cinq ans il n'est pas arrivé
une fois, une seule fois que l'influence de la couronne se mît ou
parût se mettre en opposition avec le ministère. Aussi, comme
le disait M. Thiers au mois de mars dernier, la « reine passe-
» t-elle paisiblement au milieu de toutes les difficultés, en-
» tourée du respect et de l'affection générale. »

En rappelant ici les attaques, les outrages auxquels ont été
en butte les huit souverains constitutionnels de l'Angleterre,
je ne veux certes point en justifier, en excuser la virulence
et la grossièreté; je veux seulement montrer que dans ce
pays, sur cette terre classique du gouvernement représentatif,
la plus légère déviation des vrais principes constitutionnels a
toujours exposé la couronne à de violentes, à de sanglantes
représailles. Je veux montrer que l'expérience des 150 dernières années est uniforme à cet égard, et qu'elle vient pleinement à l'appui du raisonnement. Je doute que l'esprit humain soit fait autrement en France qu'en Angleterre, et que
la royauté élue de 1830 puisse obtenir ce que n'a point obtenu
la royauté élue de 1688 et de 1701.

APPENDICE D.

Deux des plus grands écrivains politiques de l'Angleterre,
Bolingbroke et Burke, ont parfaitement expliqué, l'un dans
le *Craftsman*, vers 1730, l'autre dans un pamphlet célèbre, en

1770, comment, après 1688, l'influence a succédé à la prérogative et la corruption à la violence. Quelques extraits de
l'un et de l'autre peuvent avoir aujourd'hui beaucoup d'intérêt.

C'est en 1726 que le *Craftsman* fut fondé par Bolingbroke
d'accord avec Pulteney, qui venait de se séparer de Walpole.
Ce célèbre journal avait pour but avoué de réunir contre Walpole, alors tout-puissant, les whigs dissidents et les tories ralliés
à la maison de Hanovre. Or, comment attaquer Walpole sans
attaquer la corruption? La corruption devint donc le thème
habituel de Bolingbroke, celui qu'il retourna de toutes les
façons. A chaque page il démontrait, soit par le raisonnement,
soit par des exemples historiques, que les peuples ne sont pas
libres parce qu'ils ont les formes de la liberté, et qu'on peut
les asservir au moyen d'un Parlement corrompu aussi complétement et plus sûrement qu'au moyen d'une armée.

« Détruire la liberté britannique avec une armée de Bretons
» n'est pas une mesure aussi facile que certaines personnes le
» pensent. Corrompre le Parlement est une méthode plus lente,
» mais qui peut être plus efficace, et deux ou trois cents mer-
» cenaires dans les deux Chambres, si on pouvait les y réu-
» nir, seraient plus funestes à la constitution que mille fois
» autant de mercenaires habillés de rouge ou de bleu. Les
» Parlements sont les vrais gardiens de la liberté. C'est pour
» cela surtout qu'ils ont été institués. Mais de tous les escla-
» vages, l'esclavage parlementaire est le plus facile à intro-
» duire, à établir parmi nous. Par la corruption du Parlement
» et par l'influence absolue du roi ou de son ministre, nous re-
» tournons précisément à cet état dont l'institution des Parle-
» ments devait nous délivrer, et nous sommes gouvernés en
» réalité par la volonté arbitraire d'un homme. Notre constitu-
» tion s'écroule tout entière. Certaines garanties en faveur de la
» liberté peuvent encore exister; mais l'intégrité, l'indépen-
» dance du parlement est la clef de voûte : si elle est ébranlée,
» notre constitution chancelle; si elle est ôtée, notre constitu-

» tion tombe en ruines. Ce noble édifice, l'orgueil de l'Angle-
» terre et l'envie de ses voisins, élevé par le travail de tant de
» siècles, réparé au prix de tant de millions, cimenté par tant de
» sang; ce noble édifice, qui pouvait résister aux efforts unis
» de tant de races de géants, peut être ainsi détruit par une
» race de pygmées. L'intégrité du Parlement est une sorte de
» palladium, de dieu tutélaire qui protége l'État. Quand elle
» disparaît, nous pouvons être la proie du plus faible ennemi.
» Il n'est plus besoin ni d'Agamemnon, ni d'Achille pour
» prendre notre cité. Thersite peut y suffire.

 » Le règne d'Henri VIII n'est-il pas là pour montrer qu'au-
» cune tyrannie n'est plus sévère que celle qui s'exerce d'ac-
» cord avec les parlements; qu'une volonté arbitraire peut
» devenir la seule règle du gouvernement, même quand le
» nom et la forme de la liberté sont maintenues; qu'un prince
» ou un ministre, pour devenir tyran n'a point besoin d'abolir
» le Parlement? Pourquoi en effet, maître d'une partie de la
» législature, abolirait-il les deux autres quand il peut, en
» toute occasion, disposer de toutes les forces réunies? Pour-
» quoi serait-il tyran en gros quand il peut l'être en détail, de
» nom quand il peut l'être de fait? Pourquoi, en un mot, ren-
» verserait-il la grande Charte ou les autres soutiens de nos
» libertés, quand, au moyen des Parlements même, il lui est
» si aisé d'établir le despotisme? »

Ailleurs Bolingbroke répond très-vivement à ceux qui disent ou qui insinuent que l'influence doit venir au secours de
la prérogative ébranlée et que la corruption est l'huile qui
fait mouvoir plus facilement les roues du gouvernement. Ce
sont là, selon lui, des doctrines aussi absurdes qu'abomi-
nables, des doctrines qui, si elles parvenaient à s'établir,
placeraient le siècle actuel, avec une infime prééminence, à la
tête des siècles les plus corrompus.

 « Si la liberté, dit-il, est ce fruit délicieux et salutaire dont
» s'est nourrie la nation britannique depuis les temps les plus

» reculés, et auquel elle doit sa richesse, sa force et tous les
» avantages dont elle est fière, la constitution britannique
» est l'arbre qui porte ce fruit et qui continuera à le porter
» aussi longtemps qu'on aura soin de le garder soigneuse-
» ment et de le défendre soit contre les animaux qui rôdent
» dans la campagne, soit contre les insectes qui rampent dans
» la terre... Or la constitution n'a eu longtemps qu'une sorte
» d'ennemis. Ce sont les hommes qui, dans leurs écrits ou
» dans leurs discours, prônaient cette chimère, appelée pré-
» rogative; qui soutenaient qu'elle avait quelque chose de
» réel et que c'était un droit inhérent à la couronne, un
» droit fondé sur la constitution même et aussi nécessaire
» pour maintenir la juste autorité du prince que pour pro-
» téger le peuple... Heureusement cette doctrine d'esclave a
» péri avec la révolution, et, si quarante-un ans après ce
» grand événement elle conserve quelques partisans, ils sont
» trop peu nombreux et trop peu importants pour qu'on y
» fasse attention. Mais il y a maintenant d'autres hommes
» qui poursuivent le même but par des chemins différents.
» Les premiers attaquaient à force ouverte, ceux-ci minent
» nos libertés. Les premiers étaient les animaux de la cam-
» pagne, ceux-ci sont les insectes de la terre. Et comme tous
» les insectes, bien que nés dans la fange et vils entre toutes
» les créatures, ils peuvent mordre, ronger, empoisonner.
» Qu'on les laisse se multiplier, qu'on les laisse faire, et par
» eux le pays le plus fertile deviendra bientôt nu et stérile. »

Dans les règnes qui précèdent celui de Charles II, on put
bien signaler quelques membres du Parlement achetés par la
cour, mais c'est sous Charles II seulement que la corruption
commença à être considérée comme un utile auxiliaire de la
prérogative; néanmoins l'entreprise échoua. « D'une part, dit
» Bolingbroke, Charles II avait un revenu qui suffisait à
» peine à sa dépense, et peu de places, peu de pensions à
» donner. De l'autre, nous n'étions alors ni corrompus, ni

» mûrs pour la corruption. Il y avait des partis, les uns vio-
» lents jusqu'à la faction, les autres serviles jusqu'à la bas-
» sesse, mais qui tous obéissaient à certaines idées, à certaines
» passions désintéressées. Personne n'eût compris à cette
» époque un Parlement en opposition avec le sentiment du
» pays. » Jacques II trouva que la prérogative était un expé-
dient moins coûteux que la corruption, et, on le vit, pour que
les élections tournassent comme il le désirait, forcer les corporations à rendre leurs vieilles chartes et à en recevoir de
nouvelles avec des restrictions tout au profit de la couronne.

« Supposons, dit Bolingbroke, qu'au lieu de faire ainsi vio-
» lence aux corporations, Jacques eût pris le moyen plus
» commode et plus sûr d'acheter les électeurs et les députés,
» pense-t-on que l'alarme eût été moindre parmi les amis de
» la liberté? Non certainement. Ils auraient vu que le but
» était le même, et ils auraient détesté les moyens d'autant
» plus qu'ils étaient moins visibles et moins bruyants. Un prince
» qui revendiquait une prérogative illégale et dangereuse, et
» qui était secondé dans son entreprise par un parti nombreux
» et puissant, avait sans doute un aspect menaçant et terrible;
» mais on pouvait espérer que bientôt le parti qui favorisait
» de tels empiétements reculerait devant son œuvre et se sé-
» parerait de la cour pour se réunir au parti national... Si, au
» contraire, au lieu d'intimider, Jacques eût voulu corrompre,
» il est probable que les amis de la liberté auraient regardé la
» situation comme plus désespérée. C'est une tâche plus facile
» et moins dangereuse de lutter avec un grand prince qui
» s'arme de sa prérogative que de résister à un ministre faible,
» mais pervers, s'il a entre ses mains tous les moyens de cor-
» rompre et si l'état des mœurs publiques favorise une telle
» prostitution.....

» Quoi qu'il en soit, la conduite de Jacques fit que le peu-
» ple s'habitua à regarder la prérogative comme le seul in-

» strument de la tyrannie et qu'il oublia la corruption. Le
» cri du peuple, au moment de la Révolution, était pour un
» Parlement libre, et, dans la fermentation générale, personne
» ne doutait que le Parlement ne fût libre quand l'autorité
» usurpée par la couronne dans les règnes précédents, serait
» écartée et détruite. On oublia donc cette admirable maxime
» de Machiavel, qu'*un gouvernement libre, pour rester libre,*
» *a besoin tous les jours de pourvoir à sa liberté par quelque*
» *nouvelle précaution.* C'est ainsi que, contrairement à la
» déclaration du prince d'Orange, l'œuvre fut laissée impar-
» faite. Satisfaits de voir que les attaques ouvertes contre la
» Constitution avaient échoué, les auteurs de la Révolution
» ne se préoccupèrent point des attaques secrètes qui pou-
» vaient être dirigées contre l'indépendance du Parlement;
» comme si nos dangers étaient d'une seule espèce! comme
» s'ils n'étaient à craindre que de la part d'une famille! Bien-
» tôt après la Révolution, à la vérité, les hommes de tous les
» partis commencèrent à s'apercevoir non-seulement que rien
» n'avait été fait pour combattre l'influence illégitime de la
» couronne dans les élections, et l'envahissement du Parle-
» ment par les créatures de la cour, mais que, tout au con-
» traire, les moyens d'exercer cette influence et d'arriver à
» cet envahissement avaient augmenté et augmentaient tous
» les jours. En un mot, ils commencèrent à voir que la cou-
» ronne regagnait d'un côté plus qu'elle n'avait perdu de
» l'autre, et que, si le pouvoir qu'elle tenait directement de la
» prérogative était plus apparent et plus bruyant, celui qu'elle
» acquérait indirectement par la corruption était plus réel et
» plus dangereux. Malheureusement ils s'en apercevaient trop
» tard. »

La conclusion sans cesse répétée de Bolingbroke, c'est que,
si l'on veut sauver la liberté, il faut combler la lacune, et
empêcher que la constitution ne soit souillée plus longtemps
par l'esprit de rapine et de vénalité.

« Il est temps, dit-il, pour tout homme qui veut sauver la
» Constitution britannique, de contribuer par tous les moyens
» à prévenir les tristes effets de cette nouvelle influence, de
» ce nouveau pouvoir, dont la force s'est accrue sous chaque
» règne depuis la Révolution. Il est temps de combattre éner-
» giquement ces moyens de corrompre dont la couronne peut
» user un jour ou l'autre et cette disposition à se laisser cor-
» rompre qui, chaque jour davantage, gagne le peuple.... S'il
» y a eu du mérite, et certes il y en avait beaucoup à résister
» jadis aux défenseurs de la prérogative, quand la prérogative
» s'élevait assez haut pour mettre nos libertés en danger, il y
» en a autant à lutter contre les défenseurs de la corruption
» et à exposer les moyens par lesquels on peut s'en servir pour
» la ruine de notre constitution, pour la perte de toutes nos
» libertés. A quelques égards, le mérite est même plus grand,
» si, comme je le crois, la corruption, par sa nature propre,
» dans les circonstances actuelles, et eu égard à la disposition
» du peuple, est plus dangereuse que ne le fut jamais la pré-
» rogative, et si la tentative d'établir le gouvernement absolu
» par la corruption a plus de chances de succès que n'en eut
» sous les derniers Stuarts la tentative d'arriver à la même fin
» par la prérogative. Dieu veuille qu'il ne soit pas plus diffi-
» cile de sauver aujourd'hui notre pays des effets de la cor-
» ruption qu'il ne le fut jadis de vaincre les efforts de la pré-
» rogative!... Quels que soient les ministres qui gouvernent,
» quels que soient les partis qui se forment, un devoir est im-
» posé à tous les amis de la liberté, celui de mettre de côté de
» frivoles distinctions, des distinctions qui ne servent qu'à les
» amuser et à les trahir.

» Dissidents, whigs ou tories, qu'ils sachent donc se coa-
» liser pour maintenir leur intégrité commune et pour défen-
» dre avec courage, avec persévérance la cause de leur pays.
» C'est ainsi qu'ils encourageront les bons, qu'ils corrigeront
» les mauvais, qu'ils vaincront les incorrigibles. C'est ainsi

» qu'ils assureront le triomphe de la constitution britannique
» sur la corruption. »

Quel que fût le sentiment qui dictait ce langage à Bolingbroke, c'était un noble langage, et qui, au milieu des corruptions de l'époque, devait éveiller dans les âmes honnêtes de
très-vives sympathies.

Pour que la corruption atteignît son apogée, il restait pourtant encore quelques pas à faire. Sous Guillaume, sous la
reine Anne, sous les deux premiers rois de la maison de Hanovre, c'était une arme qui passait de main en main et dont
chaque ministre usait à son tour dans l'intérêt de son parti.
Sous George III, la couronne s'en empara personnellement
et la mit directement à son service. C'est alors que Burke
écrivit, en 1770, un pamphlet intitulé : « Pensées sur les
» mécontentements actuels, » dont je veux citer quelques passages. Burke fait d'abord remarquer que les hommes ont presque toujours raison dans leur mécontentement contre le pouvoir, presque toujours tort dans la cause qu'ils en donnent,
et que presque généralement leur politique est de cinquante
années en arrière. Il n'y a d'ailleurs ni intérêts personnels ni
passions actuelles qui empêchent de juger justement et sévè-
rement le passé.

« Ainsi, fort peu sont partisans des tyrannies qui n'exis-
» tent plus, et l'on peut être facilement un whig du siècle
» passé sans rien perdre des avantages de la servilité présente.
» Cette sagesse rétrospective et ce patriotisme historique sont
» choses merveilleusement commodes, et qui servent on ne
» peut mieux à terminer la vieille querelle de la théorie et de
» la pratique. Plus d'un rigide républicain, après s'être gorgé
» d'admiration pour les républiques grecques et pour la vraie
» constitution saxonne, ou après avoir, dans un transport
» d'indignation vertueuse, déchargé sa bile sur le roi Jean et
» le roi Jacques, trouve fort bon de participer à la plus sale
» besogne du temps où il vit et aux ignobles profits qui en

» résultent. Je ne pense pas que, parmi les instruments du
» dernier roi Jacques, il y eût un admirateur en titre de
» Henri VIII, pas plus que dans la cour de Henri VIII il n'é-
» tait possible de trouver quelqu'un qui plaidât pour les fa-
» voris de Richard II. »

Il est donc absurde, selon Burke, de redouter aujourd'hui
pour la liberté les anciens dangers.

« Une bonne portion de l'ancien mobilier de la tyrannie est
» usée ou tombe en lambeaux. Le reste est passé de mode. En
» outre, il est peu d'hommes d'État assez grossièrement mal-
» adroits pour tomber exactement dans le piége qui a été fatal
» à leurs devanciers.... Chaque temps a ses mœurs et sa po-
» litique; et l'on ne s'y prend pas, pour détruire une constitu-
» tion toute formée et venue à maturité, comme on s'y prenait
» pour la tuer dans son berceau ou pour empêcher sa crois-
» sance pendant ses jeunes années.

» Contre l'existence même du Parlement, je suis convaincu
» qu'aucun dessein n'a été formé depuis la Révolution. Cha-
» cun comprend que c'est l'intérêt de la cour d'avoir toujours
» une cause seconde interposée entre les ministres et le peuple.
» Ces messieurs de la Chambre des communes ont un intérêt
» égal à jouer le rôle de cette cause intermédiaire. Quelque
» disposés qu'ils soient à céder l'usufruit de leurs votes, jamais
» ils n'en voudraient abandonner la nue-propriété.... On a
» donc bientôt découvert que les formes de la liberté ne sont
» point incompatibles avec la réalité du despotisme.

» Le pouvoir de la couronne, presque mort, presque pourri
» à titre de prérogative, a poussé de nouveau avec plus de
» force et moins odieusement sous le nom d'influence. Une
» influence qui opérait sans bruit et sans violence, une in-
» fluence qui donnait pour instrument au pouvoir son anta-
» goniste naturel, une influence qui contenait en elle-même
» un principe perpétuel d'agrandissement et de renouvelle-
» ment; une influence que la détresse et la prospérité du pays

» contribuaient également à accroître ne remplaçait-elle pas
» admirablement une prérogative qui, fille de vieux préjugés,
» portait dans son sein un germe indestructible de décadence
» et de ruine? L'intérêt des hommes est d'ailleurs un fonde-
» ment plus solide que leur ignorance, et c'est sur ce fonde-
» ment que le système actuel est construit. »

Burke explique comment, pendant les premières années,
ce système n'eut pas tous les funestes effets qu'on pouvait en
attendre. Trop faible pour lutter seule contre les difficultés
dont elle était assaillie, la cour avait dû, en effet, se dessaisir, en faveur des chefs des grands partis, d'une portion de
ses moyens d'influence, et ce partage rendait le mal moins
sensible. Mais les chefs de parti ne paraissaient pas assez sou-
ples, et aujourd'hui la prétention de la cour c'est que l'influence de la couronne doit être mise tout entière au service de la couronne elle-même, et que, s'il plaisait au roi
de choisir un de ses domestiques pour ministre, le Parlement
devrait le trouver bon. C'est à réaliser ce beau plan qu'on a
travaillé le lendemain même de l'avénement du roi. C'est pour
cela qu'on a renversé à la fois dans M. Pitt le pouvoir résul-
tant de la popularité, dans le duc de Newcastle le pouvoir ré-
sultant des grandes connexions politiques. C'est pour cela
aussi qu'on s'est étudié à rompre toutes les associations existantes, à briser tous les partis, à désunir tous les hommes
dont l'accord pouvait faire obstacle! Ne fallait-il pas détruire
toute dépendance, hormis une seule, et *mettre le roi hors de
page?* Ne fallait-il pas affranchir le souverain de la tyrannie
sous laquelle avait gémi son grand-père?

Ici Burke décrit le parti qui s'est constitué récemment
sous le nom de parti des amis du roi (*King's friends*), et dont
tous les efforts consistent à diviser, à annuler, à asservir au
profit de la couronne les ministres ostensibles. C'est là, selon
Burke, un système qui, sans violer directement la lettre de
la loi, agit contre l'esprit de la constitution tout entière.

« Il est, dit-il, certains pouvoirs discrétionnaires qui sont
» remis au roi parce que le roi seul peut les exercer utilement.
» Mais c'est dans l'intérêt des principes, dans l'intérêt du
» pays que ces pouvoirs doivent être exercés, non selon le
» caprice, les intérêts, les préjugés de la cour..... Les lois
» sont la plus petite part du gouvernement. Constituez le
» gouvernement comme vous voudrez, la plus grande part en
» reste nécessairement attachée à l'exercice des pouvoirs con-
» fiés à la prudence, à la justice des ministres. C'est de ces
» pouvoirs que les lois elles-mêmes tirent leur usage et leur
» force ; sans eux votre constitution existe sur le papier seu-
» lement ; ce n'est point une constitution vivante, active,
» efficace. »

Burke conclut de là que le peuple doit avoir autant d'action sur le choix des ministres que sur la confection des lois.
Or, cette action existe-t-elle quand la majorité parlementaire
est gagnée et que les ministres, faits et défaits au gré de la
couronne, ne sont plus que les instruments passifs de toutes
ses volontés ?

« Non-seulement le système dont il s'agit frappe de para-
» lysie chaque nerf de la constitution, mais en même temps
» il engourdit, il stupéfie le pouvoir exécutif tout entier. Par
» lui le gouvernement devient incertain, languissant, ineffi-
» cace dans toutes les grandes opérations. Par lui les minis-
» tres n'osent tenter et sont incapables d'exécuter aucun
» projet utile d'arrangement intérieur ou de politique étran-
» gère. C'est un système qui ne peut donner ni la sécurité des
» gouvernements libres ni l'énergie des monarchies abso-
» lues. »

Burke expose ensuite tous les inconvénients, tous les dangers qu'un tel état de choses entraîne nécessairement, et qui
se manifestent chaque jour tant au dehors qu'au dedans.
Ainsi la cour craint la guerre, parce qu'elle sait que la guerre
fait battre le cœur du peuple et rend son asservissement plus

difficile : aussi, pour éviter la guerre, n'est-il pas de honte qu'elle ne subisse.

« Si, par hasard, un des ministres qui sont en scène pos-
» sède ou affecte un peu de courage, cela fait peu ou point
» d'impression. Les cours étrangères et leurs ministres, qui
» ont été des premiers à découvrir cette invention d'une dou-
» ble politique et à en profiter, ne tiennent point compte des
» remontrances ministérielles ; ils savent que ces ombres de
» ministres n'ont, en définitive, rien à faire, rien à résoudre.
» C'est ainsi que la politique britannique est devenue la risée
» des nations qui naguère tremblaient encore devant le pou-
» voir de nos armes. »

Quant à l'intérieur, l'anarchie sans la liberté, la servitude sans la subordination, sont la conséquence inévitable du système. Ce qu'il y a pourtant de plus déplorable, c'est qu'il vicie la Chambre des communes dans son esprit, dans son essence ; c'est qu'il transforme en instrument servile de la cour la gardienne des droits populaires. C'est là la plus grande, la plus incurable des corruptions. Au lieu de se renfermer dans la forteresse ruinée de la prérogative, le pouvoir s'est logé au milieu même du Parlement, et là il fait tout ce qu'il lui plaît de faire. Plus que jamais il importe donc de veiller à la manière dont la Chambre des communes est composée et aux moyens qu'on emploie pour la conduire.

« Du côté de la cour se trouvent tous les honneurs, toutes
» les places, tous les émoluments, en un mot tout ce qui peut
» donner satisfaction à l'avarice ou à la vanité. Ajoutez-y, ce
» qui, pour beaucoup de membres, est plus important encore,
» le moyen de se constituer dans leur pays une position iné-
» branlable au moyen de petits services sans nombre rendus à
» des individus. Supposez, d'un autre côté, une personne sans
» liaison avec la cour et dans l'opposition. Pour elle-même,
» point de place, point d'émoluments, point de titres ; point
» de promotions ecclésiastiques, civiles ou militaires pour ses

» enfants, pour ses frères, pour ses parents. En vain une
» réélection compromise a-t-elle besoin de quelques petits
» emplois pour les enfants des maires, des aldermen et des
» principaux bourgeois. Tout est pour le rival de cour. Celui-
» ci peut faire aux dépens du public un nombre infini d'actes
» de bienfaisance et de générosité. Il peut, quand il y a des
» gens de guerre, assurer des dispenses de logement. Il peut
» procurer des avantages dans le commerce et des remises de
. » peine. Il peut obtenir mille faveurs et éviter mille maux. Il
» peut, tandis qu'il trahit les intérêts sacrés du pays, devenir
» le bienfaiteur, le patron, le père, l'ange gardien de son
» bourg. Le malheureux membre indépendant n'a rien à offrir
» qu'un dur refus, une excuse pitoyable ou le triste aveu
» d'un crédit sans espoir. Excepté sur sa fortune privée, qui
» peut-être est égalée, excédée même par celle de son compé-
» titeur de cour, il n'a aucun moyen de faire preuve de bonne
» volonté ou de gagner un ami. Dans la Chambre, il vote tou-
» jours avec une minorité découragée. S'il parle, les portes
» sont fermées. Une troupe de fonctionnaires bavards s'en va
» disant partout que tout ce qu'il veut, c'est d'avoir une place
» à son tour... Peut-on concevoir un parti où l'accomplisse-
» ment du devoir soit plus difficile? Otez-lui la pauvre récom-
» pense de la popularité, et dites si le peuple pourra trouver
» encore un seul homme pour le servir. »

Après ce morceau, qu'on croirait écrit en 1846, Burke conclut en déclarant que la Constitution est en péril, et « que la
» lutte est entre le peuple et la couronne, agissant par une
» Chambre des communes dont elle a fait son instrument. »
Or, une telle Chambre renverse toutes les idées constitutionnelles.

« La vertu, l'esprit, l'essence d'une Chambre des communes
» résident dans cette circonstance qu'elle est l'image fidèle des
» sentiments du pays. Elle n'a point été instituée pour être un
» contrôle *sur* le peuple, comme l'ont enseigné dernièrement

» certaines doctrines basses et pernicieuses. Elle a été créée
» comme un contrôle *pour* le peuple. D'autres institutions ont.
« pour but de réprimer les excès populaires, et je les crois
» pleinement suffisantes. Si elles ne le sont pas, il faut les ren-
» dre telles. Mais la Chambre des communes n'ayant point été
» instituée pour maintenir l'ordre et la subordination est com-
» plétement impropre à cet usage.... Un œil vigilant et jaloux
» toujours dirigé sur les magistratures exécutives et judi-
» ciaires, un soin inquiet de la fortune publique, une dispo-
» sition qui approche de la facilité à recevoir les plaintes po-
» pulaires, voilà ce qui caractérise réellement la Chambre des
» communes. Mais une Chambre des communes qui fait des
» adresses tandis que la nation fait des pétitions ; une Chambre
» des communes pleine de confiance quand la nation est plon-
» gée dans le désespoir, en bonne harmonie avec des minis-
» tres que le peuple déteste, qui vote des remercîments quand
» l'opinion publique lui demande des accusations, qui est
» pressée de donner quand la voix universelle lui dit de
» compter, qui, dans toutes les querelles entre le peuple et
» l'administration, prend parti contre le peuple, qui punit les
» désordres, mais refuse même d'ordonner une enquête sur les
» provocations qui les ont causés, c'est là dans la constitution
» une chose monstrueuse et contre nature, c'est une corrup-
» tion essentielle et cent fois pire que toutes les corruptions se-
» condaires et partielles. »

Quand on lit tous ces passages, on est frappé de leur à-pro-
pos, et c'est un trait de plus dans la ressemblance si souvent
signalée entre la seconde révolution anglaise et la nôtre. Comme
Charles II, Louis XVIII, prince prudent et égoïste, préférait
l'influence à la prérogative, la corruption à la violence et tâ-
chait, sans trop de bruit, d'enlever à la France ses libertés.
Comme Jacques II, Charles X dédaigna de tels moyens, et,
confiant dans son droit, confiant dans sa force, se jeta ouvertement dans la lutte. Comme Jacques II encore, Charles X a

péri avec sa prérogative, et, satisfaits de la victoire, nous n'avons, pas plus que les whigs en 1688, pensé que le gouvernement personnel pût renaître sous une autre forme, et s'établir par d'autres moyens. Aujourd'hui, comme les whigs après la révolution, nous commençons à comprendre que la violence n'est pas la seule ennemie des gouvernements libres, et que la corruption peut arriver plus sûrement au même but. Reste à savoir si, comme aux whigs, il nous faudra un siècle pour réparer notre faute.

APPENDICE E.

COLLÉGES AU-DESSUS DE 800 ÉLECTEURS.

Bouches-du-Rhône. Marseille, 1er.	819		*Nord.* Lille, 2e.	1,002
— Marseille, 2e.	1,397		— Lille, 3e.	1,246
— Marseille, 3e.	847		— Valenciennes.	942
Calvados. Caen, 1er.	923		— Avesnes.	816
— Bayeux.	910		— Hazebrouck.	823
— Lisieux.	999		*Oise.* Beauvais, 2e.	977
— Pont-l'Évêque.	802		— Clermont.	814
Charente. Angoulême.	1,350		— Compiègne.	840
Côte-d'Or. Beaune.	987		*Pas-de-Calais.* Boulogne.	947
Eure-et-Loir. Chartres.	1,294		— Béthune.	855
Haute-Garonne. Toulouse, 1er.	846		*Rhône.* Lyon, 1er.	1,684
			— Lyon, 2e.	1,362
Gard. Nîmes (*intra-muros*).	841		—. Lyon, 4e.	965
Gironde. Bordeaux, 1er.	888		— Villefranche.	1,003
— Bordeaux, 2e.	908		*Seine.* 1er.	1,686
— Bordeaux, 4e.	905		— 2e.	2,969
— Libourne.	961		— 3e.	1,579
Hérault. Montpellier (*extra-muros*).	1,063		— 4e.	1,085
			— 5e.	1,411
— Béziers.	843		— 6e.	1,431
Loiret. Orléans, 1er.	1,069		— 7e.	1,031
Loir-et-Cher. Blois.	1,082		— 8e.	1,166
Lot-et-Garonne. Marmande.	1,072		— 10e.	1,303
— Villeneuve.	950		— 11e.	1,094
Marne. Reims, 1er.	850		— 13e.	910
			— 14e.	1,226

COLLÉGES DE 800 A 500 ÉLECTEURS.

Lot–et–Garonne. Agen;	647	— Autun.	515
— Nérac.	580	— Charolles.	650
Maine–et–Loire. Angers (*intra–muros*).	791	*Sarthe.* La Flèche.	543
		Seine. Paris,	565
Manche. Saint-Lô.	505	— 12e.	753
— Cherbourg.	665	*Seine–Inférieure.* Rouen, 2e.	522
— Valognes.	770	— Bolbec.	623
— Coutances.	537	— Dieppe (*intra–muros*).	517
— Avranches.	617	— Dieppe (*extra–muros*).	536
Marne. Reims (*extra–muros*).	612	— Yvetot.	545
— Épernay.	728	*Seine–et–Marne.* Melun.	707
— Vitry.	559	— Fontainebleau.	594
Mayenne. Mayenne,	0	— Provins.	646
— Château-Gontier.	585	— Coulommiers.	558
Meurthe. Nancy, 1er.	622	*Seine–et–Oise.* Versailles.	539
Nièvre. Nevers.	599	— Corbeil.	569
Nord. Lille, 1er.	701	— Mantes.	503
— Douai, 1er.	613	*Somme.* Amiens,	723
— Bergues.	508	— Abbeville,	749
— Cambrai, 2e.	719	— Montdidier.	609
Oise. Senlis.	730	*Tarn.* Albi.	656
Orne. Gacé.	545	— Castres, 1er.	525
— Domfront.	631	— Castres,	567
Pas–de–Calais. Arras, 2e.	665	— Gaillac.	620
— Saint-Omer.	623	— Lavaur.	609
— Saint-Pôl.	532	*Tarn–et–Garonne.* Caussade.	771
Puy–de–Dôme. Clermont, 1er.	788	— Moissac.	559
Pyrénées-Orientales. Perpignan.	595	*Var.* Draguignan.	502
Bas–Rhin. Strasbourg, 1er.	519	*Vaucluse.* Avignon.	631
— Hagueneau.	796	*Vienne.* Poitiers.	786
Haut–Rhin. Colmar, 1er.	508	*Yonne.* Auxerre.	747
— Colmar, 3e.	534	— Joigny.	563
Saône–et–Loire. Châlon,	504	— Sens.	575
— Châlon, 2e.	696		

COLLÉGES DE 500 A 400 ÉLECTEURS.

Ain. Trévoux.	403	*Charente.* Coufolens.	456
Aisne. Chauny.	438	*Charente–Inférieure.* La Ro-	
— Château-Thierry.	404	chelle,	401
Allier. La Palisse.	444	*Cher.* Saint-Amand.	425
— Montluçon.	408	*Côtes–du–Nord.* Lanion.	444
Ardennes. Sedan.	444	*Dordogne.* Périgueux.	460
Ariége. Pamiers.	454	— Nontron.	437
Aube. Bar-sur-Seine.	436	*Doubs.* Besançon (*intra–muros*).	470
Aveyron. Rodez.	484	*Eure–et–Loir.* Châteaudun.	499
— Saint-Affrique.	419	*Finistère.* Brest,	447
Bouches–du–Rhône. Aix.	407	*Gard.* Alais.	484
Cantal. Mauriac.	431	*Gers.* Auch.	

— Lectoure.	459
— Mirande.	467
Gironde. Bordeaux,	404
— Bazas.	443
— La Réole.	498
Ille-et-Vilaine. Saint-Malo.	499
Indre-et-Loire. Loches.	‖
Isère. Grenoble, 1er.	491
— Vienne.	423
— Saint-Marcellin.	400
— La Tour-du-Pin.	487
— Voiron.	439
Jura. Dôle.	416
— Poligny.	428
Loire. Montbrison.	449
Haute-Loire. Yssengeaux.	409
Loire-Inférieure. Nantes, 1er.	457
Loiret. Montargis.	497
Lot. Figeac.	421
Maine-et-Loire. Angers (extra-muros).	476
— Beaugé.	404
— Chollet.	473
— Saumur.	419
— Doué.	431
— Segré.	405
Manche. Carentan.	402
Haute-Marne. Vassy.	411
Meurthe. Lunéville.	422
Meuse. Verdun.	‖
Morbihan. Lorient, 2e.	460
Moselle. Metz,	421
— Metz, 2e.	425

— Metz,	467
Nord. Cambrai,	492
Oise. Beauvais.	491
Orne. Mortagne.	469
Pas-de-Calais. Arras, 1er.	477
— Montreuil.	486
Puy-de-Dôme. Clermont, 2e.	476
Bas-Rhin. Strasbourg,	
— Saverne.	0
— Schlestadt.	406
Haut-Rhin. Mulhouse.	497
Haute-Saône. Gray.	458
Saône-et-Loire. Cluny.	486
— Louhans.	464
Sarthe. Le Mans, 3e.	433
— Saint-Calais.	408
— Beaumont-sur-Sarthe.	442
Seine-Inférieure. Saint-Valery.	‖
Seine-et-Oise. Étampes.	438
— Rambouillet.	436
Deux-Sèvres. Melles.	468
Somme. Doullens.	494
Tarn-et-Garonne. Montauban, 1er.	454
Var. Toulon,	426
— Toulon, 2e.	423
— Brignolles.	405
Vendée. Fontenay.	455
— Les Sables.	437
Vienne. Châtellerault.	429
Haute-Vienne. Limoges.	442
— Limoges, 2e.	‖
Vosges. Mirecourt.	431

COLLÉGES DE 400 A   ÉLECTEURS.

Ain. Pont-de-Vaux.	326
Allier. Gannat.	354
Basses-Alpes. Digne.	372
Hautes-Alpes. Gap.	331
Aude. Carcassonne.	376
— Limoux.	375
Aveyron. Espalion.	
— Villefranche.	376
Bouches-du-Rhône. Arles.	397
— Tarascon.	397
Charente. Ruffec.	344
Charente-Inférieure. La Rochelle,	310

— Marennes.	379
Cher. Bourges (intra-muros).	355
— Sancerre.	328
Corrèze. Tulle.	347
— Brives.	355
Côte-d'Or. Châtillon-sur-Seine.	313
Côtes-du-Nord. Saint-Brieuc.	328
— Saint-Brieuc.	‖
— Dinan.	347
— Guingamp.	348
Dordogne. Excideuil.	333
— Lalinde.	
Drôme. Crest.	336

COLLÉGES DE ÉLECTEURS ET AU-DESSOUS.

Il y aurait en présence de ces tableaux de nombreuses conséquences à tirer. Je me bornerai, quant à présent, à deux observations. Les deux catégories extrêmes sont celles des colléges au-dessous de 300 électeurs et celles des colléges au-dessus de 800. De ces deux catégories la première nomme 77 députés, la seconde en nomme 61. Or, si l'on additionne le nombre des électeurs qui appartiennent à l'une et à l'autre, on voit que 61 députés représentent 65,290 électeurs, tandis que 77 députés en représentent 18,047. N'est-ce pas une inégalité choquante et qui appelle une prompte réforme?

Si maintenant on veut se rendre compte de la répartition des députés de la majorité ministérielle et des députés de l'opposition entre les diverses catégories, voici à quels résultats on arrive.

La Chambre actuelle se compose de 459 membres, parmi lesquels, en comptant les doubles élections, la majorité ministérielle peut en revendiquer 276 et l'opposition de toute nuance 183. Or, dans les colléges qui ont moins de 400 électeurs la majorité ministérielle a obtenu 113 nominations et l'opposition 59 ; dans les colléges de 400 à 800 la majorité ministérielle a obtenu 133 nominations et l'opposition 93 ; dans les colléges au-dessus de 800 la majorité ministérielle a obtenu 30 nominations et l'opposition 31.

On voit que l'avantage ministériel va diminuant à mesure que le nombre des électeurs augmente, jusqu'au moment où l'on arrive aux colléges vraiment politiques. Alors c'est l'opposition qui l'emporte.

Il me paraît difficile, en face de tels chiffres, que l'on vienne se vanter encore d'avoir pour soi l'opinion véritable de la France. Dites qu'à l'aide d'une loi électorale ingénieusement combinée et profondément viciée par une corruption systématique, vous vous êtes assurés la majorité légale dans la Chambre et que vous voulez en user. Ne dites pas que la France vous approuve et que votre politique est la sienne. Les résultats de l'élection la moins sincère, la moins libre qu'il y ait eu depuis 1824 viennent eux-mêmes vous donner un éclatant démenti.

FIN.

Lightning Source UK Ltd.
Milton Keynes UK
UKHW04f0845230818
327682UK00011B/602/P